福建省哲学社会科学规划项目"虚拟社区用户产品推荐行为机制及影响研究"（项目批准号：FJ2022BF041）研究成果

张丽平 著

虚拟社区用户产品推荐行为机制及影响研究

中国财经出版传媒集团
经济科学出版社
Economic Science Press
·北京·

图书在版编目（CIP）数据

虚拟社区用户产品推荐行为机制及影响研究／张丽平
著 . -- 北京：经济科学出版社，2025.5. -- ISBN
978 - 7 - 5218 - 6829 - 6

Ⅰ. F274

中国国家版本馆 CIP 数据核字第 2025MD9189 号

责任编辑：张　燕
责任校对：王肖楠
责任印制：张佳裕

虚拟社区用户产品推荐行为机制及影响研究

XUNI SHEQU YONGHU CHANPIN TUIJIAN XINGWEI JIZHI JI YINGXIANG YANJIU

张丽平　著

经济科学出版社出版、发行　新华书店经销

社址：北京市海淀区阜成路甲 28 号　邮编：100142

总编部电话：010 - 88191217　发行部电话：010 - 88191522

网址：www. esp. com. cn

电子邮箱：esp@ esp. com. cn

天猫网店：经济科学出版社旗舰店

网址：http://jjkxcbs. tmall. com

北京鑫海金澳胶印有限公司印装

710×1000　16 开　15.5 印张　240000 字

2025 年 5 月第 1 版　2025 年 5 月第 1 次印刷

ISBN 978 - 7 - 5218 - 6829 - 6　定价：89.00 元

（图书出现印装问题，本社负责调换。电话：010 - 88191545）

（版权所有　侵权必究　打击盗版　举报热线：010 - 88191661

QQ：2242791300　营销中心电话：010 - 88191537

电子邮箱：dbts@ esp. com. cn）

前　　言

　　互联网技术的快速发展和移动通信技术的广泛应用正在深刻改变着人们的生活、学习和工作方式。与传统互联网不同，Web3.0通过去中心化和智能化特性，促进了虚拟社区的形成与发展。虚拟社区具有高互动性、跨越时间与空间的便捷性，以及无边界与自组织的特征。这些特性使得虚拟社区成为人们信息交流、思想沟通、资源共享以及创新的重要平台。虚拟社区产品推荐在消费者的产品信息搜索和产品信息选择过程中正发挥着越来越重要的作用。通过获取社区成员的产品购买和使用经验，消费者能够更高效地筛选出合适的产品，减少信息不对称风险并优化决策过程。同时，虚拟社区的社交媒体属性加速了产品信息的扩散并提高了消费者在产品信息传播过程中的参与度。

　　尽管现有研究对传统口碑（WOM）和电子口碑（eWOM）已有大量探讨，但虚拟社区产品推荐作为一种新兴的社会现象，仍尚未受到充分关注。本书从产品推荐的发出、过程、接受、发展及其影响机制五个层面对虚拟社区产品推荐展开系统研究。本书利用比较分析、理论迁移和归纳推理等方法构建了相关理论框架，并基于理论框架和相关文献构建了研究模型并提出了相应的理论假设。为了验证这些假设，本书采用了问卷调查、情境实验和访谈法等方法收集数据，结合了结构方程模型、PROCESS Macro 和模糊集定性比较分析（fsQCA）等方法对相关模型和假设进行验证并得出相关研究结论，旨在揭示虚拟社区产品推荐的发出和接受机制、作用过程及影响机制。

第一，本书提出并构建了一个包含中介效应和调节效应的概念模型以探讨虚拟社区用户在产品推荐过程中的动力机制。模型基于解释水平理论和社会交换理论，系统分析了虚拟社区中归属感、关系资本和信任倾向等变量对用户推荐意愿的影响及其作用路径。研究揭示了虚拟社区归属感对用户产品推荐意愿的直接影响，表明归属感能够显著提升用户主动进行信息推荐的动力。

第二，本书发现了关系资本在虚拟社区归属感与推荐意愿之间的中介作用，以及信任倾向的多重调节作用。研究结果支持了互惠倾向和社会支持在虚拟社区互动与信息共享中的积极作用，验证了这些社会因素对用户行为的关键影响。之后基于最少努力原则和双路径认知理论框架探讨了产品推荐中的主观与客观特征、强风格与弱风格语言特征，以及虚拟社区类型和个人文化倾向对用户产品态度的影响。结果显示，主观特征的推荐比客观特征更能够有效地改变消费者的产品态度，强风格推荐相比弱风格推荐对消费者态度的影响更加显著，虚拟社区类型对消费者产品态度影响显著，虚拟社区类型与推荐内容特征之间的交互效应也显著。此外，也发现个人文化倾向在推荐内容特征与消费者产品态度之间扮演着重要的调节角色。分析结果验证了最少努力原则和双路径认知理论在消费者产品态度形成过程中的有效性，也为企业在制定产品社会化推广策略时，特别是在设计产品推广信息内容时提供了理论参考与借鉴。

第三，从前景理论与组织—信任理论视角系统探讨了虚拟社区用户采纳产品推荐时的心理机制。研究聚焦于感知性价比、感知涉入度、感知风险、感知信息质量、感知社会价值等因素对用户行为的影响。实证结果显示，感知性价比、感知涉入度与感知风险显著影响了用户对产品推荐的感知有用性。具体而言，用户对产品推荐的价值判断与其对产品价格、相关性及潜在风险的认知密切相关。与此同时，感知信息质量、感知性价比与感知风险对感知信任度的影响也表现出显著作用，感知社会价值对感知有用性与信任度的影响未得到数据的支持。实证结果揭示了用户在面对推荐信息时如何根据预期的收益与损失作出决策，如何基于产品推荐的可信度决定其采纳意图的心理机制，进一步验证了前景理论与组织—信任理论在理解在线环境中用户信任机制形成的基础理论支撑作用。分析结果有助于企业更好地理解用户采纳产品信息的心理机制。例如，假设检验结果证实感知风险对产品推荐信任度的负面影响，以及感知有用性对产品推荐采纳的正面作用。基于此，企业可通过提供更全面详细的产品信息，以减少消费者的感知不确定性和感知风险，从而提升消费者对产品推荐的感知信任度和感知有用性，进而提升其采纳意愿。

第四，探讨了直播社区用户对主播产品推荐进行采纳的心理机制。直播已成为产品信息传播的主要渠道之一。通过一个带有调节效应的中介模型探讨了直播社区用户对主播产品推荐的采纳心理机制。具体来说，测试了感知价值对消费者采纳主播产品推荐意图的直接和间接影响、感知可信度在感知价值与采纳意图之间的中介作用、临场感在感知价值与感知可信度关系中的调节作用，以及自我认同感在感知可信度与采纳意图之间的调节作用。研究结果表明，感知可信度在感知价值—采纳意图关系中具有部分中介效应，临场感可以正向影响感知可信度，但未能显著调节感知价值—采纳意图的关系，自我认同感能正向调节感知可信度—采纳意图，但对感知价值—采纳意图具有负向调节作用。

第五，人工智能产品推荐是在线口碑（eWOM）和产品推荐在人工智能时代的新发展，它代表了技术革新对消费行为和市场营销模式的深刻变革。在人工智能技术的推动下，基于生成式技术驱动的对话机器人和购物助手逐渐成为消费者购物的主要产品信息来源之一。人机对话机器人和人工智能购物助手通过深度学习、神经网络、自然语言处理、大数据分析等技术，通过分析用户的产品浏览、购买等历史行为、情感倾向、社会关系和环境因素等，能更加准确地捕捉用户的需求与偏好，促使产品推荐朝个性化、精准化和智能化方向发展，提供更具预测性的更加高效的产品推荐，从而提升了购物效率和购物体验，也必然对消费者购物心理和购物行为产生深刻影响。作为新生事物，现有文献中很少有研究者针对这一主题展开研究。本书系统分析了人工智能产品推荐对产品营销的影响机制、人工智能产品推荐的特征、人工智能产品推荐的伦理问题及其治理建议，在一定程度上填补了人工智能产品推荐这一研究主题的空白。

第六，本书研究探讨了用户产品推荐行为对企业可持续竞争优势获取路径的影响。随着用户流量竞争日益激烈，传统依赖大规模广告投入以获取用户流量的方式已难以满足时代发展的需求，越来越多的企业开始转向建立可持续发展的战略模式。基于对前人文献的回顾，本书总结了用户中心模式的核心理论，并通过对案例数据的深入分析，揭示了该模式在企业可持续发展运营导向中的作用机制。具体而言，企业通过聚焦于为用户提供价值，提升产品用户的忠诚度，并利用用户之间的社交网络进行口碑传播和产品推荐，从而不断吸引新的用户流量。此外，本书通过对案例数据的总结提炼了与企业可持续竞争优势相关的核心词汇，包括企业文化与价值观导向、产品质量、情感联结、产品推荐和用户生态等，构建了新竞争环境下厂商可持续竞争优势的具体获取路径。

虚拟社区产品推荐是随着社交媒体的兴起而产生的一种新兴社会现象，对虚拟社区产品推荐的内在动力机制及影响机制进行探索的意义包括：（1）有助于进一步厘清社交媒体环境下产品信息的传播机制和接受机制，并进一步厘清消费者参与在产品信息传播和接受过程中的作用。虚拟社区中信息的传播往往是非线性的、动态的和多向的，消费者的情感、偏好、信任等因素在产品信息传播过程中扮演着重要角色。（2）进一步丰富了消费者行为理论。消费者行为理论长期以来主要关注消费者在传统零售和广告环境中的决策机制。然而，随着社交媒体、虚拟社区等新型媒介的兴起，消费者行为的影响因素和决策过程愈加复杂，传统的消费者行为理论亟须进一步扩展与深化。在这一背景下，对虚拟社区产品推荐机制的研究为消费者行为理论的丰富与创新提供了实践和理论启示。（3）为人工智能时代个性化产品推荐的发展提供了理论启示。人工智能产品推荐不仅是一个信息传递的过程，更是一个信息筛选和匹配的过程。对虚拟社区中产品信息传播机制的探析可以为如何通过算法捕捉消费者兴趣、需求和偏好，以及如何提高消费者对产品推荐信息的接受度提供一定的思路和借鉴。（4）为企业制定产品信息的社会化推广方案，以及在社交媒体时代制定新的企业可持续发展战略提供理论参考。虚拟社区产品推荐为企业提供了全新的产品信息传播渠道，对虚拟社区产品推荐展开研究有助于企业更好地理解社交媒体和人工智能时代产品信息传播的路径、消费者在线产品信息传播和接受心理，以及消费者在线行为模式，从而有针对性地优化产品生产、设计和营销策略、提升品牌忠诚度，并推动企业的可持续发展。

本书的完成得到了福州大学朱祖平教授的帮助，在此表示感谢。同时，也要感谢福建江夏学院各位领导和老师，本书的最终出版离不开你们的支持与帮助。

由于时间和个人能力及其他因素的限制，书中难免存在不妥之处，敬请各位专家和读者朋友批评指正。

张丽平

2025 年 3 月

目　录

第1章

绪　　论

1.1　研究背景及研究意义

1.1.1　研究背景

随着科技的进步和信息化社会的到来，产品信息的传播方式经历了从传统媒介到现代数字化传播的剧变，传播渠道、传播内容、传播形式及传播媒介的演变不仅影响了消费者对产品信息的认知、态度和购买决策，同时也影响了企业的市场营销策略、品牌塑造及竞争力提升方式。

在工业革命后，印刷技术的普及为信息传播提供了基础。19世纪，报纸、杂志、传单等印刷广告成为最主要的产品信息传播方式。这一时期，企业通过在报纸、期刊等媒介上刊登广告来传递产品信息，向受众展示其商品的特性与优势。印刷广告的受众群体相对固定，一般具有较高的认知度和可信度。尽管印刷广告有其独特的优势，但其缺点同样不容忽视。首先，传播速度偏慢，时效性相对较差。印刷广告通常需要按期发布，这使得广告内容的更新速度较慢，企业难以实时调整广告内容。其次，印刷媒体广告的覆盖面有限，受到地域、受众阅读习惯等的限制。另外，印刷广告传播的信息是单向传递的，消费者只能被动接收产品信息，无法主动参与到信息的传播过程，互动性较低[1]。

20 世纪中叶，广播与电视的逐渐普及为产品信息的传播带来了新形式，产品信息可以通过视觉和听觉的形式向更广泛的人群进行传播。特别是在 20 世纪 70 年代后，电视逐渐成为各国传播产品信息最主要的平台。与印刷广告相比，电视广告通过图像和声音的结合，可以更加生动形象地传递产品信息，多维感官的刺激使得消费者对广告传播的产品信息印象更加深刻。广播与电视广告具有显著的广泛性和即时性优势，它们突破了传统印刷广告的局限，能够在短时间内覆盖大量受众。另外，广播电视广告通常与权威媒体绑定，能够有效增强产品信息的可信度。但是，电视广告的播出成本较高、制作周期较长，而且产品信息传播的定向性较弱，即无法面向特定消费者群体进行产品信息传播，难以满足不同消费者群体的个性化需求。广播电视广告本质上依旧是一种单向的产品信息传播方式，互动性较低[2]。随着广告插播投放的频率越来越高，观众对广播电视广告容易产生疲劳感和反感情绪，从而降低了广播电视广告的有效性。

20 世纪末，互联网的普及与数字技术的飞速发展革新了传统产品信息传播的方式。相比传统媒介，互联网广告的互动性更强。消费者不仅可以通过主动点击广告获得产品信息，还可以通过更便捷的方式参与互动，从而增强了用户参与感和品牌黏性。通过网页广告和搜索引擎等方式，企业能够实现精准的产品市场定位与目标消费群体的直接接触，广告内容也变得更加个性化。同时，产品信息传播的时效性也得到了极大提高，消费者可以通过搜索等方式快速找到最符合自己需求的产品信息。

随着移动互联技术的普及以及智能手机的普遍使用，社交媒体平台逐渐成为现代社会日常生活和工作中不可或缺的一部分。社交媒体相较于传统的信息交流方式，具有诸多优势，如高度便捷、低成本、跨越时空的沟通能力及高度互动性，这些优势大大增强了其市场渗透力。社交媒体的使用不仅在用户数量上不断增长，而且在使用时长上也呈现上升趋势。根据 2024 年 3 月的统计数据，微信和 QQ 的月活跃用户数已突破 13 亿人[3]，显示了社交媒体平台的巨大用户基础。此外，数据显示，超过 83% 的用户每天使用社交媒体超过一小时[4]，进一步反映出社交媒体在人们日常生活中的重要地位。社交媒体通过实时的信息交流与互动，使得人们的沟通方式更加高效、便捷和多元化，不仅改变了消费者的信息交流方式，还对社会互动模式产生了深刻影响。

基于社交媒体平台的虚拟社区，如豆瓣社区、微信群、小红书社区、直播社区等，已经成为人们日常互动、信息共享和寻求帮助不可或缺的平台。这些平台不仅提供信息传播功能，还通过社交群体的关系属性促进了信息的高效流动。虚拟社区的构建依赖于特定的人际关系网络，充当着社会化网络的角色，成为信息传播的有效渠道。虚拟社区的互动模式使得信息传播更加便捷且高效，极大地提高了信息流动的速度和范围。与此同时，社区成员之间通过日常互动，形成了信任关系和社会资本，有助于促进信息的共享。虚拟社区还可以促进成员间的相互监督，帮助防止虚假信息的传播，从而一定程度上保证了虚拟社区中所发布信息的质量。随着互动频率和关系强度的提升，虚拟社区的社会化网络效应也日益显著，推动了信息传播的广度与深度。社会化网络不仅加速了信息的传播速度，还深刻影响了个体的传播意愿和对信息的接收心理[5]。

产品信息的交流与分享是用户在线互动中的核心内容之一，对消费者的购买决策和品牌认知有着重要影响。传统的在线产品信息传播通常遵循单向传播模式，厂商发布信息，用户则通过主动搜索或被动接收广告来获取产品信息。此种方式的传播路径单一且缺乏互动，用户的参与度较低。相较而言，虚拟社区中的社会化互动网络能够打破这一局限，提供多维、双向的传播方式。商家、用户以及用户之间可以通过平台进行互动，形成信息共享的多重路径。虚拟社区中的互动模式增强了信息传播的有效性和广度，使得产品信息在多个层面得到快速传播。商家与商家之间可以交换市场动态，用户与商家之间可以讨论产品体验，用户间的互动则有助于信息的验证和反馈。这种多方互动不仅提升了信息传播的精准度，还促进了消费者对产品的信任感。通过增强的信任关系，消费者在选择产品时能够更快速地作出决策，降低了购物决策的复杂性，进而提升了产品购买的效率[6]。

虚拟社区中的用户推荐，如小红书群、豆瓣社区、直播社区等平台上的产品推荐，已成为消费者获取购物信息的重要途径。用户通过平台分享个人使用经验和产品评价，为其他消费者提供了宝贵的购买参考。根据麦肯锡的报告，超过50％的中国消费者在购物前会主动寻求他人对产品的意见与购买建议[7]。传统的在线产品评价和产品口碑存在虚假信息的风险，厂商可能通过自我评价、赠送礼品或雇用水军等手段操控消费者的评价意见。有超过15％的在线产品口碑可能在不同程度上受到了厂商的直接或间接干预[8]。随着虚假产品评价问题的日益严重，消费者对其警觉性不断提高。这种情况下，社交化产品推荐在消费者决策过程中变得越来越重要。与传统的厂商营销信息不同，来自同伴的推荐通常基于实际购买和使用经验，能够提供更为真实的信息反馈。特别是在缺乏足够产品信息或面临选择困境时，社交推荐为消费者提供了一个可靠的决策依据。消费者通常更倾向于相信与自己需求相似的人的推荐，这种推荐往往更具影响力和可信度[9]。社交化推荐通过人际网络的传播，更能够有效地影响个体对产品的认知与态度[10]。相比厂商发布的广告，用户之间的口碑传播具有更强的真实性和可信度[10]。

现有文献对产品评价和在线口碑的研究已较为丰富，但对产品推荐的研究还较少。产品推荐与传统评价存在显著差异。传统评价具有开放性，传播范围较广，信息发布者和接收者身份没有限制。传统口碑通常通过电商平台、评论网站等渠道发布，且能够迅速传播，影响广泛。相比之下，产品推荐通常存在于虚拟社区内，参与者因共同的兴趣、爱好或关系而聚集，具有一定的封闭性特征。社群内的成员身份相对较为固定，信息的传播较为集中。另外，传统口碑往往包含正面和负面两个维度的反馈，而产品推荐则通常倾向于提供正面评价，旨在鼓励他人购买或使用推荐的产品。也即，产品推荐不仅描述产品的使用体验，还常常带有一定的说服意图，目的是影响他人的购买决策。与传统评价相比，产品推荐更强调个人体验和主观意见，希望激发受众的情感共鸣。相反，传统口碑评价更侧重于对产品质量、功能和使用效果的客观描述，缺乏明显的说服性[11]。

产品推荐对消费者购买决策的影响日益增加，体现了消费模式的深刻转变。随着移动互联网的普及，信息传播的时空限制被打破，产品信息呈现出前所未有的增长趋势。消费者通过社交媒体、电商平台等渠道更便捷地获取产品信息，交流和互动也变得更加迅速。信息量的激增使得消费者在作出购买决策时，能够更为充分地了解产品特性及他人评价。与此同时，个体的自主意识逐步觉醒，消费者在选择产品时的主动性日益增强。消费者不再单纯依赖传统广告或商家推荐，而是更多地参考他人推荐和评价。消费者在购买决策中扮演了更为积极的角色，从而推动了产品购买模式的转型。这种转型不仅改变了消费者的行为模式，也使得品牌营销策略发生了深刻变化。

具体而言，用户的消费行为模式正从传统的 AMDSP 模式转向 RDPE 模式（见图 1-1）。AMDSP 模式依赖厂商通过广告激活用户记忆，当用户产生需求时，会回忆并搜索相关产品，最终完成购买。该模式强调品牌的广告投放和记忆影响，用户的决策较为被动。相比之下，RDPE 模式中，用户的决策受其他用户推荐的影响，且依赖个人判断机制来确定产品是否满足需求。用户在 RDPE 模式中具有更高的主动性，通过社交平台等渠道获取推荐信息，参与度更强。如果购买体验满意，用户可能将该产品推荐给他人，形成口碑传播。两种模式的主要区别在于信息来源，AMDSP 模式强调厂商驱动，而 RDPE 模式则依赖用户间的互动与推荐。决策过程上，RDPE 模式更加基于社交验证和个体判断，传播方式则是以用户间的推荐为核心。这两种模式的具体区别如下所述。

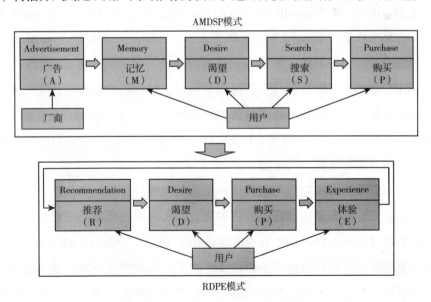

图 1-1　AMDSP 模式和 RDPE 模式

　　首先，AMDSP 模式和 RDPE 模式在价值链结构上存在显著差异。AMDSP 模式是一种单向价值链，其中厂商通过广告传播引发用户需求，最终促成购买行为，整个过程呈现线性且终结的特征。此模式强调厂商主导的传播路径，用户的参与较为被动。相比之下，RDPE 模式是一种循环型价值链，价值传递始于其他用户的推荐，经过用户体验和判断，形成一个持续反馈的循环。用户在获得良好购买体验后，可能主动将产品推荐给他人，从而启动下一个循环，推动价值进一步传递。

　　其次，AMDSP 模式和 RDPE 模式在价值链主体上存在显著差异。在 AMDSP 模式中，厂商占据价值链的核心地位，广告作为触发点激发用户的需求，并引导其完成购买行为。用户的渴望、搜索、选择和购买过程，都是围绕厂商的销售目标展开的，体现了厂商主导的营销策略。与此不同，RDPE 模式则将用户置于价值链的中心，推荐、渴望和购买行为主要通过用户之间的互动来完成。在这一模式中，用户既是主动推荐的发起者，也是产品推荐的被动接受者。整个过程依赖于用户的参与和反馈，从而形成了更加动态和社交化的价值传递机制。

　　最后，RDPE 模式与 AMDSP 模式相比，具有更短的价值链。在 RDPE 模式中，省略了传统广告和用户搜索环节，用户之间的互动成为主要驱动力。用户可以直接基于推荐进行购买，避免了传统模式中烦琐的搜索过程。与此同时，用户体验在 RDPE 模式中占据核心地位，它在很大程度上决定了整个价值链的有效性和持续性。高质量的用户体验能够促进推荐的有效传播，进而推动购买行为的发生。因此，RDPE 模式的成功依赖于良好的用户体验，这一因素成为价值链循环的关键。

　　总之，信息技术特别是互联网技术的发展极大地改变了产品信息的传播方式。过去，企业主要依赖传统的广告媒介，如电视、广播、报纸等方式来向消费者传递产品信息。这些方式往往具有较高的成本和较低的用户参与度。而随着互联网的普及和信息技术的进步，网页广告和搜索引擎广告等使企业可以通过更加精准和个性化的方式将产品信息传递给潜在客户。互联网技术使得信息的传播变得即时、广泛且低成本，同时也打破了地理和时间的限制。

基于社交媒体平台的虚拟社区的出现和发展，以及产品推荐的重要性日渐凸显这两大背景要素共同促进了虚拟社区产品推荐这一新生社会现象的出现。虚拟社区产品推荐不仅改变了传统用户在产品价值链中的被动地位，同时也对企业的产品价值创造模式产生了深刻影响。对虚拟社区产品推荐的具体机制及影响进行探索分析不仅有利于深入了解这一新生社会现象的特点和内涵，同时也能给相关企业在新的竞争形势下制定相应的市场竞争策略提供参考和借鉴，具有一定的理论意义和实践意义。

1.1.2　选题意义

本书在对现有文献的总结，以及对消费者行为模式在社交媒体环境下的转变这一新兴社会现象进行观察和思考的基础上，围绕虚拟社区用户在产品推荐行为方面的相关问题展开系统研究。不仅探讨了虚拟社区和产品推荐的相关理论及行为机制，还深入分析了虚拟社区环境下用户产品消费行为方式的转变对企业运营模式和管理方式的具体影响。本书的理论意义和实践意义体现在以下方面。

1.1.2.1　理论意义

第一，尽管互联网对消费者购买行为的影响已有大量研究，但针对社交媒体平台特定属性对消费者购买行为的作用，尤其是对基于虚拟社区用户产品推荐对消费者行为的影响机制，仍然缺乏深入探讨。虚拟社区基于社交网络而形成，具有独特的信息传播方式和互动特征，这些特点可能显著影响消费者的信息选择和信息采纳心理。然而，现有研究尚未充分关注虚拟社区如何通过其独特的社交网络效应影响消费者行为。本书的研究结论证实并扩展了解释水平理论（CLT）和社会交换理论（SET）在虚拟社区产品信息传播领域的应用价值，在一定程度上填补了在线社区特性对消费者产品购买行为影响研究的空白，为未来学者研究虚拟社区特性及其影响提供了理论依据和案例参考。

第二，系统探讨了虚拟社区内产品推荐特性对消费者行为的影响，填补了该领域现有文献的研究空白。虽然在线口碑评价对消费者购买行为的影响已有广泛研究，但虚拟社区中的产品推荐特性，诸如虚拟社区感和情感链接等，具有独特的影响机制。与传统口碑评价相比，虚拟社区推荐的影响效应更为个性化和情感化，凸显了社交互动和群体认同的重要性。虚拟社区内的推荐不仅涉及产品的实用性，还包含情感价值与社交互动的元素，这使其在说服效果上与传统口碑评价显著不同。本书通过扩展 Kano 理论与认知—情感—满意度模型，进一步阐明了用户需求与满意度之间的动态关系。在此基础上，结合虚拟社区的特点，对用户中心模式理论进行了扩展，深化了其在虚拟社区产品推荐和用户生态形成中的应用。通过对虚拟社区推荐的独特影响机制展开系统分析，丰富了用户行为理论的内涵并拓展了其研究视角，为理解虚拟社区在现代消费决策中的作用提供了新的理论框架，并推进了对社交媒体环境下用户行为独特性的理解深度。

第三，探究了虚拟社区产品推荐的内容特征对说服效果的影响，重点分析了虚拟社区类型和文化倾向在其中的调节作用。结果表明，不同类型的虚拟社区和文化背景会显著影响推荐内容的有效性及其对消费者的说服力。进一步的分析验证了最少努力原则和双路径认知理论在消费者产品态度形成过程中发挥了积极作用，表明消费者更倾向于依赖简便、直观的信息处理方式。研究还发现，虚拟社区的文化特征影响了推荐内容的接受度，进而影响产品态度的形成。基于这些发现，本书丰富了信息语义学对消费者行为影响的相关理论，同时也为企业制定产品社会化推荐内容策略提供了理论依据。

第四，从虚拟社区、产品推荐、用户个性和用户体验等多个维度出发，探讨了这些因素对用户感知有用性和感知信任度的影响机制。通过分析，研究揭示了感知有用性对感知信任度的影响路径，并探讨了两者如何共同作用于产品推荐的采纳意愿。研究结果表明，虚拟社区中不同的用户体验和个性特点会显著影响用户对推荐内容的感知与信任度。模型分析验证了前景理论和组织—信任理论在虚拟社区产品推荐情境中的适用性，进一步深化了对用户心理机制的理解。特别是在感知风险的背景下，用户的信任度对推荐采纳起到了关键作用。研究还丰富了在线环境下感知风险与信任机制的理论体系，揭示了其在虚拟社区中的独特表现。

第五，深入探讨了直播环境中消费者产品推荐信息采纳的心理机制，填补了现有文献中对直播背景下产品推荐信息研究的空白。通过对实证数据进行分析发现，感知价值和感知可信度是影响直播中用户信息采纳意图的关键因素，并揭示了感知价值对信息采纳的直接与间接影响。此外，本书还发现，临场感对感知价值与可信度关系的调节作用不显著，而自我认同感则显著调节感知价值与采纳意图、感知可信度与采纳意图之间的关系，验证了自我认同在消费者决策中的重要作用。这些发现丰富了价值—意图模型，并为自我验证理论在社交电商背景下的应用提供了数据支持。

第六，随着人工智能技术的迅速发展，人工智能产品推荐在电子商务等领域的应用正日益广泛，并深刻地影响了消费者的产品购买心理与购买行为。现有文献中很少有研究者针对这一主题展开研究。本书系统分析了人工智能产品推荐对产品营销的影响机制、人工智能产品推荐的特征、人工智能产品推荐的伦理问题及其治理建议，在一定程度上填补了人工智能产品推荐这一研究主题的理论空白。

1.1.2.2　实践意义

第一，探讨了虚拟社区属性在产品信息传播中的作用，并为企业在虚拟社区中进行产品推广提供了一定启示。数据分析结果表明，虚拟社区归属感、社区类型、参与度和信任氛围在影响产品推荐采纳过程中发挥着关键作用。具体而言，高情感链接的社区能够显著提升产品推荐的说服效果，增强用户的推荐意图。另外，社区的参与度和信任氛围也对产品推荐的采纳率产生了积极影响，尤其在信任氛围浓厚、参与度高的社区中，产品推荐更易被接受。同时，社区类型在调节推荐效果中扮演着重要角色，不同类型的社区对推荐采纳有不同的影响。这些发现为企业在虚拟社区中开展社会化推广活动提供了一定的参考和依据。

第二，研究发现有助于企业深入理解消费者在产品推荐和采纳产品信息过程中的心理机制，为企业制定产品推广策略提供了借鉴。数据分析结果显示，感知风险在消费者评估产品推荐时起到了负面作用，对用户的感知信任也起到了消极作用。与此相对，感知有用性对消费者采纳产品信息具有显著的正向影响。基于这些发现，企业应注重减少消费者在接受产品推荐时的感知风险，尤其是在社交化推广过程中。为了降低感知风险，企业可提供详细且透明的产品信息，帮助消费者更清晰地了解产品特性。进一步而言，企业还应注重提高产品信息的感知有用性，确保信息能够有效解决消费者的需求和疑虑。通过提升产品信息的有用性感知，企业能够增强消费者的信任度，从而提高产品信息的采纳率。

第三，数据分析结果显示，感知价值是促使直播观看者采纳主播产品推荐的关键因素，主播应通过推荐高性价比产品、分享使用经验和增加娱乐元素等方式提升感知价值。此外，我们还发现，临场感与感知价值的交互作用会显著影响感知可信度。因此，主播在进行产品推荐时应充分利用直播优势展示产品细节，以增强产品推荐的可信度。研究还证实，自我认同感在消费者信息采纳中具有重要作用。因此，主播应通过建立情感联系和创造独特的直播观看体验来激发观众的自我认同感。企业在选择主播进行产品推广时应注重主播与粉丝之间的匹配度和情感共鸣，而非仅关注粉丝数量和互动频率。

第四，在信息差逐渐缩小和用户流量竞争愈加激烈的背景下，传统的大规模广告推广模式已难以适应市场变化。企业开始意识到，单纯依赖广告投入无法实现长期的流量积累和用户忠诚度的提升。基于此，越来越多的企业开始转向更加注重用户需求和长期可持续性的发展模式。本书探讨了用户中心模式对企业可持续发展的作用，指出通过深度理解用户需求并提供有价值的产品和服务，能够有效增强用户的黏性与忠诚度。通过主动为用户创造价值，企业不仅可以提升用户满意度，还能激发用户的情感认同感。社交网络在这一过程中扮演着关键角色，企业可以通过用户之间的社交互动，将产品信息传播至更广泛的潜在用户群体。社交化推广能够提升信息的可信度与传播速度，有助于形成口碑效应。随着用户间关系的紧密，企业能够持续吸引新用户，并保持稳定的流量增长。这些发现为企业在新竞争环境下优化营销策略，实现持续良性发展提供了借鉴和启示。

1.2　研究思路

1.2.1　研究内容

本书从五个核心维度对虚拟社区产品推荐进行研究，具体包括推荐的发出、推荐的说服过程、用户的采纳行为、产品推荐的新发展以及推荐对企业可持续发展能力的影响。首先，本书通过分析社交媒体的发展趋势以及消费者行为模式的转变提出了若干研究问题；其次，根据这些问题对现有相关研究文献进行全面回顾，通过总结现有研究的不足确立了本书的研究问题、研究方法和研究框架。为验证假设的有效性，本书采用了问卷调查法和情境实验法，收集了相关数据，并对数据进行模型运算与分析，验证了相关研究假设与理论模型。

具体章节内容概要如下所述。

第1章为绪论。概述了本书研究的背景，阐明了本书研究的必要性和紧迫性。接着阐述了本书研究在理论上可能的贡献以及对企业实践上可能的贡献。随后，介绍了本书研究的主要内容，明确了研究的核心问题与目标。研究方法部分详细说明了本书研究采用的具体方法，包括定量方法与定性方法等。之后总结了本书的整体框架，描述了各章节内容的结构和章节之间的逻辑关系。最后，整理了本书的创新点。

第2章为文献回顾与总结。首先，系统回顾了现有文献中关于虚拟社区的定义，陈述了不同学者对虚拟社区的定义。其次，探讨了虚拟社区的分类，分析了不同类型虚拟社区的内涵和特点。之后梳理了与用户产品推荐行为的相关研究，归纳了主要的研究观点和理论框架。最后，总结了现有文献的不足与需进一步研究的地方，为本书后续章节提供了理论铺垫，明确了本书研究的方向和重点。

第3章为虚拟社区用户产品推荐动力机制。本章探讨了虚拟社区中影响用户主动进行产品推荐的关键因素，并分析了这些因素之间的相互关系。通过社会交换等理论构建了一个包含调节变量的中介模型，具体探析了虚拟社区归属感、关系资本与信任倾向如何共同作用于用户的产品推荐行为，也考察了信任倾向如何在这些变量之间起到调节作用。

第4章为产品推荐的内容特征对用户产品态度的影响。本章通过心理实验方法探讨了产品推荐内容特征在说服信息接收者过程中对说服效果的影响机制，此外也探索了虚拟社区类型和个人文化倾向在产品推荐内容特征与产品推荐说服效果之间的调节效应。

第5章为虚拟社区用户产品推荐采纳机制。基于问卷调查数据运用 PLS - SEM 方法通过实证模型对相关假设进行了验证，重点关注了感知信息质量、感知性价比、感知社会价值、感知涉入度等因素对用户采纳虚拟社区中产品推荐的作用机制，以及这些因素彼此之间的关系。

第6章为直播社区用户产品推荐采纳机制。本章旨在探讨个体在直播中采纳产品推荐的意图机制。为此，我们构建了一个带调节效应的中介模型，测试了感知价值对消费者采纳主播产品推荐意图的直接和间接影响、感知可信度在感知价值与采纳意图之间的中介作用、临场感在感知价值与感知可信度关系中的调节作用，以及自我认同感在感知可信度与采纳意图之间的调节作用。

第7章为产品推荐新发展：人工智能产品推荐。随着人工智能技术的迅速发展，人工智能产品推荐在产品营销中扮演着日益重要的角色。本章探讨了人工智能产品推荐的发展背景、对产品营销的影响、机制、特征及其伦理问题与治理建议。

第8章为用户产品推荐行为对企业可持续性优势获取路径的影响。本章探究了用户产品推荐行为对企业可持续竞争优势的影响。研究通过对半结构化访谈、现场观察和二手资料等方法收集的数据进行质性分析，挖掘出了企业制度、价值观导向、产品质量、用户情感链接、用户生态、产品推荐行为等的核心范畴和关键概念，分析了这些范畴和概念因素在推动用户生态形成与企业可持续发展之间的关系，为企业在新竞争环境下进行运营范式的转型提供了一定指导。

第 9 章为总结和展望。对本书各章的主要研究结论进行了总结与归纳，探讨了本书研究存在的局限性。同时，基于当前研究的不足，提出了未来研究可能关注的方向，旨在为后续研究者的研究提供参考与启示，以推动相关主题研究的进一步发展与完善。

1.2.2　研究方法

本书采用文献总结法、心理实验法、问卷法、实证分析法等多种研究方法，探讨了虚拟社区中用户主动推荐产品的心理机制，分析了推荐内容特征对用户态度的具体影响，探讨了消费者在一般虚拟社区与直播社区中对产品推荐的采纳机制，并考察了产品推荐行为对企业可持续发展路径的潜在影响。具体使用的研究方法如下所述。

（1）文献总结法。

通过全面查阅和本书研究主题相关的国内外文献，系统整理并分析现有文献的研究成果。此外，还对相关主要研究者进行了纵向追踪，以掌握相关领域研究的前沿动态，并梳理相关研究的演进脉络，为本书后续章节的研究作了理论铺垫和方法铺垫。通过总结当前研究中对相关主题的研究空白与不足，明确了本书的研究方向、创新点和整体研究思路。

（2）心理实验法。

心理实验法是一种通过操控和控制关键变量来研究其对心理结果影响的方法。研究者通过对比实验组与对照组的差异，系统地评估不同变量对被试心理状态的影响程度。与自然观察法相比，心理实验法能够克服其在变量控制上的局限性，提供更具内在效度的研究结果。该方法通过设计实验相关条件，可以有效减少无关变量的干扰，通过控制干扰因素，心理实验法能够更准确地揭示因果关系，增强分析结果的解释力。

（3）问卷调查法。

本书第 3 章、第 5 章和第 6 章通过问卷法收集了进行实证分析所需的数据。问卷调查法作为社会科学研究中常用的数据收集方法，依赖于严格的问卷设计、发放及数据处理流程，以确保数据的可靠性和有效性。在各章中，问卷的设计严格遵循相关规范，以确保相关问项的针对性和科学性。在数据处理阶段，严格按照标准化程序进行操作，以排除潜在的偏差，确保了数据的信度和效度。

（4）访谈法。

访谈法是企业管理研究中广泛应用的定性研究方法，通过与企业进行面对面的交流，研究者能够深入挖掘企业的观点和行为模式。本书第 8 章采用访谈法收集了有关企业管理的数据，目的是探讨用户产品推荐行为对企业获取可持续竞争优势路径的具体影响。通过对访谈数据的质性分析，本章归纳并提炼出构建用户中心模式的关键概念和核心范畴。

（5）实证分析法。

实证分析法通过构建数学模型和应用统计分析技术，旨在揭示现象背后的内在规律及各个变量之间的相互关系，为相关现象的形成机制进行数据验证，并提供理论解释。本书研究主要运用 SPSS、PROCESS Macro、Amos、fsQCA 和 SmartPLS 等工具，对收集的变量数据进行系统分析。实证分析不仅有助于理解用户推荐行为的机制，还为预测其未来发展趋势提供支持。该研究方法广泛应用于本书的第 3 章 ~ 第 6 章。

1.2.3　本书研究框架

本书以"发出—过程—结果—发展—影响"框架为基础，全面探讨虚拟社区中产品推荐行为的发出动力机制、传播过程、接收者采纳机制、产品推荐的新发展，以及虚拟社区产品推荐对企业运营的影响展开系统分析，以揭示其内在机制。具体研究框架如图 1 - 2 所示。

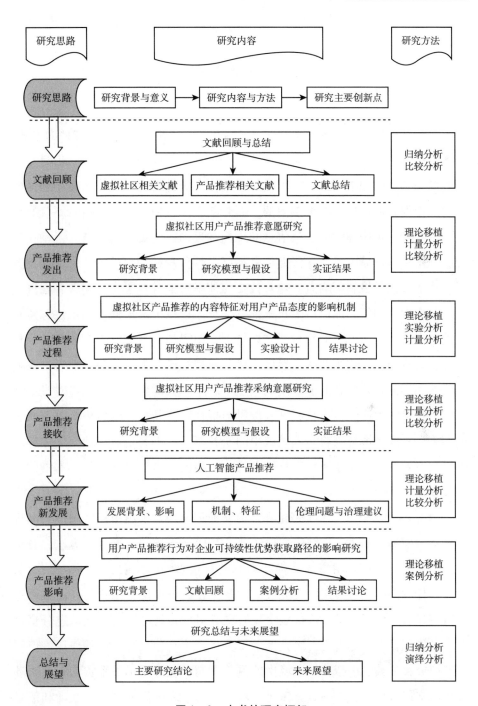

图1-2　本书的研究框架

1.3 主要创新点

　　基于社交媒体平台的虚拟社区已经深刻改变了传统产品信息传播的方式。与传统媒体相比，虚拟社区能够显著提升信息传播的速度和范围。信息不再受到时间和空间的限制，具备了即时性和全球化的特点。社交媒体平台的互动功能使信息的传播不再是单向的，而是实现了双向互动。消费者不仅是信息的接收者，也能够积极参与信息的传播和反馈。消费者的参与与互动使得虚拟社区中的产品推荐信息传播具有高度个性化和社交化的特点，从而提升了信息的传播效果和影响力。随着社交媒体平台的日益普及，消费者在产品选择过程中愈加依赖虚拟社区获取推荐信息，以减少决策的不确定性和购买风险。虚拟社区通过互动性和社交化特征，使得消费者能够更有效地获取他人经验，从而提高购买效率。然而，尽管虚拟社区产品推荐对消费者产品购买模式和厂商产品信息的推广模式产生了越来越大的影响，学术界对虚拟社区产品推荐的关注尚显不足。深入探讨虚拟社区产品推荐的传播机制及其影响因素，有助于填补当前学术领域中的研究空白，也为企业在社交媒体环境下制定有效的推广策略和数字化转型提供一定的参考。具体来说，本书的主要创新点如下所述。

　　（1）本书基于解释水平理论和社会交换理论构建了虚拟社区用户产品推荐的动力模型。通过运用结构方程模型、PROCESS 方法和 fsQCA 方法，分析了虚拟社区归属感对用户产品推荐意愿的直接影响，关系资本的中介作用，以及信任倾向的调节作用。研究表明，虚拟社区归属感对用户的产品推荐意愿具有显著影响，这进一步扩展了现有文献对虚拟社区归属感在信息分享过程中的作用认知。尽管已有研究揭示了关系资本在信息分享中的作用，但很少有研究关注其在虚拟社区语境中的具体机制。通过揭示关系资本在在线环境中的多层次作用，本书研究深化了对关系资本在虚拟社区社交互动和信息分享活动中的理解。

（2）本书结合最少努力原则和双路径认知模型探讨了产品推荐内容特征对消费者产品态度的影响机制。最少努力原则认为，信息接收者通常会选择认知负担最小的路径来处理信息，而双路径认知模型则区分了系统性加工和启发式加工两种信息处理方式。研究分析了产品推荐中的主观特征（如情感色彩）与客观特征（如产品功能）对消费者态度的影响。结果表明，主观特征与客观特征分别通过不同的认知路径显著影响消费者的产品态度。此外，研究还探讨了推荐风格对消费者态度的影响，区分了强风格和弱风格的推荐方式。研究发现，强风格推荐能增强消费者的态度形成，而弱风格推荐则更易引发启发式处理，影响较为间接。虚拟社区类型被发现对产品推荐内容的影响起到了调节作用，尤其是在社交互动频繁的社区中，内容特征对消费者态度的影响更为显著。个人文化倾向也发挥了重要的调节效应，文化背景差异显著改变了信息接收者的态度和反应。这些发现为理解产品推荐内容特征与消费者态度之间的关系提供了新的视角，也为虚拟社区和文化倾向的研究提供了实证支持，进一步丰富了语义学与消费者在线行为理论，以及在线信息传播理论。

（3）本书构建并验证了虚拟社区用户采纳产品推荐的动力模型，其中，重点探讨了感知有用性、感知信任度和先前推荐经验作用于产品推荐采纳意愿的机制。研究发现，感知性价比、感知涉入度和感知风险显著影响感知有用性，这说明用户更倾向于采纳性价比高、风险低且具有较高涉入度的推荐信息。然而，感知信息质量和感知社会价值未能显著影响感知有用性，表明这两个因素在影响产品推荐采纳过程中作用相对较小。进一步分析显示，感知性价比、感知信息质量和感知风险显著影响感知信任度。这说明信息维度和风险维度对产品推荐的感知信任度影响较大，与之相对的是，感知社会价值和感知涉入度对感知信任度的影响不显著，表明社交因素对虚拟社区内产品信息的感知信任度作用相对较小。此外，研究还揭示了虚拟社区参与度和信任氛围在用户采纳产品推荐中起到了关键作用。虚拟社区的高参与度和积极的信任氛围能够显著提升用户对产品推荐的信任感，从而促进其对信息进行采纳。这些发现进一步完善了虚拟社区用户产品信息采纳动机和行为的理论框架，为企业制定社会化产品推荐策略提供了建议和启示。

（4）本书构建了一个带调节效应的中介模型，考察了直播社区用户对主播产品推荐进行采纳的心理机制，探究了自我认同感对感知可信度—采纳意图关系，以及感知价值—采纳意图关系的调节作用。此前，对于自我认同感的研究主要集中在品牌或旅游目的地的自我认同上。本书研究证实了自我认同感在在线环境中信息采纳意图中的重要作用，从而将自我认同感的研究拓展到了在线信息产品采纳领域。同时，本书探讨了感知可信度在感知价值与采纳意图之间的中介作用，并研究了临场感在感知价值—感知可信度关系中的调节作用，从而增加了对临场感和感知可信度对消费者在线决策过程影响机制的理解深度。

（5）随着人工智能技术的迅猛发展，人工智能驱动的产品推荐在产品营销领域占据了越来越重要的位置。产品推荐的方式已从传统的人际推荐和在线媒体驱动逐步转向更加智能化、个性化的算法驱动。通过机器学习和大数据分析，人工智能能够精准捕捉消费者的行为和偏好，提供高度定制化的推荐体验。这不仅大大提升了用户的购物体验，还显著提高了产品的销售转化率。作为一种新兴的趋势，人工智能产品推荐在电子商务和在线娱乐等领域正发挥着越来越关键的作用，且对消费者的购买心理和行为产生了深远的影响。本书系统探讨了人工智能产品推荐的发展背景及其对产品营销的深刻影响，分析了人工智能产品推荐的起源、运作机制和关键特征，包括个性化与精准性、同步性、拟人化、情感融入等方面。同时，本书还关注了人工智能产品推荐所带来的伦理问题，并提出了相应的治理建议，以期为未来人工智能产品推荐的良性发展提供一定的理论参考和现实建议。

（6）本书还分析了社交媒体环境下用户中心模式的理论背景和发展趋势，揭示了企业如何通过虚拟社区建立与用户的深度链接，并利用产品推荐提升用户参与度和忠诚度。通过案例数据提炼出了与企业可持续竞争优势相关的关键概念和核心范畴，如企业的制度与价值观导向、产品质量、情感联结、产品推荐以及用户生态等。并提出了通过虚拟社区和产品推荐来建立用户链接、构建用户生态从而提升企业可持续竞争力的具体路径。

1.4　本章小结

首先，介绍了本书的研究背景，重点分析了虚拟社区的逐渐普及和产品推荐的逐渐兴起两大背景。随着互联网和社交媒体的普及，虚拟社区成为人们互动交流和消费决策的重要平台，推动了消费者产品信息获取和选择等行为的变化。同时，消费者对传统口碑信息真实性的怀疑使得产品推荐成为消费者购物信息的重要来源渠道。产品推荐的精确性、互动性和个性化特征也使产品推荐成为企业增强竞争力增加市场份额的重要方式。

其次，阐述了本书的研究意义，分为理论意义和实践意义两部分。从理论意义上，本书填补了虚拟社区中用户产品推荐行为机制的研究空白，丰富了用户行为、信息传播与营销策略等相关理论。从实践意义上，本书为企业通过虚拟社区产品推荐建立用户生态、提升用户参与度与忠诚度、实现个性化营销提供了具体策略与建议，具有一定的现实指导价值。

再次，概述了本书的具体章节内容，明确了研究的重点方向。第一，探讨了虚拟社区用户产品推荐的行为模式特征和决策机制；第二，分析了产品推荐语言特征对用户行为的影响及用户对产品推荐的采纳机制；第三，通过案例研究方法探讨了企业如何在虚拟社区中通过有效的推荐策略实现竞争优势。同时，介绍了研究方法，包括定量与定性分析结合、案例研究与实证研究法等。此外还概括了全书研究的整体框架。

最后，在第1.3节介绍了本书的主要创新点，包括验证了关系资本在在线环境中对信息分享和互动活动的多层次作用，构建了虚拟社区用户主动进行产品推荐的动力模型，提出了虚拟社区用户对产品推荐进行采纳的心理机制，创新性地提出了人工智能产品推荐的概念，并系统分析了人工智能产品推荐的发展背景、人工智能产品推荐的特征、对企业产品信息推广和对消费者购物心理与行为的影响、人工智能产品推荐的伦理问题及其治理方法等。

第 2 章

文献回顾与总结

本章通过系统回顾现有相关研究，梳理了虚拟社区和产品推荐相关的核心概念，明确了其内涵和分类，分析了其主要特点，并总结了现有研究的不足之处，进一步明确了本书的研究重点和研究方向。

2.1 虚拟社区相关文献

Web1.0 技术主要依赖静态网页和预设的信息传播模式，信息在用户和厂商之间呈现单向流动。此时，用户主要扮演信息接收者的角色，无法主动干预内容的生成和传播。随着技术的进步，Web2.0 的到来打破了单向传播的局限，开启了信息双向流通的新时代。Web2.0 允许用户不仅接收信息，还可以通过评论、分享、点赞等方式参与内容的创造和扩展。用户成为信息流通的主动参与者，不再仅仅是信息的接收端。Web2.0 的特点之一是社交互动的增强，社交平台和用户生成内容（UGC）逐渐成为互联网的核心应用，促进了更加个性化的用户体验。同时，信息流通速度的加快和互动性的提升，推动了实时信息更新和定制化服务的发展。Web2.0 不仅改变了信息传播方式，还重塑了用户与厂商之间的关系，厂商不再是信息的唯一供应者，用户也成为内容的创作者和反馈者。厂商与用户之间的互动性加强，共同推动了价值的创造和产品的优化。随着互联网技术的进一步演进，Web3.0 开始兴起。

Web3.0 的一个关键特征是通过移动互联网应用，用户能够实现更加即时、无缝的互动与交流[12]。和 Web3.0 相比，Web4.0 更加注重深度智能化和人机交互的无缝结合。Web4.0 将物联网、虚拟现实和人工智能等技术融合，更加注重人与技术的深度整合，实现了更加全面、便捷和智能的用户体验，总之，Web3.0 和 Web4.0 技术提升了信息流动的效率和深度，同时拓展了互联网技术应用的场景和应用潜力[12]，用户的互动方式也因此发生了深刻变化，信息分享变得更加便捷和高效，购物模式也在朝更加个性化、互动化、沉浸式体验和智能化的方向转变。

互联网虚拟社区因其高度互动性和跨时空性，逐渐成为人们思想交流和创新互动的重要平台。其互动性促使用户在平台上实时共享观点和经验，推动了各类信息的快速传播。其跨时空性则使得全球用户能够随时随地参与讨论和合作，打破了传统地理限制。虚拟社区为个体提供了多样化的表达空间，促进了信息和观点的汇聚与融合。同时虚拟社区也成为获取社会支持和资源共享的重要渠道[13]。

2.1.1 虚拟社区的概念

虚拟社区的概念随着信息技术的发展也在不断演化，研究者尚未就其内涵和边界达成一致观点。1993 年，雷因戈尔德（Rheingold）首次提出虚拟社区的定义，认为虚拟社区是一个由用户组成的社群，主要特征是支持用户之间的自由交流、互动和信息共享[14]。之后，不同学者从各自学科视角提出了多种虚拟社区的定义。舒伯特（Schubert）等认为，虚拟社区是由一群具有共同兴趣和价值观的个体组成，通过在共享网络空间中的互动与交流形成的群体[15]。巴戈齐（Bagozzi）等从社会学角度出发，认为虚拟社区是通过持续的交流与互动构建的可调节社会空间[16]。高（Koh）等将虚拟社区定义为一个成员基于网络空间通过自愿地交换信息、共享资源来建立社会关系，并且在互动过程中形成共同的认同和信任的群体[17]。尽管这些定义各有不同，但都强调了互动、交流以及共同价值在虚拟社区中的核心作用。虚拟社区不仅是一个信息交换的空间，还是成员关系和社会资本建设的场所。

本书结合 Web3.0 和 Web4.0 技术的发展特点，将虚拟社区定义为基于社交网络平台而形成的互动网络，主要目的是促进信息交流与资源共享。成员在该网络中不仅可以满足自身的实用需求，还能获得精神层面的满足。虚拟社区具备一定的社会联系和归属感，促使成员之间建立紧密的互动关系。该网络的结构形式可以是半开放的、一定程度封闭的或全封闭的，具体取决于社区的参与规则和成员准入方式。虚拟社区的成员通过信息共享和交流，推动了共同兴趣和目标的实现。通过这种互动，成员能够形成社会认同感，提升群体凝聚力。典型的虚拟社区包括微信群、直播社群、小红书社群、豆瓣社群、Facebook 群组、WhatsApp 群组等。

2.1.2 虚拟社区的类型

虚拟社区具有多样的创建目的、形态和功能。现有文献从多个维度对虚拟社区进行了分类。阿姆斯特朗（Armstrong）等从功能目的的角度，提出将虚拟社区划分为关系型社区、交易型社区、兴趣型社区和幻想型社区[18]。关系型社区侧重于成员之间的社会联系和互动，交易型社区则以交换和交易为主要功能，兴趣型社区专注于共同兴趣的交流，幻想型社区则涉及虚拟角色和虚拟世界的构建等。舒伯特（Schubert）等则从兴趣的角度对虚拟社区进行了分类，区分为企业型社区、研究型社区和休闲型社区[15]。企业型社区主要服务于商业活动与合作，研究型社区侧重学术和科研信息的交流，而休闲型社区则更多关注娱乐与消遣。普兰特（Plant）则从营利性质和是否开放的维度提出了多种虚拟社区类型，包括非营利性管制社区、营利性开放社区、半营利性开放社区和半营利性管制社区等。耿晓彦等将虚拟社区分为目的型社区和交流型社区[20]。目的型社区以实现特定目标为主，如商业、教育等，而交流型社区则强调成员之间的日常交流与互动。张发亮则从社区开放性的角度对虚拟社区进行分类，将其划分为内部社区、外部社区和过渡型社区[21]。内部社区仅限于特定成员参与，外部社区则对所有人开放，而过渡型社区则处于开放性和封闭性之间。赵联飞等根据虚拟社区的活动类型，进一步将其划分为线下社会关系网络延伸型社区、地理社区延伸型社区、兴趣型社区和动态社会网络延伸型社区等[22]。线下社会关系网络延伸型社区如同学群、家族群等，地理社区延伸型社区则包括小区业主群等，而兴趣型社区则围绕共同兴趣和爱好建立，动态社会网络延伸型社区如打卡群、学习群等则强调社会关系的实时变化和互动。

2.1.3　虚拟社区的内涵及特点

2.1.3.1　虚拟社区与社会化身份及身份认同

社会化身份的概念最早在 20 世纪 70 年代被提出。社会化身份意为个体意识到自己属于某一社会群体，并赋予该群体特定的情感和价值意义[23]。个体的社会化身份不仅体现了群体归属感，还影响着其自我认知和行为模式[23]。之后在 80 年代出现了自我身份归类理论，认为个体通过自我归类和社会比较被自然地归入特定的群体，从而形成社会化身份[24]。自我归类是指个体将自己同化为群体的原型，进而使个体不仅表征"自我"，还表征整个群体的"群我"[16]。这一过程导致个体形象被群体形象所替代，从而影响其自我认知，并强化群体成员之间的归属感。社会化身份的形成不仅限于现实生活中的群体，同样适用于虚拟社区。在虚拟社区中，个体的"自我"逐渐转变为"群我"，这种身份转变直接影响个体的行为与参与动机。虚拟社区中的成员通过归类和比较来加强与其他群体成员的心理联系和认同感。社会化身份对产品信息传播以及社区内群体活动的心理动机与参与意愿都有显著影响[25]。

虚拟社区身份认同感是指虚拟社区成员因为某类共同特征，通过共同的价值观或目标而形成的集体归属感。身份认同感有助于个体在群体中找到自我定位，增强群体凝聚力[26]。吉登斯等提出，身份认同包含自我认同和社会认同两个维度。自我认同是基于个体对自身知识、文化、性格等的认知，而社会认同则是通过感知群体内外的相似性与差异性来构建。自我认同帮助个体确认自我身份，而社会认同则通过群体间的比较形成集体归属感[27]。布兰查德（Blanchard）等发现，虚拟社区感形成的关键在于成员对社区社会化身份的认同[28]。这种社会化身份认同的形成不仅依赖于个体对群体的归属感，还受到成员间相似感知的影响。人际互动在其中起着重要作用，能够增加成员之间的熟悉度，并促使成员在群体中形成更强的身份认同感。身份认同感的增强能够提升个体对虚拟社区的情感承诺，进而促进成员参与群体活动[29]。身份认同感强的成员更倾向于参与信息资源和其他资源的共享活动，进一步巩固群体的互动与合作。虚拟社区的身份认同感不仅影响个体行为，还决定了群体活动的积极性和持久性。随着虚拟社区成员之间认同感的增强，群体的凝聚力也逐渐增强，形成稳定的社区环境。总之，身份认同在虚拟社区中起着至关重要的作用，直接影响成员的社区内共享动机和共享行为[30]。

2.1.3.2　虚拟社区与情感链接

情感链接是指个体与特定目标的情感联系[31]。情感链接能激发心理上的亲近感，并促使个体自愿保护该目标[31]。最初，情感链接理论主要用于解释个体之间的情感关系，后来逐渐扩展至个体与群体或事物之间的情感联系[32]。情感转移理论进一步提出，个体对某一目标的情感可以转移到与之相关的其他个体或事物上[32]。情感链接理论探讨了个体如何在认知、情感和行为层面分配资源给他人或群体[33]。最初，该理论用于解释婴儿如何将外界的情感关系内化，进而影响其行为和认知模式。随着理论的发展，它也被应用于成人群体和虚拟社区成员之间的情感互动。虚拟社区中的成员通过频繁的信息分享、互动和互助行为，强化了彼此之间的情感链接。这种情感链接不仅增强了社区成员之间的归属感，也促进了集体行为和信息流动。情感链接包含两个层次：第一层是个体与群体身份的链接，个体认同群体特征与目标，并感受到群体的归属感，进而愿意为群体的利益作出贡献[34]。第二层是个体与群体内其他成员之间的情感链接，这种链接表现为个体间的情感投资与相互支持。情感链接对个体的行为产生重要影响，尤其在认同感、互助意愿、参与积极性及信息分享动力等方面具有显著作用[35]。情感链接促使个体内化群体目标与价值观，使其更加关注群体成员的需求，并提升群体合作的意愿。

虚拟社区成员的情感链接有助于增强群体凝聚力，促进成员之间的互动与信息流动。研究表明，情感链接比其他变量更能有效预测虚拟社区成员的行为，包括参与度、互动频率及贡献动机等[36]。

2.1.3.3 虚拟社区与社会支持

社会支持主要指个体成员获取群体的关心和帮助[37]。社会支持对于虚拟社区成员之间建立关系有至关重要的作用，且能够通过互助行为影响成员之间的观点、态度和意图。社会支持的形式多样，主要特征为满足个体的心理和物质需求，包括与他人沟通互动的需求、被理解和回应的需求、获取建议的需求等[38]。在虚拟社区中，社会支持不仅有助于促进个体的社会关联，还能够增强成员之间的归属感和信任感。研究表明，拥有良好社会支持的社区能显著提高成员的互动频率和交流意愿，进而推动社区的活跃度与凝聚力[38]。在虚拟社区中，社会支持主要以信息支持和情感支持的形式出现[40,41]。信息支持在网络环境中通常通过提供解决方案、推荐和意见来帮助个体解决实际问题。情感支持则通过表达关心、重视与精神支持等情感来提升其情绪状态[41]。通过获得建议、指导和资源可以增强用户的感知信任，进而促进个体的虚拟社区参与度[42]。获得关心与情感支持可以满足个体的安全感需求和其他心理需求，进而增强其对社区的归属感。通过获取他人的关心与情感支持个体会感受到尊重与理解，这有助于建立深层次的信任关系，进而强化成员之间的情感联系，形成社区内的友好氛围[43]。

虚拟社区中的社会支持在信息接收者的决策过程中起着至关重要的作用。一方面，虚拟社区中的社会支持通过提供情感上的支持，减少了个体在决策时的认知负担。社区成员之间的互信和支持增强了信息的可信度，帮助减少对信息的感知风险，进而提升对信息的采纳意愿。另一方面，虚拟社区存在一定的信任背书。虚拟社区中的信息发布者通常会倾向于维护其在社区内的声誉，并在一定程度上确保其所发布信息的准确性[44]。声誉机制的存在可以降低用户的信息感知风险，进而会增加用户对信息的采纳意愿。

2.2 产品推荐相关文献

现有文献关于产品推荐的研究主要集中在在线产品推荐系统领域。在线产品推荐系统通过分析用户的在线行为特征，挖掘用户偏好与需求。大数据技术能够识别用户的兴趣和需求模式，进而推测潜在的产品偏好，增加产品推荐匹配的精准性[45,46]。

对在线产品推荐的研究主要集中在产品推荐系统的分类和产品推荐系统的影响两方面。阮光册认为，产品推荐系统可以分为基于用户行为数据的产品推荐系统、基于社会网络标签数据的产品推荐系统、基于社交网络数据的产品推荐系统等类型[47]。基于用户行为数据的产品推荐系统，其核心是评估用户资料与推荐目标间的匹配程度。解决预测问题的方法主要有编辑元数据和构建模型两个思路[47]。社会化标签数据不仅反映了信息资源的主要特征，还体现了用户与资源之间，以及用户与用户之间的关系，将标签数据作为推荐系统的数据来源，可以开发出既具备内容过滤优势，又能够利用协同过滤优势的推荐技术[48]。社交网络数据具有两个主要特征：一是用户相互之间形成的社交关系；二是用户的兴趣爱好信息。由于这两个特征，社交关系成为基于社交网络数据进行个性化推荐的重要因素。关于产品推荐系统影响的研究主要集中在对用户—产品推荐系统间的互动、产品推荐系统特征、产品特征、产品推荐系统提供者特征等变量对用户使用意愿和满意度的影响机制上。在评估一个产品推荐系统的有用性时，消费者会关注过去使用产品推荐系统的经验，当产品推荐系统推荐的产品和自己使用产品后的评分较一致时，消费者会增加对产品推荐系统所推荐产品的信任，并提高接受其所推荐产品的可能性[49]。产品推荐系统的界面特征，如导航设计和布局等，会影响用户的使用意愿，当获取推荐产品的详细信息需要过多点击时，用户通常会感到不满[50]。用户认为，产品推荐系统推荐的搜索商品比体验商品对用户有更显著的影响[51]。由独立第三方网站提供的产品推荐系统被认为比由卖家网站提供

的推荐代理更可信，由信誉良好的网站提供的产品推荐系统被认为比那些由
不知名或没有信誉的平台提供的产品推荐系统更可信[50]。

2.2.1 传统口碑（WOM）与在线口碑（eWOM）

广告是消费者获取产品信息的传统渠道。传统广告在信息传播中存在明
显弊端。第一，广告常通过音频、视频或纸媒等形式插播，强行打断受众的
注意力，这种中断容易引发消费者的反感，促使其产生规避行为。这种负面
反应使得广告的有效传播受到限制，降低了其传播效果。第二，传统广告采
用单向传播模式，信息从广告主传递给受众，而受众只能被动接收信息。这
种缺乏互动的传播方式使得受众无法主动参与信息的选择和反馈，也无法根
据个人兴趣或需求调整广告内容。第三，传统广告的内容通常经过厂商精心
编排，主要目的是塑造产品或服务的正面形象。然而，这些广告内容可能夸
大产品功效，甚至涉及虚假宣传，缺乏透明性和真实性。广告主在推广过程
中往往有意忽略产品的负面信息，导致广告呈现出的产品形象与实际情况存
在偏差。第四，传统广告往往具有诱导性，目的是引导消费者作出购买决策，
这种引导可能带有误导性质，消费者容易感受到信息的不对称[52]。

口碑传播是一种消费者之间分享信息的方式。作为一种非正式的传播形
式，口碑在消费者决策过程中扮演着重要角色，尤其在产品选择和品牌认知
方面具有显著影响。口碑往往蕴含来自其他消费者的个人经验或评价，比较
容易影响他人对产品或服务的认知与态度[11]。口碑传播的可信度源于其独立
性和非商业化特性，这使得消费者更易接受这些信息[53]。与此同时，口碑传
播往往通过社交网络或在线平台迅速扩散，增强了其影响力。

绝大多数研究表明，口碑传播在说服消费者方面比广告更具效果[56]。这
是因为口碑传播通常通过日常交流自然地进行，而非通过硬性推广，使其更
加接近消费者的日常生活。相比传统广告，口碑传播避免了过度宣传可能引
发的反感情绪，因此更易为消费者所接受。口碑信息往往依托于社会关系网
络，这种关系网络中的信任机制为口碑传播提供了可靠的背书，从而增强了

其说服力。此外，口碑传播的互动性较强，信息传播者与接收者之间可以实现即时反馈和沟通，增强了信息的透明度和可信度。受众不仅能够接收到语言信息，还能感知到非语言信息，如表情、肢体语言和情感语气等，这些元素有助于加深对信息的理解和记忆。传统口碑的传播者通常是消费者本身，因此其传递的信息更具有实用性和可信性。传统口碑被定义为消费者通过口头交流、面对面、电话或视频等方式分享关于产品的购买和使用经验的行为[55]。这一传播过程使得信息传递不仅限于产品本身，还涉及消费者的主观看法和情感体验，从而赋予了口碑信息更高的价值。由于口碑传播的参与者在一定程度上是平等的，受众能够主动参与、提问和反馈，进一步加深了对信息的信任和依赖。研究还发现，口碑传播不仅对品牌认知有积极影响，还能提高品牌的市场渗透率。其效果往往能够超越传统广告的单向传播模式，形成更加多元和深层的市场影响。

传统口碑（WOM）存在一定的局限性，主要体现在时空同步性和传播规模上。其传播过程通常要求信息发出者与接收者在时间上保持一致，并且通常需要处于相同的空间环境中。这种局限性限制了传统口碑在传播范围和影响力上的扩展[56]。信息通常通过面对面的交流或电话等方式进行，这使得受众群体相对狭窄，信息传播的效率较低。尤其在现代社会，信息传播的速度和广度无法满足快速变化的市场需求。相比之下，在线口碑（eWOM）突破了传统口碑所面临的时空限制。通过网络平台，在线口碑能够以多种形式传播，如文字、音频、视频等，并且这些信息可以永久存储，确保其长期可访问性和持续的影响力[57]。信息一经发布，即可在更长的时间段内发挥作用，相比于传统口碑的短期效应，eWOM 能够带来更为持久的影响。此外，eWOM 采用点对面的传播模式，突破了传统口碑的点对点传播限制。这种方式使得信息能够迅速扩展至更广泛的受众群体，传播速度大大提高，影响力也随之增强。通过社交媒体、评论平台等在线渠道，信息可以迅速传播，吸引大量消费者的关注和参与。eWOM 还借助现代化工具，如搜索引擎、社交媒体等，极大地提升了信息获取的效率。消费者能够在短时间内精确定位所需信息，提升了获取效率和信息的实时性。这种便捷性使得 eWOM 能够更加迅速地影响消费者的购买决策。与传统口碑的信息来源通常限于亲友圈和熟人网络不同，eWOM 的信息来源广泛且多元。消费者不仅可以从电商平台的产品评价中获取反馈，还能通过专业口碑网站、论坛、博客等渠道获得详细的产品信息。这种多元信息的获取方式更能满足消费者在决策过程中的多样化需求，提供更全面、更丰富的参考资料。

尽管在线口碑（eWOM）在传播速度和广度上具有显著优势，但它无法完全取代传统口碑（WOM）。第一，传统口碑信息通常较为简洁，并且正面评价占主导地位，这使得消费者能够迅速评估和判断产品或服务。简洁的口碑信息降低了决策成本，提高了信息处理的效率。相对而言，eWOM 包含大量信息，正面与负面评价交织在一起，形成信息的复杂性和多样性，这大大增加了消费者甄别和判断信息的难度[56]。第二，传统口碑基于现实社交网络和熟人关系，其信息来源具有较高的信任度。熟人之间的信息传递往往带有信任背书，接收者倾向于相信这些信息。而 eWOM 由于互联网的开放性和匿名性，容易滋生虚假口碑和信息操控，扰乱了信息的传播秩序。虚假信息和匿名传播使得 eWOM 的可信度相对较低，消费者对这些信息往往持怀疑态度。第三，传统口碑传播过程中，信息的发出者和接收者通常处于同一时空情境中，能够进行实时互动。接收者在遇到疑虑时，可以通过直接沟通向发出者求证，从而有效降低信息传递中的风险感知。这种互动机制使得口碑信息更具可信度和有效性。相比之下，eWOM 的传播缺乏这种即时互动机制，消费者只能被动接收信息，难以进行深入的信息验证或寻求进一步的解释。第四，传统口碑的传播者和接收者通常具有较为明确的身份关系，双方在长期的人际互动中建立了信任，这使得口碑信息具备天然的信任背书效应。接收者能够依赖这一信任来快速作出决策。然而，eWOM 由于参与者身份往往匿名，缺乏这种基于熟悉度和信任的关系，使得消费者在面对 eWOM 时常常感到信息来源不明，增加了信息采纳的风险[58]。第五，传统口碑传播不仅依赖语言线索，还包括面部表情、肢体语言等非语言线索，这些非语言线索能够帮助接收者判断信息的真伪并增进理解。相较之下，eWOM 主要依赖文字信息，缺乏与情境相关的非语言线索，限制了信息的加工深度，消费者难以形成全面的产品认知[59]。

2.2.2 关于在线口碑（eWOM）的研究

随着社交媒体的快速发展，消费者获取产品和品牌信息的方式发生了显著变化，信息传播的效率和范围大幅提高。社交媒体的普及使消费者能够便捷地查找和交换有关产品的各种信息，从而极大地推动了在线口碑（eWOM）的生成与传播[60]。社交平台为消费者提供了一个全新的渠道，使其能够快速接触更多的产品评价与使用体验。相比传统的广告宣传，这些由消费者生成的信息相对来说更加真实和可信，因此成为产品用户越来越倚重的信息来源[61]。在线口碑作为基于互联网的产品与服务评价信息，具备了高传播效率和非封闭性特征[62]。其信息能够迅速传播并覆盖广泛的受众群体，这使得eWOM对消费者的购物决策产生了越来越大的影响力。通过社交平台，消费者不仅能获取他人的产品评价，还能直接参与到品牌建设过程中。消费者可以通过评论、评分或分享自己的使用体验等方式，表达对产品的看法和感受。这种参与性和互动性使得消费者成为品牌推广的重要组成部分，进而帮助品牌与消费者建立更加紧密的情感联系[62]。在线口碑的互动性特点使得消费者能够快捷地获取和交换产品的购买和使用信息，进一步影响他们的消费决策[63]。不同于传统的营销手段，在线口碑往往不依赖于商业利益的驱动，这使得其在消费者心中具有更高的信任度。消费者认为，来自同龄人或其他用户的反馈更加客观、真实，这也使得在线口碑相比于传统广告等更能影响消费者态度和购买决策[64]。

现有文献对在线口碑（eWOM）的研究主要集中在口碑参与动机、参与者因素、口碑影响及传播动力机制四个核心领域。其中对发出动机方面的研究涉及了如利他主义、社会责任、链接倾向、享乐动机和声誉等诸多因素。有文献认为，互惠倾向和社会责任感是消费者采纳eWOM信息的关键驱动因素，且在信息传播过程中，这些动机显著影响行为[65]。也有研究者认为，利他主义动机驱动的用户更倾向于发布积极口碑，且感知评论的有用性对发布行为具有最大影响[66]。消费者发布口碑的主要驱动力是赢得他人赞誉，情感分享和信息回馈也是重要因素，反映出发布口碑不仅是信息传递，更包含情感认同的需求[67]。信任、共同语言和自我表达对发布口碑意向的影响较小，这挑战了传统观点，可能与文化背景和情境因素相关[68]。周（Zhou）等认为，情绪表达、寻求建议、追求收益和自我提升是用户发布口碑的主要动机[69]。拉达里（Ladhari）等则认为，社会链接感是口碑发布者的核心动机，个体在发布口碑时，基于感知的社会链接感权衡其利弊，影响发布决策[70]。这些研究表明，现有文献中关于在线口碑的动机研究中涉及的变量较多，且在不同的文化与情境中的影响存在差异。

现有文献对在线口碑参与者因素的研究主要集中在信息发布者和信息接收者两个维度。发布者的身份是影响口碑信息可信度的重要因素[71]。发布者的身份披露程度与口碑信息的可信度呈正相关，披露越多，信息的可信度越高[72]。发布者的身份披露不仅提高了在线口碑信息的可信度，还增强了消费者的购买意愿[72]。此外，发布者的专业水平对口碑的可信度也具有显著影响，高专业水平的发布者通常发布的信息更具深度、精准度和前瞻性，这些信息更容易获得接收者的信任[73]。对口碑信息接收者维度的研究主要聚焦于信息接收者的知识储备、产品卷入度等因素对口碑信息采纳的影响。产品卷入度被认为是影响接收者采纳 eWOM 的关键因素。研究发现，高卷入度的接收者对口碑信息的信任度和采纳意愿更强[74]。产品口碑信息的接收者卷入度水平在口碑的属性（如真诚度和观点极端性）与口碑可信度之间起到了显著的调节作用[74]。索哈布（Sohaib）的研究进一步验证了接收者卷入度在信息采纳过程中的核心作用[75]。接收者的知识储备越丰富，越能够对口碑信息进行有效评估，从而影响其采纳决策[76]。

现有文献对在线口碑的影响维度的研究已较为丰富，其中主要涉及的主题为在线口碑对消费者决策和企业运营的多重影响。首先，部分研究聚焦于 eWOM 如何影响消费者的购买决策与产品态度。研究发现，信任因素在 eWOM 的传播过程中起到了关键作用。阿尔哈比（Alharbi）等指出，信任因素可能干扰 eWOM 对消费者最终购买决策的影响[77]，因此，建立信任是促使 eWOM

成功转化为购买行为的关键[77]。eWOM 的评论效价对消费者购买意愿具有显著的调节作用，积极的评论效价能显著增强消费者的购买意愿，而负面评论效价则可能导致购买决策的逆转[78]。其次，另一部分研究者关注了 eWOM 对企业运营的影响，认为 eWOM 为企业提供了了解消费者需求和优化产品、服务的有效渠道。eWOM 能帮助企业洞悉消费者的评价动机，这使得企业能够及时调整产品生产策略和营销方法，以满足市场需求和提升品牌形象[79]。也有研究发现，企业通过分析 eWOM 可以更准确地识别消费者对产品的真实感受，进而改进产品设计和服务质量，从而增强消费者的忠诚度[80]。eWOM 已成为企业提升竞争力、拓展市场和优化营销策略的不可或缺的工具[80]。

现有文献对在线口碑传播心理机制的研究主要关注了社会认同、从众心理和身份建构等变量。社会认同是指个体在信息不足或决策风险较高的情境中通过观察他人行为来确定自身行为方向的行为。消费者通常依赖他人评价来指导自身决策，社会认同机制在 eWOM 传播中发挥重要作用。从众心理是指个体在群体中其行为会趋于与群体一致[81]。特别是当消费者接触到大量正面评价时，容易产生"众人认可则产品佳"的心理暗示，从而增强对在线口碑信息的接受度。在此过程中，消费者会依据他人评价调整自己的态度，进一步影响他们的购买决策。此外，身份建构也在 eWOM 传播中起到一定作用。消费者在分享评价时，通过自我身份披露实现个人身份的表达和确认。这种身份披露不仅能增强信息的可信度，还能加深信息接收者对传播者的认同感[82]。

2.2.3 传统口碑（WOM）与在线口碑（eWOM）的联系与区别

随着互联网的发展，对产品的评论与意见不再局限于熟人之间的交流，传统口碑（WOM）逐渐发展为在线口碑（eWOM），即通过在线技术进行非面对面产品评论与意见的交流。传统口碑与在线口碑都能显著影响消费者行为，也是消费者在购买某一产品或服务之前和之后获取产品或服务信息的主要方式[66]。由于消费者通常认为来自人际网络的产品信息比商业信息更具可信度[83]，传统口碑被认为是影响消费者对产品态度的重要信息来源。在线技术的发展使得在线口碑也逐渐成为影响消费者产品态度和相关行为的重要信息来源[79]。越来越多的企业希望通过在线口碑来推广产品和服务，并培养品牌忠诚度。

传统口碑与在线口碑传播机制较为类似。不论是传统口碑还是在线口碑，信息的传播都涉及信息发出者、信息接收者以及信息本身。在传统口碑中，口碑发出者将自己对产品或服务的经验或观点通过言语、行动等方式传递给他人。在在线口碑中，传播者以文字、视频、图片等形式通过数字化平台向更加广泛的人群传递产品信息。另外，无论是传统口碑还是在线口碑都有着类似的信任机制。即，传统口碑信息和在线口碑信息的接收与传播都与信息源的可信度和影响力紧密相关。

传统口碑与在线口碑也存在着诸多不同。一是传播途径和传播速度不同。传统口碑的传播途径相对较为有限，主要依赖于面对面的交流以及电话、信件等方式，而在线口碑则通过互联网平台传播，信息的传播途径更加多样化。另外，在线口碑的传播速度也远远快于传统口碑，在线口碑可以在短时间内传播给成千上万的消费者[84]。当消费者想要了解某个产品或服务时，通常会通过在线平台搜索在线口碑信息，原因是可以快速地获得信息，无须等待他人，如朋友或家人提供他们对产品或服务的意见。二是传播范围和受众群体不同。传统口碑的传播通常局限于传播者的社交圈，如朋友、家人、同事等，受众群体较为有限。而在线口碑的传播范围几乎没有限制，可以在全球范围内传播，信息可以迅速传递给无数的潜在消费者。三是信息来源的可信度不同。在线口碑因为信息发出者一般是匿名而被认为风险较高[85]。也有研究者认为，当消费者具有一定的经验时，在线口碑通常被认为是有可信度的[85]。四是用户参与度不同。在线口碑允许用户主动参与信息的创造和传播，消费者可以轻松地发表对产品购买和使用体验的评论和评分。而传统口碑更多依赖于人与人之间的口头传播，虽然也存在一定的互动，但用户的参与度相对较低。五是影响力和可控性不同。在线口碑具有更高的可操控性，品牌可以通过一定的策略（如激励用户评价、回应负面评论等）来影响口碑的传播方向。而传统口碑在很大程度上是不可操控的，品牌无法直接干预消费者之间的口碑传播，只能通过产品质量和服务来间接影响口碑。六是信息的开放性不同。传统口碑信息通过私密的、实时的面对面对话和交流进行分享，而在线口碑信息一般具有开放性的特点，发布的产品信息可以长时间保存，可以被更加广泛的人群查看[86]。而传统口碑一旦信息传达给接收者，通常不会以书面的形式记录和保存下来。

2.2.4 在线口碑（eWOM）与虚拟社区产品推荐的联系与区别

消费者在在线购物中主要依赖文字、音频、视频等媒介对产品进行评估，这使得他们的决策行为带有一定的风险性[87]。在传统购物环境中，消费者可直接接触产品，而在在线购物中，信息不对称和无法触摸产品增加了感知风险。在线口碑提供了其他消费者的购买经验和评价信息可以帮助信息接收者减少感知风险，从而在一定程度上影响消费者的决策过程[86]。消费者在信息不对称的情况下，通常会依赖他人的经验和意见，以作出更为明智的购买选择。然而，部分厂商为提升销量或改变产品声誉采用了不正当手段对 eWOM 信息进行了人为干预或操控。例如，发布虚假好评、雇佣第三方进行刷单，甚至提供奖励或返现以换取正面评价等[88]。这种虚假的在线口碑泛滥，不仅影响了消费者产品购买的决策质量，还使得他们在面对 eWOM 时变得更加审慎和警觉[89]。随着社交媒体和虚拟社区的兴起，消费者获取产品信息的渠道发生了变化。基于社交关系的虚拟社区，诸如微信群、小红书、豆瓣群组等逐渐成为消费者获取和交换产品信息的重要渠道。这些社区因成员具有共同的爱好、目的，或其他共同特征而聚集在一起形成，具有一定的封闭性，能够形成具有一定社会关系的社交网络，信息的传播和接收效率得到了强化。与匿名口碑相比，基于特定社会关系传播的信息具有更高的说服力和可信度[90]。

虚拟社区中的产品推荐之所以受到消费者青睐，得益于多个因素。首先，信息发布者的身份相对明确，受众可以清楚地了解信息来源，这降低了信息的风险感知。其次，社区成员之间的相似性和归属感增强了信息的信任度[91]。研究表明，消费者更容易接受来自相似背景或兴趣群体的产品信息推荐，互动频率、社会关联度和感知相似性是影响产品信息可信度的重要因素[68]。在信息获取过程中，消费者倾向于对与自己具有强社会关联的个体所提供的信息给予更多关注。这种偏好源自社会认知理论中个体对相似性和关系亲密度的重视，即，认为来自熟悉或信任的人的信息更具可信度。相反，当信息来源身份不明确时，消费者会感知到更远的社会距离，这种距离感削弱了信息的可信度[92]。结果，信息的初始信任度会显著降低，影响消费者的决策过程。此外，虚拟社区的双向传播和高参与性有效弥补了传统 eWOM 的单向传播局限。信息发出者和接收者可以实时互动反馈，这使得信息传播更为灵活、动态，也更具传播效力。消费者不仅接收信息，还能通过评论、分享等方式与他人共同构建产品信息的生态。这种互动性和参与性提高了信息的可信度，从而影响了消费者对产品的认知和决策过程。

通过对现有相关文献进行分析总结，结合对当下现实情境的观察，本书对比了虚拟社区产品推荐与在线口碑（eWOM）的属性差异（见表 2-1）。

表 2-1　　　在线口碑（eWOM）与虚拟社区产品推荐的属性对比

项目	在线口碑（eWOM）	虚拟社区产品推荐
人际关系	一般关系疏远	关系可能紧密，也可能疏远
信息偏向	正向评价/负向评价	以正向评价为主
传播目的	以信息分享为主	说服倾向较强
信息载体	以文字为主，辅以音频、视频等方式	以文字为主，辅以音频、视频等方式
影响范围	不受时间、空间限制，影响范围大	不受时间限制，影响范围主要在虚拟社区内
传播方式	点对多（个人对开放群体）	点对多（个人对封闭或半封闭群体）
传播人是否匿名	匿名	实名或匿名
信息是否同步传播	异步性	信息同步或非同步传播
影响持久性	可以永久存储在公开网站上，影响相对持久	可以存储在虚拟社区内，影响短暂/持久

虚拟社区产品推荐指的是虚拟社区用户根据自己的经验、兴趣或信任关系，向其他社区成员推荐特定的产品或服务。虚拟社区产品推荐有其独特的

传播方式和影响特点。虚拟社区中的产品推荐通常基于紧密的社会关系网络。与 eWOM 相比，虚拟社区的成员往往具有更为紧密的互动和沟通，社区成员之间可能建立了长期的信任关系。因此，虚拟社区产品推荐往往具备较强的个性化特点。虚拟社区中的产品推荐通常以正向评价为主，这是因为虚拟社区的推荐者和被推荐者往往有着一定的社交关系，推荐者希望通过推荐质量较好的产品来建立自己的信誉和影响力，从而增强社会认同感。虚拟社区中的产品推荐通常具有较强的说服性，推荐者不仅提供信息，还希望通过自己的推荐影响他人，促使他人作出购买决策。虚拟社区产品推荐的信息载体通常是以文字为主，但也会辅以音频、视频等方式，通过详细的文字描述和配图有助于展示产品的优势。虚拟社区的产品推荐通常是以点对多的方式传播，与 eWOM 的开放性不同，虚拟社区的产品推荐通常发生在封闭或半封闭的群体中，受众范围相对较小，但产品推荐通常具有个性化和精准化的特征。虚拟社区的传播不受时间限制，但其影响范围主要集中在虚拟社区内部。不同的社区有不同的成员和关注点，因此其影响力通常局限于特定的群体或兴趣圈子。虚拟社区产品推荐的推荐者身份更加确定，尤其是在一些知名的社交平台或在线社区中，推荐者需要使用实名账号进行信息传播，这可以增加信息的可信度和透明度，但也同时容易产生隐私问题。虚拟社区产品推荐通常具有同步性和异步性相结合的特点。虽然推荐者可以随时发布推荐信息，但其他社区成员的反馈往往是同步的，这使得互动更加即时和高效。虚拟社区的产品推荐信息可以存储在社区内，但影响时间通常相对较短，特别是在社交媒体平台上信息的流动性较强，旧信息容易被后更新的信息所掩盖。虽然产品推荐信息可以在社区内长期保存，但其影响力往往受限于特定时间段和社区成员的活跃度。

2.3　本章小结

本章系统地整理了先前研究者围绕虚拟社区及产品推荐所开展的各类研

究文献，这对于界定相关概念的外延与内涵、有效借鉴前人针对相关问题的研究成果，进而明晰本书的研究思路、重点问题以及研究方向具有一定的意义和价值。

具体而言，在对现有文献展开系统梳理的过程中，我们有如下四个方面的发现。

（1）尽管虚拟社区产品推荐、传统口碑（WOM）和在线口碑（eWOM）在传播形式和影响机制上存在显著差异，但大多数研究未能对此进行有效区分。许多学者在探讨相关议题时，往往将这三者视为相同的概念进行讨论，忽略了它们之间的细微差异。在社交媒体蓬勃兴起并深度渗透的大背景之下，用户的角色已然发生了显著转变，他们不再仅仅是产品信息的被动接收者，而如今已然成为产品信息的协同创造者以及主动传播者，深度参与到信息的流动与构建之中[96]。在现如今全新的产品信息传播模式下，精准区分产品推荐与传统口碑（WOM）及在线口碑（eWOM）各自蕴含的语义范畴对于深度探寻虚拟社区产品推荐的独特属性对消费者产品推荐的发出和采纳心理，以及挖掘其特点对于企业可持续竞争力获取的影响等至关重要。

（2）尽管虚拟社区的特性已被广泛研究，但针对这些特性在产品信息传播中的影响探讨较为有限。虚拟社区感、身份认同感、关系资本和社会支持等因素，如何在产品信息传播过程中发挥作用，仍然缺乏深入的学术关注。随着社交媒体和在线平台的快速发展，产品信息的传播方式和影响机制正发生深刻变化。在这一背景下，探讨虚拟社区的独有特性对信息传播的影响变得尤为重要。针对虚拟社区的独有特性对信息传播的影响进行系统探讨不仅有助于丰富社交媒体信息传播的理论框架，还能够为学术界提供新的研究视角。通过深入分析这些因素的作用机制，研究者可以揭示社交媒体时代商品信息传播的新特征和独特属性。最后，从实际应用角度来看，深入理解这些虚拟社区特性可以帮助企业优化产品信息传播方式并提高传播效率，以在竞争激烈的市场中获得优势。

（3）尽管传统口碑（WOM）和在线口碑（eWOM）已有广泛研究，产品推荐作为其在社交媒体背景下的延续，仍缺乏系统性探讨。社交媒体平台的崛起改变了信息传播的方式，产品推荐在此过程中发挥着日益重要的作用。产品推荐不仅继承了传统口碑的传播特性，还融合了社交媒体的互动性和即时性，成为信息传播的核心组成部分。虚拟社区作为社交媒体的关键元素，具备独特的互动机制与用户行为特征，这些特性都会影响产品信息的发起机制、传播机制及采纳机制。因此，将虚拟社区与产品推荐相结合进行研究，能够揭示其在信息传播过程中的复杂作用。

（4）虽然人工智能在很多领域的应用和影响引起了大量学者的关注，但针对人工智能产品推荐这一主题还鲜有研究者关注。人工智能对产品营销领域正在产生革命性影响。产品信息的发出、传播和接收方式都将变得更加个性化、精准化和智能化，消费者在线购物心理和购物行为都将被人工智能产品推荐深刻影响。人工智能产品推荐作为一种新兴的社会现象，也势必成为未来产品营销领域的重要发展趋势。因此，对其进行深入分析和探讨不仅能填补一定的学术研究主题的空白，也具有一定的实践意义。

第3章

虚拟社区用户产品推荐动力机制

本章旨在深入探讨虚拟社区情境下推动用户主动进行产品推荐的关键因素，并分析这些因素之间的多层次线性关系。虚拟社区作为一种新型的社交平台，具备独特的社会关系结构和信任机制，这些特性使得产品推荐的动力机制与传统的口碑传播存在显著差异。

3.1 研究背景

现代信息技术的飞速发展显著改变了产品信息的传播方式。传统的信息传播方式依赖于单向传递，而在如今的社交平台中，消费者的角色发生了根本性转变。他们不再是被动接收信息的对象，而是产品信息的生成者和传播者[93]。这种转变使得信息的传播更加个性化，也更加迅速和多元。虚拟社区，特别是基于社交媒体平台的虚拟社区，成为人们获取商品购买意见和商品信息的重要来源。社交媒体平台如微信、小红书、豆瓣和抖音等，连接了各类兴趣群、家族群、工作群、粉丝群等，形成了各种类型的具有一定社会关系的互动空间[94]。这些平台打破了传统社交的地域和熟悉度限制，使得信息传播可以跨越时空进行高效交流。通过虚拟社区，用户能够快速获得来自朋友、家人或陌生人的推荐和意见，这为他们提供了更加丰富和多样化的产品选择依据。这些推荐不仅局限于消费者之间的口碑传播，还包括互动和讨论产生的有价值的信息流动。因此，虚拟社区的产品推荐逐渐成为消费者在商品决策过程中不可忽视的关键参考意见。在虚拟社区中，社区成员之间的情感联结对推荐意愿和接受度产生了显著影响。用户的情感联结和归属感使他们在进行产品推荐时更加主动，且对他人的推荐更容易产生信任和认同。情感因素在虚拟社区的传播过程中起到了重要的催化作用，这使得用户的行为比传统的口碑传播更加复杂和动态。然而，尽管现有文献研究了传统口碑（WOM）和在线口碑（eWOM）对消费者购买决策的影响[95]，关于虚拟社区中用户产品推荐的心理机制和影响因素的系统性研究仍相对较为缺乏。现有的研究往往关注推荐行为的外部动因，如平台的功能设计或用户的社会化互动，而对用户内在心理机制的探索较少。因此，深入理解虚拟社区中的推荐心理机制，不仅有利于填补一定的学术空白，也能为企业制定社会化媒体营销方案提供理论指导。未来的研究应关注虚拟社区中用户行为的复杂性，探索其内在的心理机制及其对产品推荐的影响，从而为虚拟社区中的产品推荐提供更为科学和精确的理论框架。

　　本章通过结合解释水平理论和社会交换理论构建了一个含调节效应的中介模型以对虚拟社区中用户主动进行产品推荐行为背后的心理动机进行探讨。解释水平理论认为，个体对事物的心理距离直接影响其诠释方式和认知深度。当心理距离较近时个体倾向于使用低解释水平对现象进行解读，会侧重于关注细节和背景信息。当心理距离较远时个体则倾向于采用高解释水平的抽象化思维方式对事物进行解读，更侧重于关注核心要素和本质属性。高解释水平和低解释水平的表征分别影响个体对事物的理解方式。当个体面对抽象的、高心理距离的事物时，其处理方式更倾向于忽略细节，专注于简化和提炼关键要素。相反，当面对具体的、低心理距离的事物时，个体会深入分析背景和细节信息[96]。在决策时，心理距离决定了主要因素与次要因素的权重分配[96]。较长的心理距离通常会导致个体偏向抽象层面的决策，而较短的心理距离则使得个体在决策中注重具体和实际的因素。在虚拟社区中，个体的归属感是影响心理距离的关键因素。较高的归属感意味着个体与社区成员之间的心理距离较小，这促使他们在进行决策时采用低水平的解释路径，即更多关注具体的细节和个人化信息。此外，较高的归属感也增强了个体的信任感，使他们更容易从他人利益的角度进行思考并愿意为他人提供帮助。

社会交换理论提出，个体在社会互动过程中会通过成本效益分析来评估参与行为的回报与成本[97]。在这一框架下，个体倾向于选择能最大化回报并最小化成本的行为路径。根据社会交换理论，互惠原则在社会互动中扮演着核心角色，特别是在信息共享与资源交换的情境下，互惠原则促使个体参与互动并建立合作关系。社会资本作为推动个体行为的关键因素之一，促进个体间的信息流动与资源共享[97]。通过共享信息，个体不仅能增加知识的获取量，还能够积累社会资本，这种积累会进一步影响其未来的社会交往行为。社会资本的积累为个体提供了更强的社会支持和资源交换的机会，从而在社会网络中建立起更紧密的联系[98]。与此同时，关系资本作为社会资本的一个特殊形式，在中国文化情境下具有重要作用。关系资本不仅体现为社会资源的积累，还深深植根于儒家思想中的"和"理念，强调和谐人际关系的维护。在虚拟社区中，个体更加注重通过建立稳定的关系网来增强个人的社会地位。虚拟社区中的成员往往通过分享经验、知识或资源来获得他人的认可和信任，这种行为能够进一步加强群体内部的联系和互动。当个体在虚拟社区中推荐产品或服务时，其内心通常希望其他成员认可其意见和贡献，从而进一步巩固彼此的社会关系。基于上述逻辑，本章研究将关系资本作为核心变量之一，旨在探讨其在虚拟社区中如何影响个体的产品推荐行为。

3.2 模型构建与假设提出

3.2.1 虚拟社区归属感与产品推荐意愿

虚拟社区的归属感是指个体在心理层面认同自己为社区的一员，并认同与其他成员共同遵守社区规范[99]。这种归属感是虚拟社区成员互动与信息共享的核心驱动力之一[100]。当个体感受到强烈的归属感时，他们更倾向于积极参与社区活动并与其他成员交流。归属感有助于促进社区成员之间的社会交往，增强彼此的情感联系进而提升信息共享的意愿[101]。感知相似性和情感依恋是归属感形成的重要前置因素。感知相似性是指个体在价值观、兴趣爱好或生活经历等方面与他人存在契合性，个体与他人越相似，归属感越强[102]。情感依恋则指个体与社区成员之间的情感联系，当个体产生情感依赖时，会自发投入更多的精力去维系关系。这种情感联系进一步增强了归属感，进而使个体更加愿意分享个人经验和信息。解释水平理论提供了个体决策过程中的心理机制框架。人们在面对不同心理距离的事物时，倾向于选择不同的解释路径[103]。在虚拟社区的背景下，归属感作为一个重要的心理因素，直接影响成员的心理距离。当成员与社区及其他成员的关系更加紧密时，他们的心理距离变得较近，进而更容易采用低水平解释路径。高归属感的成员对社区会产生认同感和情感依赖，这使得他们在解读人际互动时，会更多关注具体的行为和需求。这种低水平解释路径促使成员更加注重他人的需求与利益，更可能倾向于理解并回应他人对资源、帮助或支持的具体请求[104]。根据以上逻辑，心理上的接近感促使个体主动与他人分享个人经验、购物建议或产品使用心得。因此我们提出以下假设。

假设 3 - 1：虚拟社区归属感对用户产品推荐意愿有正向影响。

3.2.2 关系资本

社会交换理论是研究社会行为的重要框架，强调个体在社会互动中对成本与收益的权衡[105]。该理论认为，个体在参与任何社会活动之前会倾向于评估该活动带来的潜在回报，并与付出的成本进行比较。权衡结果会决定个体是否愿意投入资源参与活动。虚拟社区成员的产品推荐行为涉及多个层面。首先，推荐者需要投入时间和精力来撰写推荐信息。其次，推荐者还面临潜在的隐私泄露或遭受误解等风险，这进一步增加了参与产品推荐的成本。互惠原则是社会交换理论中的核心概念，指个体有回馈他人所获利益的内在倾向。互惠原则是个体之间交换信息、提供帮助的关键驱动因素[106]。虚拟社区的跨时空特性为产品信息的高效分享与传播提供了平台[107]。在虚拟社区中，这一原则驱动着成员之间的互动。成员通过分享有价值的信息进行互动交流，并潜意识地期望获得他人的回报[108]。产品信息推荐者期望通过分享产品购买和使用信息获取其他成员的推荐或认可，进而形成互惠关系。

有研究表明，个体的文化背景在其信息共享行为中发挥着关键作用[109]。在虚拟社区中，个体推荐产品不仅是为了分享有用信息，更重要的是借此机会强化和建立社会联系。在这一过程中，个体潜在地期望通过推荐获得社会资源，如信任、认可或未来的回报。在中国文化中，"关系""人情"概念不仅是情感的表达，还代表一种基于资源交换的行为逻辑，是维系社会关系的核心因素之一[110]。个体通过积极提供帮助和接受他人帮助的互动，强化彼此之间的关系。因此，维护良好的人际关系成为中国社会中一种重要的社会资本。虚拟社区作为一个跨越时空限制的社交平台，成员之间的互动常常依赖于这种潜在的互惠逻辑。在虚拟环境中，成员之间的关系紧密度对信息分享的意愿产生重要影响，关系越紧密，个体越愿意分享个人经验和推荐产品。此外，虚拟社区中的归属感也被认为是影响成员互动行为的关键因素[111]。个体在虚拟社区的归属感越强，其在社区中的互惠预期越高，信息分享的意愿也会随之增加。社区归属感使个体感觉到自己是社区的一部分，进而增强了与其他成员互动的动机。在动机形成过程中，关系资本起到了重要的桥梁作用。因此，我们提出以下假设。

假设3-2：关系资本在虚拟社区归属感与用户产品推荐意愿的关系中起到了显著的中介作用。

3.2.3 信任倾向

信任在个体的认知功能、行为意愿激发及亲密关系构建中发挥着至关重要的作用[112]。信任不仅影响个体对他人行为的判断，还决定了个体是否愿意与他人建立关系[113]。信任倾向是指个体在信任决策中表现出的稳定的心理偏好，反映了个体在性格和人格特质上的差异。例如，具有较高"诚实—

谦虚"特质的个体，往往比其他个体更容易信任他人[113]。在面对相同的情境时，一些个体可能会立即信任他人，而另一些个体则需要经过仔细考虑和多方面的评估后才能决定是否信任他人[114]。从认知过程角度来看，信任倾向在个体的推理、心理预期，以及决策体系中扮演着不可或缺的角色。在面对不确定的情境时，信任倾向较强的个体更容易将他人的行为解读为积极和正向的，而信任倾向较弱的个体则可能倾向于怀疑他人的动机，并采取更为谨慎的行为。在虚拟社区中，成员之间主要通过在线交流进行互动，缺乏面对面的直接交流，信息获取的途径相对有限。这种信息的不对称性使得个体在决策时难以保证完全的安全和确定性[115]，进而导致个人的信任倾向会影响其对他人行为的信任水平和预期。另外，虚拟社区具有一定的开放性特征，虚拟社区成员间熟悉程度不一样，情感链接也不一样，会导致虚拟社区中的互动效果更容易受到信任倾向的影响。

信任倾向与归属感之间存在显著的正相关关系[116]。信任倾向深刻影响个体对环境的理解、认知及其行为模式。高信任倾向的个体更容易相信他人的善意与诚信，从而促进他们与他人建立更紧密的关系。在虚拟社区中，归属感为个体提供了情感支持，增强了其在社群中的参与意愿。具有较高信任倾向且高社区归属感的成员往往更注重关系建设，表现出更高的信息分享主动性。信任倾向通过与虚拟社区归属感共同作用可以进一步强化成员对社区的认同与安全感知，从而促进信息分享行为的发生。同时，信任倾向也可以强化关系资本与产品推荐意愿之间的关系。个体的信任倾向既会影响成员的认知模式，也深刻作用于其行为选择和互动方式。当信任倾向水平比较高时，个体对关系资本的积累预期更能提升个体信息互动和合作的意愿水平。因此，我们提出以下假设。

假设 3 - 3a：信任倾向会显著调节虚拟社区归属感与用户产品推荐意愿之间的关系。

假设 3 - 3b：信任倾向会显著调节虚拟社区归属感与关系资本的关系。

假设 3 - 3c：信任倾向会显著调节关系资本与用户产品推荐意愿之间的关系。

本章的研究模型如图 3 - 1 所示。

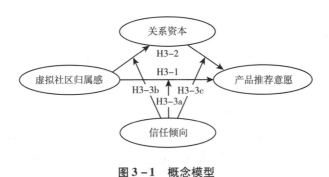

图 3 - 1　概念模型

3.3　研究方法

3.3.1　数据收集

为了验证前面的假设，本章采用问卷调查法来收集数据，问卷目标群体主要为微信群用户。通过专业问卷平台"问卷星"设计相关问卷问题，之后将问卷链接发送给个人微信好友及微信群成员，并邀请他们参与填写。为确保样本的广泛性和数据的代表性，部分问卷通过微信好友进一步邀请其好友或其所在群成员进行填写。通过这种方式确保数据的丰富性和足够的样本数量。每个成功提交问卷的问卷对象都被给予一定的物质奖励。问卷调查开始前，研究人员对参与者进行了充分的说明，明确调查目的并详细介绍问卷各项问题的背景，这有助于提高参与者对问卷目的的理解，确保其作答的准确性和可靠性。

在正式调查开始之前，本章研究进行了预测试活动，旨在评估问卷的可行性和问题的理解度。根据参与者反馈，对问卷中的一些问项进行了针对性调整，以消除可能引起理解偏差的表述问题。这一过程确保了问卷问题的表述清晰且无歧义，从而提高了数据的有效性和可靠性。最终，在剔除了答题时间过短及填写不规范的无效问卷后，共收集到 317 份有效问卷，确保样本量足以支撑后续数据分析。样本的人口统计学特征显示，男性受访者占40.1%，女性占 59.9%，显示出较为平衡的性别分布。年龄方面，16~25 岁的受访者占比最大，为 55.2%，而 36~45 岁的受访者占 31.5%。学历方面，具备大专及以上学历的问卷对象在样本中占比 73.8%。

本章研究对虚拟社区归属感、关系资本、信任倾向和推荐意愿等变量的测量进行了设计，参考了朱（Chu）[117]、黄（Huang）[118]、海达里安（Heidarian）[119] 和杨（Yang）[120] 等学者的相关研究成果。为了确保问项能够有效反映各变量的特征，研究者对原始问项进行了适当的调整。具体来说，虚拟社区归属感的测量问项参考了楚（Chu）[117] 的研究，并结合本章主题对问项表述进行了适当修改。关系资本的题项改写则参考了黄（Huang）[118] 的研究，也结合本章语境对问项表述进行了适当修改。信任倾向变量的测量采用了海达里安（Heidarian）[119] 所建议的四个题项，而推荐意愿的测量则根据杨（Yang）等[120] 的建议进行设计。所有变量的内部一致性均通过 Cronbach's alpha 系数进行了检验。结果表明，虚拟社区归属感、关系资本、信任倾向和推荐意愿的 Cronbach's alpha 值分别为 0.81、0.80、0.77 和 0.83，均达到了良好的可靠性标准。

本章研究为确保数据收集的标准化，采用了 5 分制评分体系，其中 1 分表示"非常不同意"，5 分表示"非常同意"。这种评分方式有助于提高数据的可比性和分析的准确性。基于刘（Liu）等学者的研究，发现年龄、性别、月收入和教育水平等人口统计学变量与信息分享意愿存在显著关系[121]。因此，为了控制这些变量的干扰，本章研究将其纳入研究模型作为控制变量。通过加入这些控制变量，有助于减少整体模型受外部因素的影响，提高模型的解释力和假设验证的有效性。

3.3.2 方法选择

本章研究先使用 Amos 21.0 进行测量模型检验。验证性因子分析（CFA）

是一种常用于确认潜在变量与观测变量之间关系的统计方法，主要用来评估模型的拟合度，并检验测量模型的合理性。

之后假设检验的第一步使用了结构方程模型（SEM）方法来检验研究模型中的主效应和简单调节效应。本章研究样本量为 317 份，符合伊亚科布奇（Iacobucci）等提出的样本量要求标准[122]，为模型分析提供了足够的统计效力。尽管 SEM 在结构方程分析中具有显著优势，但它主要聚焦于路径系数所反映的直接效应，较少考虑间接效应的影响。因此，本章研究为弥补这一不足，引入了 PROCESS Macro 进行补充性分析。PROCESS Macro 是一种用于中介效应和调节效应分析的工具，能够有效揭示变量之间复杂的作用机制。通过该方法，我们重点探讨了虚拟社区归属感如何通过关系资本影响用户的产品推荐意愿。此外，本章研究还进一步考察了信任倾向在这一过程中的调节效应，旨在揭示信任倾向对虚拟社区归属感与产品推荐意愿之间关系的调节作用。

为了深入理解模型中的复杂因果关系，本章研究还考虑到 SEM 和 PROCESS Macro 在解释多样性原因条件方面的不足。为此采用了模糊集定性比较分析方法（fsQCA），这一方法能有效处理非线性关系和非对称数据。fsQCA 特别适用于探索多个条件组合对结果变量的复杂影响，它能够揭示不同条件配置下的因果路径和潜在机制[124]。通过 fsQCA 分析，我们能够识别导致产品推荐行为发生的前置因果配置，并深入探讨这些配置如何在不同情况下引发产品推荐行为。模糊集定性比较分析方法能够提供一种不同于传统回归分析的视角，强调条件之间的组合效应[124]。

3.4 实证结果

3.4.1 测量模型

本章研究对各变量的人口统计学特征进行了详细分析，具体结果如

表 3 - 1 所示。各变量的平均值（mean）、标准差（SD）以及变量间的相关系数（correlations）均已列示。根据测量模型的系数荷载，所有变量的荷载值均介于 0. 67 ~ 0. 81，表明每个变量与其测量项之间的关系较为显著，具有较强的代表性。对于量表的内部一致性，本章研究计算了每个问项的 Cronbach's alpha 值，结果显示所有题项的 Cronbach's alpha 均高于 0. 75，表明量表具有较好的内部一致性，符合常见的信度要求。此外，组合信度（CR）值在 0. 77 ~ 0. 84，说明量表具有较高的组合信度，能够有效测量各潜在变量。在聚合效度方面，AVE（平均方差提取）值介于 0. 51 ~ 0. 59，表明量表具有较好的聚合效度，能够有效地反映每个构念的核心特征。综合以上结果，可以确认本章研究量表在信度和效度方面均表现良好，符合相关测量标准。

表 3 - 1　　　　　　　　　　平均值、标准差和相关系数

变量	平均值	标准差	1	2	3	4	5	6	7	8
Gender	1. 60	0. 49	1							
Age	2. 57	0. 81	− 0. 13	1						
Income	2. 50	1. 05	− 0. 04	0. 18	1					
EDU	2. 88	0. 61	− 0. 01	0. 004	0. 08	1				
BEL	2. 71	0. 44	0. 06	− 0. 14	− 0. 04	0. 05	1			
CAP	3. 04	0. 49	0. 15	− 0. 23	− 0. 07	− 0. 06	0. 43	1		
TRU	3. 60	0. 42	0. 09	− 0. 12	− 0. 05	− 0. 06	0. 40	0. 50	1	
INT	3. 72	0. 48	0. 04	− 0. 14	− 0. 09	− 0. 03	0. 52	0. 61	0. 48	1

注：Gender，性别；Age，年龄；Income，收入；EDU，教育水平；BEL，虚拟社区归属感；CAP，关系资本；TRU，信任倾向；INT，产品推荐意愿。

3.4.2　假设检验结果

3.4.2.1　主效应和简单调节效应检验

本章研究采用结构方程模型（SEM）方法检验了主效应和调节效应。模型分析结果表明，首先，虚拟社区归属感显著正向影响用户的推荐意愿（$\beta = 0.57$，$p < 0.001$）。这一发现支持了假设 3 - 1，即虚拟社区的归属感对

用户推荐意愿具有重要影响。其次，关系资本在模型2中表现出显著的正向影响（β = 0.60，p < 0.001），说明关系资本对用户的推荐意愿具有显著的推动作用。此外，信任倾向对推荐意愿产生了负向影响（β = - 0.37，p < 0.001）。研究还进一步探讨了交互效应，发现虚拟社区归属感与信任倾向的交互作用对推荐意愿产生了显著的正向影响（β = 0.08，p < 0.001）。同时，关系资本与信任倾向的交互作用也对推荐意愿产生了正向影响（β = 0.12，p < 0.001）。因此，假设3 - 1、假设3 - 3a 以及假设3 - 3c 均得到了数据分析的支持。

表3 - 2 中的模型4 和模型5 显示，虚拟社区归属感对关系资本有显著的正向影响（β = 0.46，p < 0.01）。这一结果表明，虚拟社区归属感能够有效地促进用户间建立关系资本，进而增强互动和信任。进一步分析发现，信任倾向（β = 0.23，p < 0.001）以及信任倾向与虚拟社区归属感的交互作用（β = 0.08，p < 0.001）也显著影响关系资本。这表明，信任倾向对关系资本的形成有一定程度的推动作用，且信任倾向与归属感之间的互动关系进一步加强了这种影响。假设3 - 2 提出，关系资本在虚拟社区归属感与用户产品推荐意愿之间发挥中介作用。根据数据分析结果，虚拟社区归属感显著直接影响关系资本，这表明虚拟社区归属感有助于促进用户间的关系资本积累。与此同时，关系资本对用户推荐意愿的直接影响也达到了显著水平，表明关系资本在推动推荐意愿方面起着至关重要的作用。此外，虚拟社区归属感通过关系资本对推荐意愿的间接效应将在后续部分通过 PROCESS 方法进行进一步的严格检验。

表3 - 2   主效应和简单调节效应回归结果

变量	产品推荐意愿			关系资本	
	模型1	模型2	模型3	模型4	模型5
Gender	- 0.01	- 0.05	- 0.06	0.11 *	0.09
Age	- 0.38 *	0.001 *	0.01	- 0.10 **	- 0.08 **
Income	- 0.28	- 0.03	- 0.02	- 0.01	- 0.003
EDU	- 0.40	0.01	- 0.002	- 0.06	- 0.04
BEL	0.57 ***			0.46 ***	
CAP		0.60 ***			
TRU			- 0.37 ***		0.23 **

变量	产品推荐意愿			关系资本	
	模型 1	模型 2	模型 3	模型 4	模型 5
BEL × TRU			0.08 ***		0.08 ***
CAP × TRU			0.12 ***		
F	24.24	38.08	41.36	18.83	26.25
R^2	0.28	0.38	0.48	0.23	0.34

注：Gender，性别；Age，年龄；Income，收入；EDU，教育水平；BEL，虚拟社区归属感；CAP，关系资本；TRU，信任倾向；INT，产品推荐意愿。* 代表 $p < 0.05$，** 代表 $p < 0.01$，*** 代表 $p < 0.001$。

3.4.2.2　中介效应检验

根据表 3-3 模型 1 的分析，虚拟社区归属感显著影响产品推荐意愿（β = 0.46，p < 0.01，95% CI [0.46, 0.67]），验证了假设 3-1。假设 3-2 提出，关系资本在虚拟社区归属感与产品推荐意愿之间起中介作用。为检验这一假设，我们采用了 PROCESS Macro 中的模型 4。表 3-3 的模型 2 显示，控制性别、年龄、收入和教育程度等变量后，虚拟社区归属感显著正向影响关系资本（β = 0.46，p < 0.01，95% CI [0.35, 0.57]）。当虚拟社区归属感（β = 0.35，p < 0.001，95% CI [0.25, 0.45]）与关系资本（β = 0.47，p < 0.001，95% CI [0.38, 0.56]）共同作为预测产品推荐意愿的变量时，二者均显著影响推荐意愿。使用偏差校正百分位自举法检验，结果表明，虚拟社区归属感通过关系资本对产品推荐意愿产生显著的间接效应（β = 0.22，95% CI [0.15, 0.30]）。因此，假设 3-2 得到了验证，即关系资本在虚拟社区归属感与推荐意愿之间的中介作用得到了数据分析结果支持。

表 3-3　　　　　　　　　中介效应及调节—中介效应结果

变量	中介效应						加入调节效应的中介效应			
	模型 1 (INT)		模型 2 (CAP)		模型 3 (INT)		模型 4 (CAP)		模型 5 (INT)	
	β	t	β	t	β	t	β	t	β	t
Gender	−0.001	−0.02	0.11	2.11 *	−0.05	−1.22	0.09	1.84	−0.06	−1.48
Age	−0.04	−1.28	−0.10	−3.04 **	0.007	0.27	−0.09	−2.92 **	−0.003	−0.13

变量	中介效应						加入调节效应的中介效应			
	模型1 (INT)		模型2 (CAP)		模型3 (INT)		模型4 (CAP)		模型5 (INT)	
	β	t	β	t	β	t	β	t	β	t
Income	−0.03	−1.24	−0.007	−0.27	−0.02	−1.27	−0.01	−0.35	−0.03	−1.3
Education	−0.04	−1.05	−0.06	−1.51	−0.01	−0.34	−0.04	−1.02	−0.001	−0.04
BEL	0.57	10.47 ***	0.46	8.09 ***	0.35	6.74 ***	0.30	5.18 ***	0.30	5.90 ***
CAP					0.47	10.12 ***			0.42	8.52 ***
TRU							0.41	5.92 ***	0.21	3.70 **
BELXTRU							−0.27	−1.98 *	−0.29	−2.11 *
CAP × TRU									0.32	3.17 **
R	0.28		0.23		0.45		0.35		0.50	
F	24.24 ***		18.83 ***		43.83 ***		23.86 ***		33.66 ***	

注：Gender，性别；Age，年龄；Income，收入；EDU，教育水平；BEL，虚拟社区归属感；CAP，关系资本；TRU，信任倾向；INT，产品推荐意愿。* 代表 $p < 0.05$；** 代表 $p < 0.01$；*** 代表 $p < 0.001$。

3.4.2.3　带调节效应的中介效应检验

假设 3 - 3a ~ 假设 3 - 3c 提出，信任倾向在虚拟社区归属感与产品推荐意愿之间起调节作用。本章研究采用 PROCESS Macro 模型 59 对这一调节效应进行了验证。分析结果表明，虚拟社区归属感对关系资本的影响显著（β = 0.30，p < 0.001），且虚拟社区归属感与信任倾向的交互项也显著影响关系资本（β = − 0.27，p < 0.05，95% CI［0.18，0.41］）。这一发现表明，信任倾向在虚拟社区归属感对关系资本的影响中起到一定的调节作用。同时，分析结果也显示，虚拟社区归属感和关系资本均对产品推荐意愿产生显著影响。具体来说，虚拟社区归属感的回归系数为 0.30，显著性水平为 p < 0.001，表明归属感对推荐意愿有正向的直接影响。同时，关系资本对产品推荐意愿的影响也非常显著，回归系数为 0.42，p < 0.001，进一步验证了关系资本在推荐意愿中的重要作用。

此外，信任倾向对关系资本与推荐意愿之间的关系也产生了显著的调节效应。信任倾向的回归系数为 0.32，显著性水平为 p < 0.01，95% 置信区间

为 [0.12，0.52]，表明信任倾向加强了关系资本对推荐意愿的影响。信任倾向也显著影响了虚拟社区归属感与产品推荐意愿之间的关系，其回归系数为 -0.29，p<0.05，95% 置信区间为 [-0.56，-0.02]。综上，信任倾向显著调节了虚拟社区归属感与产品推荐意愿之间的直接和间接效应，因此验证了假设 3-3a、假设 3-3b 和假设 3-3c。

图 3-2 和图 3-3 通过图形的方式呈现了信任倾向的调节效应。图 3-2 展示了信任倾向在虚拟社区归属感与产品推荐意愿之间的调节作用。具体而言，信任倾向较低的成员（1 SD below mean，即低于平均值 1 个标准差）在该路径上的调节效应显著高于信任倾向较高的成员（1 SD above mean，即超出平均值 1 个标准差）。低信任倾向成员的简单斜率为 $\beta_{simple} = 0.41$，且显著性水平为 p<0.01，95% 置信区间为 [0.25，0.57]，表明低信任倾向显著增强了虚拟社区归属感与产品推荐意愿之间的关系。而高信任倾向成员的简单斜率为 $\beta_{simple} = 0.18$，显著性水平为 p>0.05，95% 置信区间为 [0.02，0.35]。

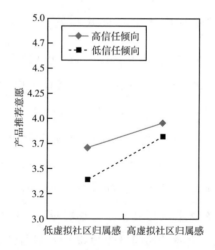

图 3-2　信任倾向调节虚拟社区归属感—产品推荐意愿

图 3-3 则展示了信任倾向对关系资本与产品推荐意愿之间关系的调节效应。对于信任倾向较高的成员，信任倾向显著增强了关系资本对产品推荐意愿的影响。具体来说，高信任倾向成员的斜率为 $\beta_{simple} = 0.56$，且显著性水平为 p<0.001，95% 置信区间为 [0.42，0.69]，显示出较高信任倾向成员对

关系资本的敏感度更高，关系资本对推荐意愿的影响更为强烈。与此相对，低信任倾向成员的简单斜率为 $\beta_{simple} = 0.29$，显著性水平为 $p < 0.001$，95% 置信区间为 $[0.17, 0.41]$。这些结果表明，信任倾向在虚拟社区归属感与产品推荐意愿、关系资本与产品推荐意愿之间起着显著的调节作用。信任倾向较低的成员对虚拟社区归属感与推荐意愿的关系更为敏感，而信任倾向较高的成员则对关系资本与推荐意愿的关系具有更强的调节效应。这些发现强化了信任倾向在虚拟社区环境中的关键作用，尤其是在不同信任水平下的调节差异。

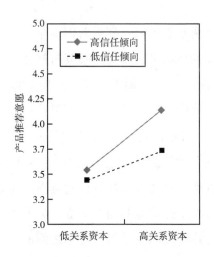

图 3 - 3 信任倾向调节关系资本—用户产品推荐意愿

表 3 - 4 呈现了虚拟社区归属感在不同信任倾向水平下，通过关系资本对产品推荐意愿的间接影响。研究结果表明，尽管各信任倾向水平下的间接效应均达到了显著水平，但它们的效应强度存在差异。具体而言，在信任倾向处于中等水平时，虚拟社区归属感通过关系资本对产品推荐意愿的间接效应最强，效应值为 0.13。相对而言，当信任倾向较低时，间接效应为 0.12，显示出适中的调节效果。在低信任倾向情形下，虚拟社区归属感仍正向影响用户推荐意愿，但其强度低于中等信任倾向时的影响。在信任倾向较高时，间接效应值为 0.10，为所有情形中的最弱值。

表 3 - 4　　　　　　　　不同水平信任倾向对产品推荐意愿的间接效应

信任倾向水平	间接效应	Boot SE	LLCI	ULCI
低（1 SD below mean）	0.12	0.03	0.06	0.20
中等（mean）	0.13	0.03	0.07	0.19
高（1 SD above mean）	0.10	0.05	0.01	0.21

注：SE：标准误差（standard error）；LCI：95% 置信区间下限（lower limit of the 95% confidence interval）；ULCI：95% 置信区间上限（upper limit of the 95% confidence interval）；SD：标准差（standard deviation）；mean：算术平均值。

3.4.2.4　fsQCA 检验

传统的多元回归分析重点考察自变量对因变量的边际影响，在面对多个自变量间复杂因果联系的情境时，多元回归分析往往难以全面揭示变量间复杂的非线性和协同因果关系[125]。fsQCA 方法（模糊集定性比较分析）强调自变量之间的相互依存和协同关系并基于"因果路径"理论，能够处理变量间的多重交互关系[126]。fsQCA 方法不依赖于传统的假设线性关系，而是通过对不同因素组合的"有效性"进行衡量，以识别出不同自变量组合对结果的多重影响机制。在之前章节已通过数据分析发现在影响虚拟社区用户产品推荐的多个变量研究中存在中介效应和调节效应，为了更深入地揭示导致虚拟社区用户主动进行产品推荐的因变量和自变量之间的复杂交互关系，在借鉴之前相关研究的基础上[123,127]，本小节使用 fsQCA 方法对本章之前的分析结果进行补充分析。

在 fsQCA 分析中，数据校准是确保因果推断准确性的基础。原始的 Likert 量表数据通常无法直接应用于 fsQCA 的布尔逻辑，因此需要将其转化为适合分析的模糊集形式。本章研究采用连续赋值法（线性匹配方法），将 Likert 量表的原始数据转化为取值范围在 0 ~ 1 的模糊集[128]。其中，0 表示完全不隶属，1 表示完全隶属，而中间值则反映了不同程度的隶属关系。为了进一步分析数据，本章研究构建了真值表，作为识别因果关系的重要工具。真值表通过一致性指标衡量各因果条件组合的可能性以提取有效的因果路径。为了确保因果组合的可靠性，本章研究设置频率阈值（frequency threshold）为 1，频率阈值表示某一因果组合在所有案例中出现的最小频率，频率阈值为1代表只有在所有案例中均存在的因果组合才会被纳入分析范围。一致性阈值（consistency threshold）设定为0.80，以保证筛选出的因果组合具有较高的逻辑一致性，从而避免因果推断出现过度拟合或低效性。本章研究的fsQCA数据校准及检验所使用的软件为fsQCA3.0。

表3-5展示了虚拟社区用户产品推荐意愿的fsQCA中间解。该分析依照拉金（Ragin）的标准进行，一致性值要求超过0.9，原始覆盖率应大于0.5，以确保模型的最大解释力和可靠性[128]。根据这些标准，路径S1-1、路径S1-2和路径S2-3的原始覆盖率分别为0.93、0.52和0.86，均满足Ragin的要求。这表明，这些路径能够有效地解释用户在虚拟社区中的主动推荐意愿。然而，路径S1-3、路径S2-1和路径S2-2的原始覆盖率均低于0.5，未能达到标准要求。这表明这些路径的解释能力较弱，可能无法提供足够的理论支持或实际指导。尤其是路径S1-3的原始覆盖率远低于0.5，说明该路径的因果关系较为薄弱，难以为分析提供有效的解释。

表3-5   fsQCA 分析结果

项目	高信任倾向			低信任倾向		
构型	S1-1	S1-2	S1-3	S2-1	S2-2	S2-3
BEL	●		●	●	●	●
CAP	●	○		●	○	●
TRU		●		○		
原始覆盖率	0.93	0.52	0.22	0.39	0.33	0.86
唯一覆盖率	0.59	0.02	0.07	0.15	0.09	0.51
一致性	0.92	0.90	0.94	0.90	0.94	0.95
方案覆盖率	0.97			0.94		
方案一致性	0.92			0.91		

注：BEL：虚拟社区归属感；TRU：信任倾向；CAP：关系资本。●代表因果条件存在，○代表因果条件缺席，空白代表构型中该条件可存在也可不存在。

在高信任倾向组中，路径S1-1显示了虚拟社区归属感与关系资本作为核心前置变量的显著作用。该路径的原始覆盖率为0.93，一致性值为0.92，表明其解释力较强。与路径S1-1相比，路径S1-2和路径S1-3尽管也能有效促进产品推荐意愿，但它们的原始覆盖率较低，分别为 0.52 和 0.22。此外，路径S1 - 2 和路径 S1 - 3 的唯一覆盖率分别为 0.02 和 0.07，进一步说明它们在推动推荐意愿方面的解释力不足。路径 S1 - 1 在高信任倾向组中具有最强的原始覆盖率和一致性，展示了其作为最具解释力路径的重要性。在低信任倾向组中，路径 S2 - 1 和路径 S2 - 2 的原始覆盖率较低，分别为 0.39 和 0.33，表明这两条路径的解释能力较弱。与之形成对比的是，路径 S2 - 3 的原始覆盖率高达 0.86，显示出其较强的解释力。分析结果表明，虚拟社区归属感在高信任倾向组的 S1 - 1 路径和低信任倾向组的 S2 - 3 路径中均为关键前置因素。此外，关系资本也在这两个路径中扮演着不可或缺的角色，成为促进用户产品推荐意愿的重要变量。综合来看，虚拟社区归属感和关系资本是推动用户推荐意愿的关键因素，在不同信任倾向组中均起到了核心作用。

在低信任倾向组中，路径 S2 - 1、路径 S2 - 2 和路径 S2 - 3 都表现出虚拟社区归属感作为核心前置因素。这表明，在低信任倾向的情境下，用户的推荐意愿受到虚拟社区归属感的显著影响。相比之下，高信任倾向组在所有路径中未呈现出共同的前置因素组合。通过对比低信任倾向组和高信任倾向组的路径结构，可以看出低信任倾向组的前置因素组合明显更为复杂多样。也即，低信任倾向组需要更多的因素交互作用才能促进推荐意愿。而在高信任倾向组中，前置条件较为简单，更少的变量组合就可以促使用户产生产品推荐意愿。可以发现，信任倾向在用户产品推荐意愿的形成中起到了关键性作用。

3.4.3　结果与讨论

3.4.3.1　研究结果

本章旨在分析虚拟社区中促使用户主动进行产品推荐的心理动力机制。通过构建一个具有调节效应的中介模型，探索了虚拟社区归属感、关系资本和信任倾向对用户推荐意愿的影响，以及这些变量在产品推荐意愿的形成过程中的相互作用。为了验证模型的有效性，采用了结构方程模型（SEM）和PROCESS 方法对模型的主效应及简单调节效应进行了检验。分析结果显示，虚拟社区归属感对用户的产品推荐意愿有显著的正向影响。这表明，当用户感到自己是虚拟社区的一部分时，他们更倾向于进行产品推荐行为。同时，关系资本也表现出显著的正向作用，说明良好的社会关系或互动网络能够促进用户的产品推荐意愿。信任倾向作为一个调节变量，在不同情境下显示出显著的调节效应。具体而言，信任倾向对虚拟社区归属感与产品推荐意愿之间的关系起到了正向调节作用，即信任倾向越高，归属感与产品推荐意愿之间的关系越强。另外，信任倾向对关系资本与产品推荐意愿之间的关系则起到了负向调节作用，这表明在高信任倾向的情况下，关系资本对产品推荐意愿的促进作用可能减弱。此外，本章研究还采用了模糊集定性比较分析（fsQCA）方法，进一步分析了虚拟社区用户口碑推荐意愿的前因配置路径。fsQCA 分析结果显示，高信任倾向群体和低信任倾向群体有着不同导致用户产品推荐意愿的组合路径。分析结果表明，虚拟社区归属感和关系资本是原始覆盖率相对较高的两条路径中的核心前置变量，说明这些变量的组合对于促使用户形成产品推荐意愿至关重要。另外，信任倾向在不同路径组合中起到了显著的干扰作用，尤其在低信任倾向组中，信任倾向对产品推荐意愿的形成具有较强的调节效应。

3.4.3.2　结果讨论

本章数据分析结果表明，虚拟社区归属感对用户的产品推荐意愿具有显著影响。这一发现支持了洪（Hong）等的观点，即，高水平的虚拟社区归属感会促使用户更加愿意参与到社区互动中，进而增强他们对社区成员的关注并乐于为其他社区成员提供信息资源等帮助行为[129]。此外，本章研究还发现，虚拟社区归属感与关系资本之间存在显著的正向关系。社区归属感的增强有助于促进用户之间的信任和互惠行为，这一结论与斯特雷霍恩（Strayhorn）等的研究相一致[130]。斯特雷霍恩（Strayhorn）认为，社区归属感不仅影响个人的心理感受，还对社会关系的建立起到了重要的促进作用[130]。叶（Yeh）等的研究也进一步证实了这一观点，指出虚拟社区成员之间的归属感有助于增加成员间的善意与互惠动机[131]，归属感的强化可以促进虚拟社区内的资源共享和信息交换[131]。

分析结果还表明，关系资本在虚拟社区用户产品推荐意愿中作用显著。这一发现进一步支持了常（Chang）等的观点[132]，即关系资本促进了成员的信息共享与互动活动。互惠倾向既促进了成员间的社交联系，也增强了成员间的互动与合作意愿。刘（Lin）等认为，成员之间的互动依赖于关系资本作为纽带，进而促进了信任的构建和资源的共享。关系资本通过增进参与者之间的互信水平，提升了信息交换和资源共享的效率[133]。

本章研究还探索了关系资本在虚拟社区归属感与用户产品推荐意愿之间的作用。研究发现，关系资本在这两者之间发挥了显著的中介效应。尽管现有文献关注关系资本对个体信息共享意愿的影响[134]，但很少有研究将其作为中介变量进行分析。通过数据分析，本章研究验证了关系资本不仅对用户的推荐意愿具有直接影响，还通过虚拟社区归属感间接地增强了推荐意愿。具体来说，社区成员感知到的归属感增强了他们与他人建立信任关系的动机，从而促进了推荐意愿的提高。社会交换理论认为，个体参与社会交换的意愿水平取决于其对价值的感知[97]。本章研究结论扩展了社会交换理论在社交媒体和虚拟社区环境中的适用性，为后续研究提供了新的视角和理论支持。

分析结果还显示，信任倾向对虚拟社区归属感与产品推荐意愿的直接作用与间接作用影响都显著。这说明信任倾向可以与虚拟社区归属感以及关系资本产生交互作用共同影响用户的产品推荐意愿。尽管关系具有互惠性质，但不同于"投资回报"的函数关系，它无法通过精确的数学运算来预测结果[135]。在传统的面对面交流中，社交线索如身体语言在减少交流不确定性方面发挥着重要作用[115]。然而，虚拟社区缺乏这些非语言线索，使得用户产品推荐行为须承担一定的风险，比如被浪费的时间和精力，产品推荐被不友善解读等。信任倾向作为个体特质会在这种环境中发挥重要作用，帮助用户克服不确定性，干扰用户对这类风险的感知。

3.5　本章小结

本章首先介绍了研究背景，之后通过对相关文献的梳理总结了现有研究空白，进而引出了本章的研究目的，提出了研究假设并构建了本章研究的概念模型。基于文献综述，本章建立了相关的理论框架，并提出了假设验证路径。其次，本章详细描述了数据收集过程，包括样本选择、问卷设计及数据采集的具体流程。最后，在实证分析部分，本章先对研究数据的信度和效度进行了检验，之后采用结构方程模型（SEM）探讨了虚拟归属感、关系资本与产品推荐意愿之间的主效应以及简单调节效应。为了进一步深入分析检验模型变量之间的多重复杂关系，本章使用 PROCESS Macro 方法检验了模型中关系资本的中介效应和信任倾向在虚拟社区归属感—产品推荐意愿，虚拟社区归属感—关系资本，以及关系资本—产品推荐意愿关系中的调节效应。

　　为了弥补多元回归分析方法对变量间复杂的非线性和协同因果关系解释的不足，本章采用了 fsQCA 方法系统分析了用户主动推荐产品的前置变量组合路径。通过 fsQCA 分析，揭示了不同因素组合对用户推荐意愿的影响，从而为理解其产品推荐意愿形成的复杂机制提供了新的视角。分析结果显示，虚拟社区归属感和关系资本是推动用户推荐意愿的关键因素，在不同信任倾向组中均起到了核心作用。通过对比低信任倾向组和高信任倾向组的路径结构，可以看出低信任倾向组的前置因素组合明显更为复杂多样。也即，低信任倾向组需要更多的因素交互作用才能促进推荐意愿。而在高信任倾向组中，前置条件相对简单，更少的变量组合就可以促使用户产生产品推荐意愿。

第4章

产品推荐的内容特征对
用户产品态度的影响

在社交媒体日益发展的背景下，虚拟社区成员的产品推荐对消费者的产品态度产生了越来越显著的影响。本章通过心理学实验的方法获取用户数据，挖掘了虚拟社区里产品推荐的内容特点，如主观和客观特征、强风格和弱风格特征对用户产品态度的影响。

4.1 研究背景

潘蒂纳（Pentina）等指出，虚拟社区中的社会化产品推荐对消费者的产品质量感知和态度有显著影响[8]。在虚拟社区环境中，产品推荐不仅是社交互动的一部分，也逐渐成为影响消费者决策的重要因素。尽管已有研究深入探讨了传统产品评价与口碑对消费者心理的作用，虚拟社区中产品推荐的影响机制仍然鲜有学者进行系统性研究。与传统口碑评价相比，虚拟社区中的产品推荐具有独特的社交互动性和即时性，这使得其在影响机制和说服效果上呈现出显著差异。

基于最少努力原则和双路径认知模型，本章探讨了虚拟社区产品推荐内容特征对消费者态度的影响机制。最少努力原则最初旨在解释语言结构中普遍存在的倾向，即人们在交流中倾向于以最少努力来实现最高效的信息传播效果[136]。后来逐渐应用于政治学、经济学、心理学等研究领域[137]。最少努力原则认为，个体在处理信息时倾向于选择节省认知努力的路径。在面对多个选择时，个体通常会选择最简便、最省力的路径，即使所选路径可能不是最优的和最有效的[136]。个体在认为现有信息足够支持合理判断时，便会停止进一步的信息搜寻[138]。个体在搜寻信息与采纳信息时通常会依据这一原则以降低信息处理的复杂性和消耗[138]。刘（Liu）等发现，个体在信息搜寻中倾向于选择快速且便捷的路径，通常回避那些需要大量认知努力的复杂选项以提高信息处理的效率[139]。威尔逊（Wilson）等也认为，最少努力原则是个体信息搜寻行为研究中的关键理论，揭示了个体在信息搜索选择和接收时节约认知资源原则的重要性[140]。同时，双路径认知模型进一步细化了个体信息处理的方式。该模型区分了启发式路径与系统式路径两种认知路径。启发式路径是个体在决策时倾向选择的一条低成本、高效率的路径，通常依赖于简单的信息线索和直观判断。在这一路径中，个体往往不需要大量的认知努力即可作出决策。相比之下，系统式路径要求个体进行更全面、系统的信息处理，并依赖于更多的信息收集与深入分析。在虚拟社区中的产品推荐情境下，当个体对信息的准确性要求较高时，可能会选择系统式路径，通过仔细分析多方信息来作出决策[141]。在大多数情况下，个体倾向于选择启发式路径，因为这种路径所需的认知资源较少，且能快速作出决策。虚拟社区的产品推荐通常具有一定的启发式特点，如通过简短的文字、图像或用户评价等方式，提供快速而直观的信息，这符合最少努力原则的要求。基于这一点，本章提出，当产品推荐信息能够简明扼要、具有高可读性时，更能有效吸引用户注意并对其产品态度产生影响。

信息接收者在面对产品推荐时，主要依赖推荐内容及其特征来判断是否接受该推荐。推荐内容的不同特征，如主观性与客观性，会影响信息的说服效果[142]。因此，我们推断，不同的内容特征如主观和客观语言风格，可能通过改变个体的认知和情感反应，从而调整其产品态度。产品态度是个体对产品整体价值的情感评估，表现为对产品的正面或负面情感倾向[143]。产品态度的改变是指个体在接收推荐信息之前与之后针对产品所持态度的差异[143]，反映了推荐信息对个体认知和情感反应的影响。本章的研究目的是探讨产品推荐内容的不同特征（如主观风格与客观风格）对消费者态度改变的影响。产品推荐内容的特征为信息接收者提供了评估推荐者个性、能力与动机的重要线索。消费者通过这些特征来判断推荐者的可靠性和推荐信息的可信度，这些因素在改变消费者态度上起着至关重要的作用。依据最少努力原则，消费者倾向于选择认知负担较轻的决策方式。双路径认知处理模型指出，当外围线索增强消费者对信息的信心时，他们更可能依赖启发式路径进行决策。启发式路径通常通过简单的规则或直觉来处理信息，从而避免复杂的分析过程。本章研究也探讨了虚拟社区类型和个人文化倾向对产品推荐信息处理的调节作用。不同类型的虚拟社区用户的情感依附和心理连接程度不一，因此不同类型的虚拟社区可能会影响消费者的信息处理方式。个人文化倾向表现为个体对行为价值观和道德取向的倾向，影响其对外部信息的接受方式。个人主义文化倾向强调个体自主、独立和自我实现，倾向于关注个人利益和偏好。与之相对，集体主义文化倾向更看重群体的利益、一致性与和谐，个体往往会优先考虑群体认同和社会规范。个人主义倾向的消费者可能更加关注推荐信息是否符合其独立需求，而集体主义倾向的消费者则可能更加关注推荐是否符合群体利益[144]。这些文化倾向也可能会干扰消费者对虚拟社区中产品推荐信息的接受度和信任程度。

4.2 研究假设

4.2.1 主观特征和客观特征

主观风格的产品推荐侧重于传递推荐者的主观看法、情感反应以及亲身使用经历，旨在通过情感共鸣来影响他人的购买决策。这类推荐能够通过真实的体验感受，拉近推荐者与接收者之间的距离，使接收者产生认同感。客观风格的推荐则侧重产品的具体参数、性能、功能等理性描述，不掺杂情感因素[145]。这类推荐着重展示产品的实际属性，如价格、材质、规格等，通常以理性、数据化的方式呈现。主观风格和客观风格的产品信息对消费者产品态度的影响机制存在一定差异[146]。

有研究表明，主观情绪化的表达可能削弱产品推荐的可信度，因其情感色彩较强，难以为信息接收者提供充分的理性依据[147]。相反，客观理性内容能够通过提供清晰、可验证的信息帮助接收者对产品作出判断，从而会增强产品推荐的可信度。认知—反应模型解释了这种现象，指出态度的改变通常源自对信息内容的认知反应[148]。但也有研究者认为，主观推荐能更有效地传达推荐发出者对产品的主观体验，更加个性化，也更生动，因此更能打动产品推荐信息接收者[149]。客观风格产品推荐缺乏个人经验和情感表达，可能使消费者感到信息缺乏温度和人情味，进而影响其对推荐的接受度。根据担保理论，产品推荐中所透露的个人信息越多，接收者对推荐的信任度和说服力也会随之提高[150]。客观推荐信息通常缺乏个性化，普遍存在于如产品包装和广告中，导致其独特性较低。由于缺乏创新性和差异化，接收者对这类信息的关注度和接受度相对较低[91]。

本章研究假设，虚拟社区中主观情绪化的产品推荐比客观信息更具说服力。情绪能够激发信息接收者的共鸣，促使他们产生认同感，从而影响其判断[151]。大量研究表明，情绪对消费者的产品接受度有显著影响[152]，情绪化的推荐能够在情感层面与消费者建立联系，增强推荐的吸引力。主观情绪化信息不仅能够引发情绪反应，还能影响接收者的情绪偏好和心理预期[153]。尤其当推荐的情绪与消费者的情绪状态相匹配时，能显著提高说服效果，激发消费者的购买欲望。另外，情绪信息对消费者的影响不仅体现在理性层面，还能作用于直觉与潜意识，使个体在没有意识到的情况下受到影响。相比客观数据，情绪化信息更容易与消费者的直觉产生共鸣，从而影响其决策过程。此外，当情绪受到质疑时，个体往往会启动自我保护机制，维护其情绪认同和自尊[154]。情绪化推荐信息的独特性也使其具备更高的信息价值，能够引导接收者推断信息背后的动机和环境[153]。情绪的独特性让消费者更容易感知到信息的个性化与真实性，增强了推荐信息的可信度。一旦信息接收者验证了推荐者的动机，并与其自身情绪产生共鸣，他们便可能形成期待，从而改变对产品的态度和行为。因此，我们提出以下假设。

假设 4 - 1：在虚拟社区场景下，与客观特征的产品推荐相比，主观特征的产品推荐对消费者产品态度的影响力更大。

4.2.2 强风格和弱风格

产品信息的表达风格对消费者的信息处理过程具有显著影响[155]。信息的表达方式不仅影响信息内容的理解，还会影响接收者对信息的情感反应和判断[155]。信息表达的强弱风格在沟通中起着至关重要的作用[156]。弱风格表达通常使用模糊限定词，如"也许""应该""还可以"等，表达出一定的犹豫和不确定性。相比之下，强风格表达则通常使用直接、明确的语言，避免模糊词汇，展现出更高的信心和确定性。研究表明，强风格表达往往能够激发接收者更强的认知反应[158]。由于强风格表达直接明确，接收者更容易对信息产生积极的情感反应，并对内容作出更为正面的评判[159]。此外，强风格表达能给信息接收者积极的心理暗示，促进接收者对信息产生更持久的记忆[160]。信息记忆持续时间的长短会影响信息接收者对信息的加工深度，进而影响其决策和行为。弱风格表达传递出一种不确定的语气，可能让接收者对信息的可靠性产生疑虑，从而促使其对产品保持谨慎的态度。

信息的强弱风格在信息传播过程中会影响接收者的信息处理路径。强风格信息通常采用清晰、有力的语言表达，能有效增强信息接收者对信息的信心，进而促进对信息的深度加工与系统式处理。弱风格信息通常带有模糊性和不确定性，甚至带有犹豫的语气，容易给人信息发出者信心不足的印象[155]。初始印象偏见理论指出，个体在首次接触信息时形成的初步印象，会对后续的信息加工产生重要影响[161]。接收者的整体态度与评价常常基于这种初始印象，而不是逐步积累的信息分析。因此，强风格的信息推荐能够通过营造积极的初始印象，促使接收者倾向于采纳信息。进一步地，强风格推荐有助于启动启发式认知模式，使接收者依赖简化的决策路径进行判断。启发式认知路径的启动，能够减少信息处理的复杂性，进而简化信任路径。

因此，我们提出以下假设。

假设 4 - 2：在虚拟社区场景下，相较于采用弱风格呈现的产品推荐，以强风格展现的产品推荐在影响消费者对产品的态度方面效果更显著。

4.2.3　虚拟社区类型

社交媒体的广泛应用推动了消费者对虚拟社区的依赖，成为信息交流和购物经验分享的重要平台[116]。与传统社区相比，虚拟社区打破了地理与时间的限制，使信息传播更加便捷且迅速[162]。根据成员之间的虚拟社区感不同可以将虚拟社区分为高链接感和低链接感虚拟社区[162]。虚拟社区感是衡量成员对虚拟社区的情感依附与心理链接的关键因素，通常从三个方面进行衡量：成员感、影响力和沉浸感[163]。成员感反映了成员的心理归属感和社区认同感，是虚拟社区感的基础。影响力则是指成员之间相互影响和相互作用的感知，决定了信息的传播效率与深度。沉浸感则体现了成员在社区互动中的参与度，代表了成员在社区中投入的时间与情感。高链接感虚拟社区的成员关系通常较为紧密，互动频繁，形成了强大的社交纽带。这样的社区往往由线下社交关系转移而来，成员之间有较强的情感投入，彼此互动频繁，如家庭群或同学群等。成员通常愿意投入情感与时间，维护社区的活跃性与互动质量。相对而言，低链接感虚拟社区的成员关系较为松散，互动较少，情感链接较弱。此类社区通常是为了特定目的而临时聚集的群体，成员之间缺乏深厚的情感联结。例如，兴趣爱好群、直播社区或购物群等。低链接感虚拟社区的成员更注重信息获取和需求满足，较少关注情感交流与长期关系的建立，如直播社区等。

马拉泰斯塔（Malatesta）等研究认为，社会情境与情绪表达之间存在密切联系[164]，个体在安全且熟悉的环境中更容易促进主观情绪的表达和接受[164]。情绪表达能够促进亲近感的形成，有助于在社交互动中形成情感联结[164]。双路径认知模型进一步表明，当个体能够获得足够的外围线索时，通常会选择启发式认知路径以减少认知努力。在高链接感虚拟社区中，成员之间的关系较为紧密，互动频繁，这为主观情绪内容的传播创造了有利条件。

由于成员之间的情感投入较大，情绪化内容能够提升成员的信任感，促进更高效的信息传播和共享。低链接感虚拟社区中的成员关系较为松散，互动频率较低，成员通常更倾向于接受理性和中立的表达方式。此外，强风格表达与弱风格表达对他人的影响效力也会受到信息发出者与接收者关系的影响[142]。在高链接感虚拟社区中，强风格表现为自信、肯定以及低犹豫度，这种风格更容易引发成员的思考，并能有效影响其态度和行为。而在低链接感虚拟社区中，弱风格通常表现为礼貌、理性与尊重，弱风格表达在陌生或正式的社交环境中更具说服力[165]。弱风格表达的谦逊态度和理性表达有助于消除成员在接收信息时潜在的抵触情绪。因此，我们提出以下假设。

假设4-3a：高链接感虚拟社区中，主观特征的产品推荐对消费者产品态度影响更大。

假设4-3b：高链接感虚拟社区中，强风格的产品推荐对消费者产品态度影响更大。

假设4-3c：低链接感虚拟社区中，客观特征的产品推荐对消费者产品态度影响更大。

假设4-3d：低链接感虚拟社区中，弱风格的产品推荐对消费者产品态度影响更大。

4.2.4 文化倾向

文化倾向是指在特定文化环境中，群体在决策、问题解决和行为方式上的整体趋势[166]。文化倾向与个体的行为模式、价值观、道德取向和社会规范相关，体现了文化的深层次特征[181]。文化倾向的核心内容之一是个人主义，强调个体的独立性、自由和自主权，认为个人目标和需求应优先于集体利益。在个人主义文化中，个体更关注自我实现、个人成就和个人权利。与个人主义相对的是集体主义，强调个体与群体之间的依存关系，认为群体的利益和目标应优先于个人[168]。与个人主义相比，集体主义注重个体与群体、社会的互相关联和依赖。集体主义者往往将群体利益和目标置于个人之上，强调个体在群体中的责任和角色。在集体主义文化中，和谐与合作是重要的价值观，个体行为往往受到社会规范的指导[169]。

　　集体主义文化倾向的人强调群体利益和集体和谐，注重彼此间的关系和相互依赖。他们倾向于遵循社会规范，并在决策时考虑他人的需求和感受。与个人主义者相比，集体主义者更加关注群体氛围的和谐与融洽，更容易受外部情绪、态度和评价的影响[170]。具有个人主义文化倾向的个体通常具有较强的独立性和个性，倾向于依赖自身的价值观和判断作决策[171]。对个人主义而言，产品推荐若能展现严谨性和确定性，通常更具吸引力。具有集体主义文化倾向的个体通常更倾向于低调和谦逊的行事风格[172]，相对来说更容易接纳弱风格的信息表达。具有个人主义文化倾向的个体更注重表达的严谨与确定，因此更容易接受强风格的信息表达。因此我们提出以下假设。

　　假设4-4a：对于具有个人主义文化倾向的个体，客观特征的产品推荐对其产品态度影响更显著。

　　假设4-4b：对于具有个人主义文化倾向的个体，强风格的产品推荐对其产品态度影响更显著。

　　假设4-4c：对于具有集体主义文化倾向的个体，主观特征的产品推荐对其产品态度影响更显著。

　　假设4-4d：对于具有集体主义文化倾向的个体，弱风格的产品推荐对其产品态度影响更显著。

　　本章研究框架如图4-1所示。

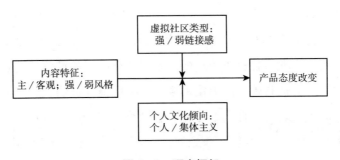

图4-1　研究框架

4.3 实 验 设 计

本章研究通过三个实验来对虚拟社区产品推荐特征对消费者产品态度的影响及其潜在调节机制展开分析，试图揭示虚拟社区中的推荐内容特征与消费者态度之间的复杂互动关系，并明确个体差异和社区类型在这一过程中所起的调节作用。实验 1 主要分析了推荐内容的主观特征和客观特征，以及推荐风格（强风格与弱风格）如何影响消费者的产品态度。通过实验 1，研究旨在揭示不同特征的推荐内容对态度形成的心理作用路径。实验 2 进一步探讨了虚拟社区类型（如兴趣型社区、社交型社区等）对推荐内容风格与产品态度之间关系的调节作用。该实验的目的是理解不同社区环境如何影响消费者对推荐内容的反应。实验 3 则考察了个体文化倾向（如集体主义与个人主义）在产品推荐中对消费者态度的调节效应。

4.3.1 实 验 一

本实验旨在检验虚拟社区中产品推荐特征对消费者产品态度的具体影响。具体考察了产品推荐的主观特征与客观特征对消费者产品态度改变中的作用差异，以及强风格与弱风格的产品推荐在消费者态度改变中的作用差异。

（1）实验设计。

本实验由实验 A 和实验 B 组成，旨在探讨不同产品推荐特征对消费者态度的影响。实验 A 侧重检验主观特征与客观特征的产品推荐对消费者产品态度的改变效果。实验 B 则聚焦于强风格与弱风格推荐在消费者态度变化中的作用差异。被试为某高校的 100 名大学生，涵盖 45 名男性与 55 名女性，均为大专或本科学历。

（2）实验内容。

实验刺激：要求被试想象一个场景，在购买笔记本电脑前已查看过多个购物网站和产品评论但仍感到困惑不知购买哪个品牌，因此决定向微信群寻求推荐。为了控制品牌对产品态度的影响，实验中使用虚构的 X 品牌 Z 型号电脑，确保在实验 A 和实验 B 中，所有产品推荐均针对该虚构品牌电脑。通过这一设计，能够排除品牌偏好对消费者态度的干扰。为进一步控制虚拟社区类型的影响，要求被试填写最近一个月内与之互动最频繁的微信群名称，以确保环境的统一性。

在产品推荐的编制过程中，参考了相关文献中对主观特征和客观特征的描述[149]。此外，实验为控制产品推荐内容的强、弱风格，分别设计了强风格与弱风格的产品推荐[173]。产品态度的测量题项改编自吴（Wu）等[174]的研究。产品态度改变通过比较被试在观看推荐之前与之后的态度差异来评估。

（3）实验过程。

被试被随机分为 A 组和 B 组，实验设计分为两部分，分别检验主观特征与客观特征的影响，以及强风格与弱风格的影响。所有被试均被告知处于虚拟微信群的情境中，假设自己计划购买一台预算约 5000 元的笔记本电脑，但对选择感到困惑，因此在群中发出寻求建议的信息："我需要购买一台笔记本电脑，大家有何推荐？"在第一部分的实验中，A 组被暴露于基于客观特征的产品推荐，而 B 组则接收到基于主观特征的产品推荐。

在第二部分中，A 组接收到强风格的产品推荐，B 组则接收到弱风格的产品推荐。强风格推荐指的是语言更具说服力和强调性，弱风格推荐则相对更加中立和简洁。所有被试在阅读完各自接收到的推荐信息后，需填写一份问卷，问卷内容包括对产品的态度测量，分别评估阅读不同类型产品推荐信息前后的态度变化。

（4）实验结果。

在去除 2 份无效问卷后，本章研究最终获得了 98 份有效问卷。为检验主观特征与客观特征对消费者态度变化的影响，采用单因素组间方差分析。分析结果显示，主观特征推荐对消费者态度的改变显著强于客观特征推荐（$M_{客观组}=0.92$，$M_{主观组}=1.22$，$F(1, 96)=4.77$，$p<0.05$）。这一结果表

明，主观特征推荐在影响消费者态度方面具有更强的作用。在第二部分的实验中，检验了推荐风格的强度对态度变化的影响。通过单因素组间方差分析，发现强风格推荐比弱风格推荐对消费者态度产生明显更大的影响（$M_{弱风格组}$ = 0.94，$M_{强风格组}$ = 1.12，$F(1, 96) = 5.01$，$p < 0.05$）。

实验 A 的结果表明，主观特征的产品推荐相比客观特征更能显著改变消费者的态度。这是因为主观特征推荐包含更多信息，如个人购买体验和态度评价，能够为接收者提供更多认知线索，从而增强推荐的可信度。此外，主观特征推荐还通常蕴含情绪线索，情绪的感染力能够更有效地激发接收者的认同和共鸣，进一步促使态度的变化[152]。相较于客观特征推荐，主观特征推荐能够更好地吸引消费者的关注，并加深其对产品的情感链接。实验 B 的结果则表明，强风格的推荐比弱风格的推荐对消费者态度的改变更为显著。强风格推荐通常更具表现力，能够产生更强的说服力，引发消费者的情绪反应。这种情绪反应对态度的改变具有显著的影响，表明强风格推荐在态度塑造过程中更具效果。两项实验结果分别验证了假设 4 - 1 和假设 4 - 2，证实了主观特征和强风格推荐在消费者态度改变中的关键作用。

4.3.2 实验二

实验二的主要目的是探讨虚拟社区类型在虚拟社区产品推荐特征与消费者产品态度之间的调节作用。具体而言，实验考察高链接感虚拟社区及低链接感虚拟社区对不同风格产品推荐消费者产品态度改变的干扰效应。

（1）实验设计。

本实验由实验 C 和实验 D 组成。实验 C 专注于高链接感虚拟社区情境，实验 C1 研究在这一情境下主观特征与客观特征对消费者态度变化的具体影响，实验 C2 则考察在高链接感虚拟社区中，强风格推荐与弱风格推荐对消费者产品态度的不同效果。实验 D 则侧重于低链接感虚拟社区情境，实验 D1 检验低链接感虚拟社区中，主观特征和客观特征对消费者产品态度变化的作用，实验 D2 则研究在这一情境下，强风格与弱风格推荐对态度改变的影响。实验的被试为 160 名大学生，被试的性别分布为 73 名男性和 87 名女性，学历背景主要集中在大专、本科和研究生阶段，年龄分布在 17 ~ 26 岁。

（2）实验内容。

①虚拟社区类型。

为控制虚拟社区的链接感，本章研究依据金（Kim）等[162]的建议，将虚拟社区区分为高链接感与低链接感两类，其中，家庭类虚拟社区被视为高链接感虚拟社区，代表成员间互动频繁、关系紧密；而陌生类虚拟社区则代表低链接感虚拟社区，成员间互动较少且互不熟悉。为了验证这一分类，所有被试需提供近一个月内两个微信群名称，一个为互动频繁且成员关系密切的家族微信群，另一个为互动较少且成员间较为陌生的微信群。之后阅读设计好的关于扫地机器人的主/客观产品推荐和强/弱风格产品推荐。

②虚拟社区类型的操控检验。

本实验依据蔡（Tsai）[175]的建议，通过虚拟社区感对虚拟社区类型进行检验，具体测量维度包括成员感、影响力和沉浸感三个层面。

（3）实验刺激。

本实验旨在探讨扫地机器人品牌推荐的效果。实验对象选择了 IROBOT 品牌扫地机器人，以排除品牌熟悉度的潜在干扰。在预实验中，首先评估了不同扫地机器人品牌的熟悉度，最终确定选择 IROBOT 品牌。根据赵（Zhao）等[176]对产品推荐的理论框架，实验设计包括客观和主观两种推荐材料。客观推荐侧重于传递产品的具体参数和技术细节，目的是帮助被试获取更为理性的信息。与此相对，主观推荐更强调情感层面的表达，旨在引发被试的情绪反应与心理评估。

在实验过程中，客观推荐情境要求被试详细阅读产品的技术参数和使用说明，确保信息传递的清晰与全面。相反，在主观推荐情境中，信息传递的重点是情感和心理感受，内容涉及使用扫地机器人带来的情绪体验和心理反应。为了进一步研究推荐语气对产品评估的影响，实验中采用了吉本斯（Gibbons）等[158]定义的强风格与弱风格推荐语气。强风格材料使用明确且肯定的词汇，如"强烈推荐"和"非常适合"，以增强推荐的说服力；弱风格材料则使用模糊语气，如"可能""还行"等，呈现更为保留的推荐态度。

产品态度的测量采用库德西亚（Kudeshia）等[177]推荐的标准化题项，如"购买此产品是明智的选择"等问题，以量化被试的产品态度。

（4）实验过程。

被试随机分为高链接感组（c组）和低链接感组（d组），每组进一步细分为两个小组，即c1组、c2组及d1组、d2组。实验情境模拟被试在微信群中寻求扫地机器人推荐的信息。在实验C中，c1组被试接收强调产品客观特征的推荐，而c2组则接收到侧重情感的主观特征推荐。两组被试分别阅读推荐信息后填写问卷，评估其对产品的态度变化。

随后，c1组被试继续接收强风格推荐，而c2组被试接收弱风格推荐。实验D的操作与实验C相同，唯一不同的是对象为d组，分别是d1组和d2组。

问卷内容包括被试对虚拟社区感的评估、阅读推荐前后对IROBOT扫地机器人的态度变化，以及个人人口统计信息。

（5）实验结果。

去除4份无效问卷后最终收集到有效问卷156份。为了验证虚拟社区类型的操控效果，采用T检验比较高链接感虚拟社区与低链接感虚拟社区两组被试的得分差异。结果显示，在高链接感虚拟社区情境下，被试对产品态度的改变得分显著高于低链接感虚拟社区（$M_{高链接感虚拟社区}=1.32$，$M_{低链接感虚拟社区}=0.97$），t值为2.83，且p值小于0.01，表明两组之间的差异具有统计学显著性。

为分析虚拟社区类型对主观和客观特征与消费者产品态度改变之间关系的调节作用，采用双因素方差分析方法分析高链接感和低链接感两组虚拟社区类型的主/客观特征的得分差异。分析结果显示，产品推荐特征对消费者态度改变有显著影响，$F_{(1, 70)}=10.90$，$p < 0.01$。虚拟社区类型的影响同样显著，$F_{(1, 70)}=3.45$，$p < 0.05$。此外，虚拟社区类型与产品推荐特征的

交互作用也显著，$F_{(3, 70)} = 5.12$，$p < 0.01$。图4-2展示了不同虚拟社区类型下消费者态度改变的差异。在客观特征推荐条件下，高链接感虚拟社区的态度改变得分（M = 1.03）明显高于低链接感虚拟社区（M = 0.71）。同样，在主观特征推荐下，高链接感虚拟社区的得分（M = 1.60）也显著高于低链接感虚拟社区（M = 1.10）。图4-3进一步验证了虚拟社区类型与推荐特征的组合对消费者态度改变的显著作用。

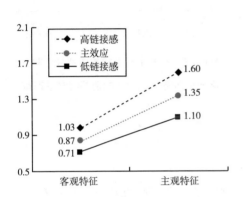

图4-2 不同水平链接感虚拟社区
与主观客观特征调节效应

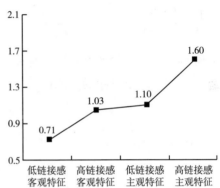

图4-3 不同水平链接感虚拟社区与主
观客观特征组合下的消费者产品态度

双因素方差分析的结果揭示了强风格与弱风格产品推荐在改变消费者态度方面的显著作用（$F_{(1, 70)} = 26.48$，$p < 0.001$）。具体而言，强弱风格的产品推荐对消费者的态度改变差异显著。此外，虚拟社区类型对消费者态度改变的影响也表现为显著（$F_{(1, 70)} = 6.72$，$p < 0.001$）。另外，强风格与弱风格产品推荐与虚拟社区类型之间存在显著的交互作用（$F_{(2, 70)} = 3.20$，$p < 0.05$）。图4-4和图4-5呈现了不同虚拟社区类型对消费者态度改变的影响。在客观特征推荐情境下，高链接感虚拟社区的消费者态度改变得分（M = 1.05）显著高于低链接感虚拟社区（M = 0.64）。在主观特征推荐条件下，高链接感虚拟社区（M = 1.78）也明显高于低链接感虚拟社区（M = 0.87）。这表明虚拟社区类型和强风格与弱风格的交互作用对消费者的态度变化产生了显著的差异性影响。

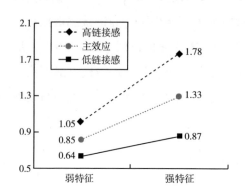

图 4 - 4　不同水平链接感虚拟社区与
强特征和弱特征调节效应

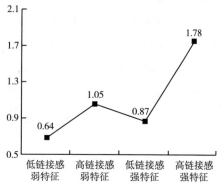

图 4 - 5　不同水平链接感虚拟社区与强
特征和弱特征组合下的消费者产品态度

4.3.3　实验三

实验三的主要目的是考察个人文化倾向是否在产品推荐风格与消费者态度改变之间起到了调节作用。

（1）实验设计。

本实验共有 112 名被试，样本包括 51 名男性和 61 名女性，其中有 70 名在校学生和 42 名已就业人员，职业类型涵盖私企员工、教师、公务员、律师等。

（2）实验内容。

本实验以儿童电话手表为调查对象。先进行预实验，评估对八个品牌的熟悉度。实验要求被试对每个品牌的熟悉度进行评分，范围从 0（完全不熟悉）～7（极其熟悉）。预实验结果显示，XTC 品牌的熟悉度得分最高，而××品牌得分最低。为了排除品牌熟悉度对实验结果的干扰，最终选择××儿童电话手表作为实验对象。

实验设计中，为控制虚拟社区类型的干扰，要求被试填写过去一个月内互动最频繁的微信群名称。这一措施确保了被试所处虚拟社区的相似性，从而消除了可能的背景变量干扰。情境材料设定为虚拟微信群环境，要求被试想象自己正计划购买儿童电话手表，并在群内寻求购买建议。参考赵（Zhao）等[176]的做法设计了客观产品推荐与主观产品推荐。基于埃里克森（Erickson）等的观点设计了强风格和弱风格两种风格的产品推荐。为了探讨文化倾向对推荐效果的调节作用，实验采用了罗（Luo）等[179]的文化倾向问卷，测量被试的个人文化倾向。此外，产品态度的评估问卷参考了庞（Pang）等[180]的观点。

（3）实验过程。

本实验由实验 E 和实验 F 组成，共计 112 名被试，随机分为两组，每组 56 人。为了控制虚拟社区类型的影响，被试被要求想象在家族微信群中寻求购买儿童电话手表的建议。实验 E 中，e 组被试阅读以客观特征为主的推荐材料，而 f 组则阅读以主观特征为主的推荐材料。实验 F 中，e 组被试接收强风格推荐材料，f 组则接收弱风格推荐材料。

所有被试在阅读相关产品推荐信息后填写一份问卷，评估其个人文化倾向、阅读产品推荐前后的产品态度变化以及人口统计信息。

（4）实验结果。

在去除 2 份无效问卷后，共获得有效问卷 222 份，其中实验 E 和实验 F 各 111 份。通过双因素组间方差分析，研究了主观特征与客观特征对产品态度变化的影响，以及个人文化倾向在其中的调节作用。分析结果表明，主观特征和客观特征对产品态度的变化存在显著差异（$F(1, 106) = 8.40$，$p < 0.01$）。个人文化倾向也显著影响产品态度变化（$F(1, 106) = 8.34$，$p < 0.01$）。此外，文化倾向与推荐特征之间存在显著的交互作用（$F(1, 106) = 4.23$，$p < 0.05$）。为了进一步探讨文化倾向对推荐风格的影响，进行了强风格与弱风格推荐对比分析，结果显示其对产品态度变化有显著差异（$F(1, 106) = 15.93$，$p < 0.001$）。图 4-6 显示了不同文化倾向下，消费者在产品推荐类型（客观特征与主观特征）影响下的态度变化。具体而言，集体主义文化倾向在客观特征推荐下的态度变化（$M = 1.15$）显著高于个人主义文化倾向（$M = 1.03$）。在主观特征推荐下，集体主义文化倾向的态度变化（$M = 1.51$）也高于个人主义文化倾向（$M = 1.15$）。这些差异表明，文化倾向在不

同推荐方式下对消费者态度的影响具有显著差异。图4-7进一步揭示了不同文化倾向与推荐特征组合对消费者态度变化的影响。集体主义—主观特征组合的态度变化显著高于其他组合。其顺序为：集体主义—主观特征 > 个人主义—主观特征 = 集体主义—客观特征 > 个人主义—客观特征。

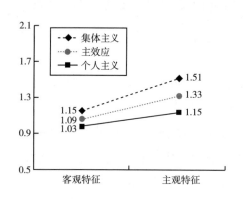

图4-6 个人主义和集体主义与主观特征和客观特征调节效应

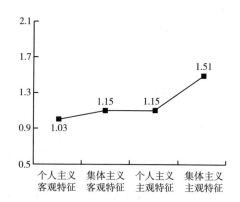

图4-7 个人主义和集体主义与主观特征和客观特征组合下的消费者态度

个人文化倾向对消费者产品态度变化的影响显著（$F(1, 106) = 10.76$，$p < 0.01$），且其交互作用也表现出显著性（$F(1, 106) = 4.50$，$p < 0.05$）。图4-8展示了集体主义和个人主义文化倾向对产品推荐特征—产品态度改变的调节作用。在弱风格产品推荐中，具有集体主义文化倾向个体的产品态度改变（$M = 1.20$）显著高于具有个人主义文化倾向个体的产品态度改变（$M = 0.65$）。而在强风格产品推荐中，具有集体主义文化倾向个体的产品态度改变（$M = 1.39$）同样高于具有个人主义文化倾向个体的产品态度改变（$M = 1.27$）。总的来说，集体主义文化倾向在面对无论是弱风格还是强风格的产品推荐时均表现出更大的态度变化。图4-8中的示意线斜率显示，个人主义在强/弱风格与消费者态度变化之间的关系调节作用较集体主义更加显著。图4-9则进一步揭示了不同文化倾向与风格组合对消费者态度变化的影响。具体而言，集体主义与强风格的组合对消费者态度变化的影响最大，其次是个人主义与强风格的组合，集体主义与弱风格的组合紧随其后，个人主义与弱风格的组合则影响最小。

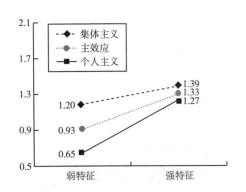

图 4 - 8　个人主义和集体主义与
强特征和弱特征调节效应

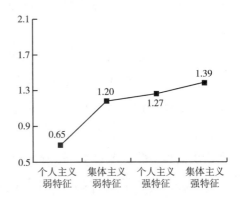

图 4 - 9　个人主义和集体主义与强
特征和弱特征组合下的消费者态度

4.4　结果讨论

4.4.1　研究结果

实验一的结果显示，主观特征的产品推荐相比客观特征更能显著改变消费者的产品态度；强风格的产品推荐比弱风格更具说服力，能够更有效地改变消费者的态度。这一结果支持了假设 4 - 1 和假设 4 - 2，即主观特征和强风格推荐对态度变化的影响更显著。这可能是因为主观特征能够展现推荐者的情绪、态度和动机，从而为消费者提供更多信任线索。信任是促使消费者改变态度的关键因素，含有个人信息的推荐通常更容易获得信任。强风格的产品推荐传递积极的暗示，体现了推荐者的信心和对产品的认可，有助于提升说服力。而弱风格推荐则传递出犹豫和不确定性，削弱了说服的效果。

实验二的结果表明，虚拟社区类型（高链接感/低链接感）在产品推荐特征与消费者态度改变之间起到了显著的调节作用。在高链接感虚拟社区中，主观特征推荐较客观特征推荐更能有效促使消费者态度的改变。此外，强风格推荐比弱风格推荐更具影响力，更能促进消费者态度改变。在低链接感虚拟社区中，主观特征推荐较客观特征推荐更能显著影响消费者的产品态度，且强风格推荐比弱风格推荐更具影响力。因此假设 4 - 3a 和假设 4 - 3b 得到了验证。主观推荐通过传递情绪、态度和推荐意图等外围线索，促使消费者采用启发式认知模式，从而简化决策过程并降低认知负担。此种模式有助于消费者更快速地作出判断，而无须进行复杂的信息处理。强风格推荐通过展现信心、能力和吸引力，增强了其对消费者态度的影响力，进一步促进了消费者的态度变化。假设 4 - 3c 和假设 4 - 3d 未能获得实验结果的支持。

实验三探讨了个人文化倾向在主观/客观特征—消费者态度改变，及强风格/弱风格—消费者态度改变关系中的调节作用。结果表明，个人主义文化倾向在产品推荐中更受客观特征和强风格推荐的影响。这表明，个人主义者倾向于注重产品的客观属性，并且更容易接受信息明确、强风格的产品推荐。另外，持集体主义文化倾向的个体更容易受到主观特征推荐的影响，同时，强风格的产品推荐也比弱风格的产品推荐有更大影响力。集体主义者可能更加关注他人意见和情感，因此主观特征的推荐能够更好地与其文化价值观相契合。实验结果验证了假设 4 - 4b 和假设 4 - 4c，即个人文化倾向确实调节了推荐特征对消费者态度的影响。然而，假设 4 - 4a 和假设 4 - 4d 未获得实验数据支持。具体而言，主观特征作为外围线索对消费者态度改变具有较大影响，尤其是具有集体主义文化倾向的群体中。弱风格产品推荐未能有效传达产品特点与产品优点，产品信息的不确定性削弱了消费者的信任，从而降低了推荐的效力。

4.4.2 结果讨论

本章主要探讨了产品推荐中主观与客观特征对消费者态度的影响。结果发现，主观特征推荐比客观特征推荐对消费者态度的影响显著更强。这一发现未能支持之前部分研究者如佩蒂（Petty）的观点，佩蒂（Petty）认为，情绪化的信息会削弱可信度和说服力，而客观、中立的信息能够提供更多的逻辑支持，从而增强说服力[147]。本章研究的实验结果（包括实验一、实验二

和实验三）表明，主观情绪化推荐在说服力上显著优于客观推荐。这与西
（See）等学者的观点一致[152]。西（See）等认为，情绪化的信息能够更直接
地触发个体的情感反应，从而加速说服过程[152]。本章研究基于虚拟社区语
境，证实了相比于客观特征的产品推荐信息，主观特征的推荐信息具有更强
的影响力，更能够快速地改变消费者的认知和态度。在虚拟社区中，消费者
更易通过启发式信息处理方式作出决策。主观推荐通过情绪化的表达和个性
化的风格，能够激发消费者的情感共鸣，进而影响其态度转变。启发式处理
简化了消费者的决策流程，减少了他们对信息的深度分析需求。因此，主观
推荐不仅提高了说服效果，还在一定程度上降低了决策复杂性。

　　虚拟社区类型对产品推荐内容特征对消费者态度的影响具有显著的调节
作用。具体而言，虚拟社区类型作为独立变量会直接作用于消费者态度，并
且可以与产品推荐特征形成交互作用共同影响消费者对产品的态度。与传统
的口碑评价机制相比，虚拟社区的独特性在于其社交互动和人际关系的作用。
与非虚拟社区环境中的匿名推荐或口碑平台上的一般口碑评价不同，在虚拟
社区中推荐者和接收者之间具有一定的情感关联，这种情感关联促进了信任
的建立，从而增加了消费者对推荐信息的接受度。消费者在虚拟社区中更容
易信赖他人的推荐意见，因为他们相信这些意见源自相对可靠的社交关系网
络，虚拟社区可以为产品推荐提供一定的信任背书。此外，虚拟社区一定程
度的封闭性及成员间的互动基础可以进一步加深成员之间的信任感，进而影
响了其对产品信息的处理方式。

　　个人文化倾向在产品推荐内容特征对消费者态度的影响中起到了显著的
调节作用。集体主义文化倾向强调群体关系、依赖性和社会和谐，而个人主
义文化倾向则更注重个人独立、价值观和自我判断[171]。这种文化差异被认
为会影响消费者对产品推荐内容的接受程度。然而，本章研究的实验结果未
能支持文化倾向在推荐类型上的预期作用。具体来说，无论是个人主义文化
倾向还是集体主义文化倾向，主观特征和强风格的产品推荐对消费者态度的
影响均更为显著。这一发现表明，主观特征和强风格推荐可能通过传递更多
的外围线索，对消费者态度产生更大的影响。主观特征推荐往往包含个性化

和情感色彩，而强风格推荐则通常呈现更具说服力和鲜明特色的表达方式。这些推荐方式能够更有效地吸引消费者注意，并在态度改变中起到主导作用。

通过探讨产品推荐的语言风格和特征对消费者产品态度的差异性影响，以及虚拟社区类型和个人文化倾向的调节作用，本章研究填补了一定的产品推荐内容特征与其说服效果这一主题的研究空白，丰富了产品推荐的理论框架，为今后虚拟社区研究和产品信息传播效果研究提供了新的理论视角和实证依据。

4.5 本章小结

随着社交网络的兴起，虚拟社区在消费者购买决策中扮演着越来越重要的角色。人们通过虚拟社区分享个人购物经验或产品使用经验不仅促进了产品信息的传播，还影响了其他社区成员对产品的态度。产品推荐具有不同的内容特征，如主观、客观、强风格和弱风格等。本章具体探究了三个问题：一是产品推荐不同的内容特征对消费者产品态度的影响是否会有差异；二是虚拟社区类型是否会对产品推荐内容特征—消费者产品态度的关系产生干扰作用；三是个人文化倾向是否会对产品推荐内容特征—消费者产品态度的关系产生调节作用。

通过设计三个心理学实验收集数据并对数据进行分析后发现，主观特征推荐比客观特征推荐对消费者态度的改变具有更大的影响。主观特征推荐通常更具个性化和情感化，能够引发消费者更多的情感共鸣，从而更加显著地影响消费者态度。此外，强风格推荐相比弱风格推荐，对消费者的态度变化有更大的推动作用。强风格推荐通常表现为更加明确、直接且具有个性化的语言和表达方式，这样的推荐更容易吸引消费者的注意，并对消费者的产品态度产生更大影响。虚拟社区类型对消费者态度具有显著影响，不同类型的虚拟社区，例如基于兴趣的社区和基于社交关系的社区，其推荐内容对消费者的态度产生不同的影响。并且，虚拟社区类型还会与产品推荐内容特征产生交互作用，从而对消费者产品态度造成影响。例如，在社交关系密切的虚拟社区中，消费者可能更容易接受主观特征推荐，而在低链接感虚拟社区中，客观特征推荐影响更为显著。结果还显示，无论消费者的文化倾向是个人主义还是集体主义，主观特征和强风格的推荐对态度的影响均较为显著。主观特征推荐通常具有个性化和情感化特点，使得推荐内容能够与消费者产生更强的情感共鸣，从而更有效地影响其态度。强风格推荐则表现出更鲜明、直接的语言和表达方式，这种明确的表达方式能够迅速吸引消费者的注意力，从而对其产品态度产生影响。

第5章

虚拟社区用户产品推荐采纳机制

本章旨在探究影响虚拟社区用户产品推荐采纳意愿的因素及各因素之间的关系，旨在发掘虚拟社区用户采纳产品推荐的具体路径与机制。

5.1 研究背景

随着商品和评价信息的激增，消费者经常面临信息过载问题[181]。无价值或虚假信息的泛滥使得信息搜索和选择变得更加困难，传统依赖搜索引擎和广告的获取方式逐渐受到质疑[182]。在缺乏可信信息或遇到选择困境时，借鉴具有类似经验的用户推荐成为一种有效策略，这类推荐能够简化信息搜寻和决策过程。与面对面信息采纳不同，在线信息采纳因缺乏肢体语言和语气等线索而带有一定的风险。虚拟社区的社交关系属性有助于降低这种风险感知。虚拟社区类型多样，涵盖线下熟人和陌生人群体（如兴趣类或购物类社区），不同类型的社区互动深度和信任氛围影响用户的信任心理。社区用户的参与程度及其对推荐者动机的理解，直接影响其对推荐的信任与有用性感知。同时，个体的推荐经验和信任倾向也可能影响其对推荐内容的采纳态度。

本章基于前景理论和组织—信任理论构建了一套理论模型。前景理论认为，个体的心理决策受风险态度和对潜在收益与可能风险的综合评估影响。

在决策过程中，个体通过评估备选方案的预期收益、潜在风险及其发生概率，以选择心理收益最大的方案[183]。该理论认为，消费者决策的核心心理特征是获取收益与减少风险，且相比于获取收益，会赋予减少风险更大的权重。用户心理决策过程包括两个阶段：一是设定可能的前景变量；二是根据风险心理权重计算前景值并确定最大前景值的潜在选项[184]。前景理论解释了消费者在面临潜在损失时的决策行为。在在线环境中，产品推荐既有可能受到利他动机的驱动，也有可能受到利己动机的驱动。消费者感知到推荐可能有欺诈风险时，其防御心理和抵制情绪会增强，因此消费者通常对在线信息抱有警觉性[185]。消费者在采纳在线信息时，基于信息不对称的原因需小心权衡风险与收益，消费者对在线信息感知到有用性与可能带来的风险对应前景理论中的收益与损失[186]。

组织—信任理论强调，组织规范和社会关系在不确定性和风险情形下为个体行为提供了保障，以确保预期结果大概率地实现[187]。用户对群体关系的嵌入深度影响用户的整体信任水平[187]。关系嵌入深度是指个体对群体组织的熟悉度及情感联系强度[187]。成员间互动深度会作用于关系嵌入的深度，深嵌入度会减少机会主义担忧，提高合作预期，促进信任，并简化决策过程[188]。

5.2　研究假设

5.2.1　感知有用性

感知有用性最初用来描述特定事物对提升个体工作绩效的影响[189]，事物对工作绩效越有益，则感知有用性就越大。在消费领域，感知有用性是指消费者对商品或服务相关信息的总体效用的评价，反映其对此信息能多大程度上帮助其作出购买决策的主观感受[189]。商品信息的感知有用性是对商品信息诊断性大小的一种度量，以衡量此商品信息能多大程度上提升决策效率[190]。商品信息如果能节省消费者购物所花费的时间提升其购物效率、提高消费者购物性价比等都可以增加商品信息的感知有用性[73]。

有研究发现，感知有用性会显著影响消费者行为，如消费者对社交媒体信息的感知有用性会影响其使用社交媒体的方式[191]。阿嘎（Agag）等发现，口碑网站上的口碑信息如旅游目的地的评论信息的感知有用性对信息接收者的信任和购买意愿有直接影响[192]。信息特征会影响用户对信息的感知有用性，如信息是否相关、是否及时等都是消费者常用的信息有用性评估维度[193]，并且信息特征也会影响消费者对信息的信任态度，如信息的质量水平如何，是否及时等也是消费者常用的对信息的信任态度评估维度[195]。感知有用性与信息价值和可信度相关，且会影响消费者的信息采纳行为。在在线社区中，当其他成员发布的信息被认为有用时，用户会更认同该信息并觉得该信息更可信。与产品相关的信息质量越高，用户感知到的有用性水平也越高，产品信息被采纳的可能性也越大[196]。产品信息的感知有用性越高，越能影响消费者对信息的采纳意愿和对产品的购买意愿[197]。消费者在接收产品信息后，会依据信息所展现的特性和自身需求来判断其有用性，当感知有用性提升时，消费者会更倾向于将该信息纳入自身决策考量范围，从而对其信息采纳意愿产生正向影响[198]。前景理论明确指出，当个体对某事物的感知有用性处于较高水平时，会对个体的行为意愿产生重要影响。个体在对事物的有用性具有较高感知的情况下，会在心理上对该事物产生更为积极的态度，进而在行为上会表现出更强的参与意愿。因此提出以下假设。

假设 5 - 1a：用户对产品推荐的感知有用性评估将显著影响其采纳产品推荐的意愿。

假设 5 - 1b：用户对产品推荐的感知有用性评估将显著影响其对产品推荐的信任感知。

5.2.2　感知信任度

感知信任度是个体在决策过程中对他人提供的信息或承诺的可信赖性评

估。它反映了个体对信息源或承诺者的信任程度[199]。感知信任度与用户对信息态度紧密相关，高信任度通常促使信息接收者持积极态度，增强对信息的接受度。相反，低信任度则可能导致信息拒绝或态度消极[200]。在消费领域，感知信任反映了个体在缺乏环境监督的情况下依然愿意信任他人或商家的决策，该信任状态通常伴随一定的风险承担，因信任的结果往往依赖于他人的最终行为[201]。虚拟环境中的感知信任能够有效降低消费者在交易过程中的各种风险。通过信任的建立，交易成本得以减少，促进交易顺利进行。与此同时，感知信任度有助于抑制机会主义行为，确保交易的公平性与稳定性[202]。

在虚拟社区中，感知信息通过增强透明度，促进了成员间的互动与信息分享。信息的共享不仅提高了合作效率，还减少了成员之间的信任成本。进一步地，这种信息流动有助于抑制机会主义行为[203]。虚拟社区的开放性增加了成员之间的互动频率与信息共享的广度。由于成员背景和需求的差异，信任感的建立在信息传递过程中显得尤为关键。感知信任度在信息处理过程中影响着成员之间的合作意愿与决策效率[204]。在社交媒体环境中，感知信任度直接影响成员间的信息流通与情感链接。较高的感知信任度有助于减少不确定性，增强社区成员的参与感。因此，感知信任度成为促进社区凝聚力和互动的重要驱动力[205]。在虚拟环境中，消费者无法直接接触实物，因此对信息的可信度更为依赖。信息的感知可信度直接影响消费者的决策过程和购买行为。较高的感知可信度能够有效减少不确定性，增强消费者的信任与参与[74]。感知信任度在虚拟社区中直接影响成员的忠诚度，决定了他们对社区的依赖程度。较高的信任度能够促进成员持续参与并增强归属感。进而，感知信任度会影响成员对虚拟社区内信息的接收态度[206]。

信息的感知信任度是影响信息采纳决策的主要因素[207]。在信息说服过程中，接收者对信息可信度的判断决定了其采纳意愿[207]。当信息被认为可信时，个体更有信心采纳并据此作出决策[207]。感知信任度还有助于促进虚拟社区成员之间更多的互动[207]。感知信任度会鼓励虚拟社区中成员之间产生更多的交流与互动行为[208]。陈（Chen）等研究表明，信息采纳意愿与对推荐产品的信任态度呈正相关关系[209]。基于上述讨论，提出以下假设。

假设 5 – 2：用户对产品推荐的感知信任度将显著影响其对产品推荐的采纳意图。

5.2.3　之前产品推荐经验

信任是通过持续的互动与交流逐步形成的过程。随着时间的推移，个体之间的行为和信息逐渐积累，从而增强彼此的信任感。长期的互动与一致性行为有助于建立稳固的信任基础[210]。成员间信息互动的历史经验与问题处理经验对成员的感知信任度有重要影响[211]。用户过去的经验为其在类似情境中的决策提供参考。通过对以往情境的评估，用户能够预测未来的结果。这些经验在信任的建立与维持过程中起着重要作用[212]。用户通过积累的产品知识和经验，能够更深入地理解产品特性。随着对产品的认知深化，用户对其性能和效果的预期变得更加稳定。这种认知的提升使得用户能够形成更精准的预期，减少不确定性[213]。个人经验的积累有助于个体建立对自身能力的信任，从而增强自我效能感。自我效能感的提升使个体更加自信地应对复杂情境。这种信心进一步促进了个体对网络环境的信任，减少了潜在的风险感知[214]。高效能感个体通常对在线环境和信息持更高的信任态度。高效能感个体倾向于积极预期网络互动的结果，从而增强其对在线信息的信任。此外，个体的网络经验也在塑造其对制度信任的认知中发挥了重要作用[215]。经验丰富的个体通常积累了更多的知识和信心，使其在互动中能更有效地应对挑战。凭借这些优势，他们对交易成功的预期也相对较高。与此同时，前期的消费经验帮助消费者降低对产品的感知风险，从而作出更为理性的决策[216]。随着互动的增加，消费者过往的信息处理经验逐渐积累并发挥重要作用。此类经验在决策过程中帮助消费者更快地筛选和评估信息。过往的经验在消费者的购买决策中起到了关键性影响[217]。

大多数学者认为，个体的先前经验在信任建立和行为意愿形成中起到重要作用。过往的经验有助于增强信任和促进积极行为。然而，波普（Poppo）

等提出，在没有未来合作预期的情况下，过往的合作经历可能会对组织间的信任和行为意愿产生负面影响[218]。基于以上逻辑，本章提出以下假设。

假设5-3a：用户之前产品推荐经验会显著影响其采纳推荐的意愿。

假设5-3b：用户之前产品推荐经验会显著影响其对推荐产品的感知有用性。

假设5-3c：用户之前产品推荐经验会显著影响其对推荐产品的感知信任度。

5.2.4　感知信息质量

在在线环境中，消费者对信息质量的感知与其购买决策紧密相关。高质量的信息能够增加消费者的信任感，促进购买行为。相反，低质量的信息可能导致消费者犹豫或放弃购买[73]。当信息符合消费者的预期时，消费者会将其与个人的决策标准进行对比。基于这一对比，消费者可以评估产品或服务的价值[73]。互联网用户在浏览或搜索信息时，其主要目标是高效地找到对其需求有价值的内容。用户希望通过最短的时间和最低的成本来满足信息需求[219]。信息的相关性和全面性是影响消费者感知有用性的关键因素，当信息更加契合消费者需求并涵盖更多相关内容时，消费者对其有用性的评价会更高[220]。信息的易理解性决定了接收者是否能够准确把握信息的核心内容。清晰且自然流畅的表达有助于增强接收者的信任感知。与此同时，信息的可靠性也是信任建立的重要因素，影响着接收者对信息的可信度评估[221]。

信息的论据质量直接决定了其说服力和可信度，从而影响有用性感知。高质量的论据能够增强信息的有效性和受众的接受度。与此同时，感知风险较高时，接收者可能会质疑信息的价值，进而降低其有用性感知[222]。用户进行产品推荐的一个关键驱动因素是产品实际表现超出其预期，接收者倾向于关注这些超出预期的细节信息，以评估信息的有用性，并相应地作出相关决策[223]。当信息质量符合用户预期时，用户更容易产生信任感。信任感促使用户更愿意采纳相关信息。最终，信息的采纳程度受到其质量是否符合预期的显著影响[198]。基于此，本章提出以下假设。

假设5-4a：产品推荐的感知信息质量会影响用户对产品推荐的感知有用性。

假设5-4b：产品推荐的感知信息质量会影响用户对产品推荐的感知信任度。

5.2.5 感知性价比

感知性价比反映了用户对价格是否优惠、价格公平感和物有所值的整体评价。这一评价在用户评估产品时会显著影响其对产品有用性的判断。因此，感知性价比成为影响消费者决策的重要因素[224]。消费者在评估性价比时，通常通过比较产品的成本产出比与同类产品进行判断。如果某产品的成本产出比优于其他同类产品，消费者便会感知其性价比较高[225]。公平理论认为，个体在社会交换中会权衡自身的成本与获得的产出。当个体感知到投入产出比不平衡时，可能会产生不满或调整行为[226]。与社会比较理论一致，用户在评估产品价格时，会将其与其他产品或消费者的价格进行比较。通过这种比较，用户能够形成对该产品价格的认知和感知[226]。商品的感知性价比受到多个因素的影响，其中包括过去的价格、竞争对手的价格以及产品成本。过去的价格为消费者提供了一个参照基准，影响其对当前价格的评价。竞争对手的定价和产品成本也会影响消费者对商品性价比的总体感知[227]。感知性价比的形成受到用户评估过程中所采用框架的影响。不同的评估框架会引导用户以不同的标准和视角来判断商品的性价比。因此，使用不同的框架可能会导致用户对同一商品产生截然不同的感知结果[228]。当实际价格超过消费者的参考价格时，他们倾向于认为价格不公平，从而产生负面评价。相反，如果产品提供的价值超出预期，消费者会认为该产品的信息更具吸引力和价值。这一认知过程揭示了价格与消费者感知之间的密切关系，影响其购买决策[229]。

当用户感知产品具有高性价比时，他们更倾向于将其推荐给他人。接收者在接受推荐时，会评估推荐者的动机，这一评估直接影响其对推荐信息的信任程度。因此，性价比在形成信任态度和推动决策过程中，扮演着至关重要的角色[230]。感知性价比在消费者评估产品时起着重要作用。它影响消费者对产品信息的理解与判断。作为关键动机之一，感知性价比在信息采纳过程中发挥着至关重要的作用[231]。基于此，本章提出以下假设。

假设 5 - 5a：感知性价比会影响用户对产品推荐的感知有用性。

假设 5 - 5b：感知性价比会影响用户对产品推荐的感知信任度。

5.2.6　感知社会价值

社会价值是指个体通过使用某一产品或服务，获得他人的认同与社会认可。这种认同不仅提升了个体的社会地位，还促进了自我概念的强化。因此，社会价值在消费者决策和品牌选择中发挥着重要作用[232]。产品推荐中的社会价值体现为个体通过获得社会支持来增强自我认同感。虚拟社区为用户提供了信息交换和资源共享的平台，促进社会支持的获取。这种支持不仅满足了用户的社会需求，还显著提升了其自我价值感知[233]。产品推荐的接收与采纳构成了一个社会交换的互动过程。接收者在这一过程中通过与他人的互动来增强社会关系，进而提升自我形象[233]。根据社会交换理论，经济交换主要集中在物质资源的交换与获取上。与此不同，社会交换侧重于非物质利益的互动，如社会关系、个人声誉和幸福感等。这种非物质利益的交换在增强个体社会资本和心理满足感方面发挥着重要作用[234]。社会交换作为一个长期过程，由于缺乏契约约束，双方的收益往往具有不确定性。这种不确定性可能导致双方在交换过程中面临风险和信任问题。然而，在虚拟社区中，互惠原则的应用有助于通过建立长期的信任关系，降低这种风险并增强社会交换的稳定性。

感知社会价值在消费者的决策过程中起着重要作用。消费者倾向于根据商品的社会价值进行信息评估，从而影响其购买意图[235]。卡科斯（Kakkos）通过实证研究发现，感知社会价值对消费者评估产品信息的过程具有正向作用，较高的社会价值感知提升了消费者对产品信息的认同感，进而影响消费者采纳产品信息的决策[236]。个体通过与他人的互动和资源交换能够塑造和提升自身的社会形象，有助于提升其社会地位，增强他人对其价值的认同[237]。在虚拟环境中，个体倾向于与具有相似特征的成员进行互动，以寻求情感上的认同，互动不仅有助于增强个体的归属感，还能促进彼此之间的社会联系。通过这些互动，个体能够获得其他组织成员的认可与支持[238]。感知社会价值通过强化产品的社会认同感，提升用户对产品信息的信任度。信任的增加促使用户更加积极地接受和采纳相关信息[237]。基于此，我们提出以下假设。

假设 5 - 6a：产品推荐的感知社会价值会影响用户对产品推荐的感知有用性。

假设 5 - 6b：产品推荐的感知社会价值会影响用户对产品推荐的感知信任度。

5.2.7 感知涉入度

产品推荐的涉入度受到个体对产品相关性的感知影响。具有高社会价值和自我关联性的产品会增强个体的涉入度。相反，低社会价值、低风险以及弱自我关联性的产品则会降低涉入度[239]。用户的涉入度受到情境因素和信息需求强度的影响。符合用户信息搜寻需求或熟悉的品牌推荐能够提升其涉入度。信息需求强度越高，用户对相关信息的关注度和参与度也越高[240]。

在高涉入度产品决策过程中，消费者面临较高的风险，因此更加谨慎并投入更多精力搜集和评估信息。相比之下，低涉入度产品决策中，消费者对决策过程的关注较少，倾向于依赖外部信息和直觉。这一差异导致低涉入度产品的决策效率更高，信息搜索成本更低[241]。在高涉入度产品决策中，消费者由于感知风险较高，更倾向于依赖他人的经验和分享来形成态度。此时，消费者通常进行深入的信息处理，采用中心路径进行决策。相比之下，低涉入度产品决策中，消费者认知努力较少，更多依赖外围线索进行快速决策[242]。产品的涉入度在消费者决策中起着重要作用，影响其对推荐信息的感知有用性。高涉入度产品通常需要更强的推荐说服力，因为消费者更关注信息的准确性和相关性。相对而言，低涉入度产品的消费者更容易接受推荐[243]。根据社会心理学理论，在高涉入度情境下，消费者对信息的关注度较高。此时，信息内容的真实性和相关性更容易被认同，从而增强其信任感。因此，高涉入度情境下的信息通常具有较强的说服力，能够有效影响消费者的决策[244]。在高涉入度产品的购买决策中，消费者通常会投入更多的认知资源进行信息搜索与评估。此时，在线口碑作为一种重要的信息来源，能够显著影响消费者的选择。相比之下，低涉入度产品的购买决策更依赖于即时的感知，在线口碑的影响相对较弱[245]。因此，本章提出以下假设。

假设 5 - 7a：产品推荐的感知涉入度会影响用户对产品推荐的感知有用性。

假设 5 - 7b：产品推荐的感知涉入度会影响用户对产品推荐的感知信任度。

5.2.8　感知风险

感知风险是个体在决策过程中对可能负面后果的预期。它源于对目标实现过程中潜在损失或不确定性的感知。这种风险感知会影响个体的决策行为，尤其是在高风险情境下[246]。虚拟社区中的产品推荐面临信息不对称问题，在线交互通常是匿名的，缺乏面对面的沟通方式。接收者无法通过视觉和听觉线索感知推荐者的情绪、态度及肢体语言，这使得信息传递缺乏充分的反馈信息[247]。在虚拟环境中，信息接收者因无法验证信息的真实性，往往产生怀疑情绪，这影响了他们对推荐的采纳决策。推荐者的动机在此过程中起着至关重要的作用，尤其是当接收者认为推荐背后存在自利驱动时，推荐的说服力将显著降低，进而影响其效果与有效性[248]。在不确定环境中，消费者的行为受到风险因素的影响，既表现出承担风险的倾向，也具有规避风险的倾向，消费者在决策过程中会根据情境变化动态权衡风险与收益[248]。感知风险在解释消费者行为中起着核心作用，因为其直接影响消费者的决策过程，消费者在面对购买选择时，更倾向于避免可能的错误或损失，而非追求购买效率的提升[249]。

在互联网环境中，当用户感知到较高的风险时，他们往往表现出相对较低的参与意愿[250]。当消费者感知风险较高时，他们通常会采取措施以降低潜在的风险。这种风险降低策略包括深入搜寻相关信息和进行全面的评估，以期最大限度地减少决策中的不确定性和可能的负面后果[251]。信任与风险感知之间存在密切关系。感知风险影响用户对决策的信任程度，较高的感知风险往往会削弱用户的信任行为[214]。同时，感知风险直接影响用户对事物的价值评估，较高的感知风险通常会降低用户对事物价值的认同[252]。在产品推荐中，用户的感知风险显著影响他们对推荐信息的评价。低感知风险通常会增加用户对推荐信息的信任和有用性感知。相反，高感知风险则可能导致用户对推荐信息的价值产生怀疑，并降低其有用性感知。因此，本章提出以下假设。

假设 5 – 8a：产品推荐的感知风险会影响用户对推荐信息的感知有用性。

假设 5 – 8b：产品推荐的感知风险会影响用户对推荐信息的感知信任度。

5.2.9　虚拟社区参与度

虚拟社区参与度衡量的是社区成员在社区内各种活动中的投入程度，其中一个重要维度是成员参与和与他人互动的频率与深度[203]。虚拟社区参与形式多种多样，常见的包括成员通过发布内容来分享观点或资源，浏览并获取最新信息等[253]。有研究表明，虚拟社区的参与度显著影响用户对社区信息的态度。高参与度的用户往往对信息持更积极的态度；相反，低参与度的用户可能对社区信息产生较为消极或冷漠的看法[254]。

积极参与虚拟社区有助于提高成员之间的互动频率，从而增进彼此的熟悉度，促进与巩固成员之间的友谊，增强成员对社区的归属感和依赖感[163]，并促进成员间利他行为。根据组织—信任理论，虚拟社区成员间的关系强度对信任水平起着决定性作用。关系越紧密，成员间的信任度越高，互动也越频繁[188]。关系密切的成员因彼此间更多的相互了解而对对方产生更强的信任感。情感联系的加深使得成员更倾向于相信对方没有不利动机[255]。用户通过高频率互动可以增进对彼此的了解，帮助更清楚地认知其他成员的思想、情感、个性和行为[256]。人们通常更愿意向关系密切的个体提供可信的信息，这种倾向源于相互间的信任和了解。因此，来自熟悉关系的消息往往被认为更具可信度；相比之下，弱关系传递的信息则更容易被怀疑和质疑[257]。在高度熟悉的个体之间的交流往往表现出更高的真诚性，真诚沟通增强了信息的透明度和可靠性，从而有助于提高信息的整体可信度[257]。基于此，本章提出以下假设。

假设5-9：虚拟社区参与度会影响用户对产品推荐的感知信任度。

5.2.10 虚拟社区信任氛围

信任氛围是个体对外部环境的总体信任评估，体现了其对周围社会氛围的感知，反映了社区成员在信任处理上的一致性认知，体现了成员对信任特征的共同理解和判断[258]。具备信任氛围的虚拟社区有助于增强成员之间的信任感，成员如果相信他人的互动行为遵循了一定的道德规范会促进社区成员之间的合作与良好互动[259]。当成员认同虚拟社区的信任氛围时，他们对社区中的互动行为产生更高的信任感，不仅更愿意发布自己的产品推荐，也更倾向于接受他人的产品推荐[259]。

信任在长期的人际交往中扮演着至关重要的角色，为双方提供了相互依赖的基础[259]。在风险环境中，信任通过提供稳定的预期，能降低个体对潜在威胁的忧虑，信任的存在使得决策者能够更有效地应对不确定性，提升应对风险的信心[260]。虚拟社区由于缺乏有效的规章制度，难以强制监督成员履行承诺以避免欺骗行为，这使得个体在参与虚拟社区时面临风险，根据组织—信任理论，组织内的成员关系能够为个体提供保护，减少风险并确保预期目标的达成[187]。组织中的信任氛围为成员间的互动提供了积极的基础，促进了信息的自由流动[261]。成员在这种氛围中更容易相信他人分享的信息具有善意，倾向于相信他人的信息分享是善意的。

研究表明，信任是虚拟社区信息共享的核心因素，促进了成员之间的合作和互动，减少了信息传递中的不确定性[262]。当信任氛围对信息分享产生显著影响时，成员会更加愿意接受他人的共享信息，对社区的信任会转化为对信息本身的信任[263]。信任氛围有助于增强成员的归属感，激发他们的参与动机，并促进其与其他成员的亲密关系。通过信任氛围，成员更加愿意采纳他人分享的信息，从而促进知识流动和互动。良好的信任氛围能够减少虚拟环境中的不确定性和不安全感，提升信息采纳的效率。安全感和互惠行为为信任氛围的维持提供了基础，并会促进成员间的合作。总之，虚拟社区信任氛围会提升成员安全感知并增强对社区内信息的信任。基于此，本章提出以下假设。

假设 5-10：虚拟社区的信任氛围会影响用户对产品推荐的感知信任度。

5.2.11　人际影响敏感度

人际影响在消费者决策过程中发挥着重要作用，尤其是在信息不完全或不确定的情境下，通过社会互动和群体认同，人际影响在信息采纳和决策形成过程中起到了重要作用[264]。人际影响敏感度是指个体在面对社会影响时的反应差异，不同个体对他人意见、建议和行为的反应程度不同，反映了个体在决策过程中对社会因素的敏感性和依赖程度[265]。高敏感度消费者在作出消费决策时倾向于依赖社会信息来减少决策的不确定性，更容易受到他人意见和行为的影响[265]。人际影响敏感度由规范性和信息性两个维度构成[265]。规范性维度指个体对他人期望和社会规范的敏感程度，主要体现在遵从他人行为和社会压力的影响[266]。信息性维度则反映个体在决策过程中，依赖他人意见和信息的程度[266]。信息性维度的影响途径主要包括通过向经验丰富的人获取信息或通过观察他人行为来进行推断，在这一过程中，通过内化他人的信息，形成自己的认知框架，并最终在决策中予以采纳[268]。

已有研究表明，高人际敏感度的消费者在决策过程中更容易受到他人意见的影响，其倾向于关注他人行为和反馈且对外部社会规范具有较高的敏感性，因此，他们的消费行为更容易受到他人观点和环境的影响[269]。人际影响敏感度高的消费者在面对他人建议时，更倾向于关注建议的具体内容，并且更容易受到建议者观点的影响而改变自己的决策或行为[270]。高人际敏感度的消费者在网上更倾向于主动寻求他人建议，且通常对这些建议持积极和正面的态度，由于其较强的社交敏感性，更愿意依赖外部意见来辅助决策[270]。相比而言，低敏感度的消费者较少寻求他人建议，也不会倾向于重视他人观点[270]。个体对在线信息的可靠性和真实性的判断受到其个性特征的显著影响，不同人群在面对相同信息时因个性差异会有不同水平的可信度评估。因此，信息的可信度往往和接受者的个性特征与认知倾向相关[201]。基于此，本章提出以下假设。

假设 5 – 11：人际影响敏感度会影响用户对产品推荐的感知信任度。

5.2.12　控制变量

已有研究表明，男性和女性在决策过程中可能存在不同的偏好和倾向，因此性别在一定程度上会影响用户对信息或技术的采纳意愿[271]。用户的在线购物频率可能会影响其在线购物体验的感知和评估，购物频繁的用户更倾向于积极采纳在线信息，并根据信息调整其信息采纳和购物意愿[272,273]。基于此，本章研究将性别和在线购物频率纳入模型作为控制变量。

图 5 – 1 为本章研究的概念模型。在模型中，之前产品推荐经验、感知有用性和感知信任度作为关键自变量，共同作用于用户的采纳意愿。虚拟社区的参与度和信任氛围则通过增强感知信任度，进一步影响采纳意愿。信息质量、性价比和社会价值等因素直接影响用户感知有用性和信任度，从而间接作用于用户采纳意愿。此外，个体的人际影响敏感度与感知信任度密切相关，也会影响用户的决策过程。

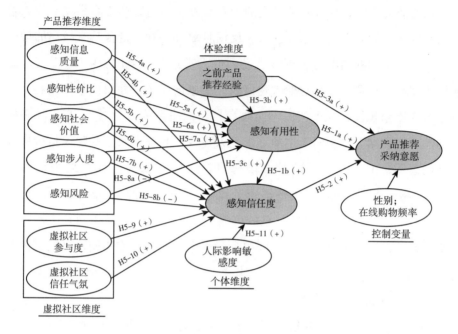

图 5 - 1　概念模型

5.3　研究方法

5.3.1　数据收集

本章研究的数据来源于问卷调查，问卷设计包括三部分内容，分别是问卷目的和情境描述、控制变量问项（性别和在线购买频率），以及 45 个主体问卷问项。问卷通过问卷星平台发布，并由福州地区三所高校的三名教师协助在其班级微信群中分享问卷链接。为鼓励参与，填写者可获得 4 ~ 6 元微信红包奖励。问卷的首个问题用于筛选具备虚拟社区产品推荐经验的用户，确保样本的相关性。调查对象被明确告知，所有数据仅用于学术研究，且承诺严格保密以减少调查对象对隐私泄露的顾虑。为了确保收集到的数据的效度，同时排除与研究主题无关的回答，问卷设置了筛选性问题，以排除没有实际接触产品推荐经验的用户。

本章研究最终有效问卷为 337 份，其中女性受访者占 77%，男性占 23%。在线购物频率分布为：每月 1 次及以内占 10.7%，每月 2 ~ 3 次占 32.6%，每月 3 ~ 4 次占 30.9%，每月 6 ~ 7 次占 12.8%，每月 8 次及以上占 13.1%。

本章研究的问卷量表来源于已验证的文献，涵盖多个测量维度。感知有用性、感知信任度、产品推荐经验、采纳意愿、感知信息价值、感知社会价值、感知性价比、感知涉入度、感知风险、虚拟社区信任气氛、虚拟社区参与度和人际影响敏感度的测量问项分别改编自萨斯曼（Sussman）和西格尔（Siegal）[274]、张（Cheung）等[275]、陈（Chen）等[212]、侯赛因（Hussain）等[73]、沃尔什（Walsh）等[224]、洪（Hong）[276]、万哈拉（Vanhala）等[258]、白（Pai）和蔡（Tsai）[203]、佩尔斯马克（De Pelsmacker）等[277]的研究。每个维度的测量均采用 3 ~ 4 个题项。问卷使用 Likert 五点量表。各量表具体题项见本书附录 2。

本章研究在问卷题项设计过程中，通过反复调整和优化表述，以减少社会期望偏差的影响。社会期望偏差是指受访者在回答问题时，倾向于选择符合社会期待的答案，从而提升自我形象或满足社会认同。此类偏差可能导致受访者提供不真实或过于理想化的回答[278]。问题表述的威胁性对受访者回答的真实性有显著影响，当问题呈现较高威胁性时，受访者可能感到不安或被迫作出符合社会期望的回应[279]。为避免这一问题，本章研究精心调整问项表述，力求使问题更加中性，确保调查数据的真实性和可靠性，以减少社会期望偏差。

5.3.2 方法选择

本章采用偏最小二乘结构方程模型（PLS – SEM）方法对假设进行验证。与以协方差为基础的结构方程模型（CB – SEM）相比，PLS – SEM 在处理具有复杂关系的模型时表现出更强的灵活性。PLS – SEM 能够有效应对较小样本量和样本属性较为宽松的情况，适应性较强[280]。PLS – SEM 方法适合于探索性理论假设的验证和模型构建[280]。鉴于本章所研究的模型较为复杂，并且属于探索性研究的范畴，选择 PLS – SEM 作为主要验证工具，以深入分析变量之间的因果关系及其强度。本章研究使用的回归软件为 SmartPLS（v3.28）。

5.4 实证结果

5.4.1 测量模型

本章研究对测量模型进行了信度和效度检验，以确保其有效性。信度检验的主要目的是验证量表的一致性和稳定性，确保其结果可靠。效度检验则着重分析问项是否能够准确反映预期的变量内容。效度包括聚合效度和区别效度两个方面。聚合效度用于衡量问项与其对应变量的相关程度，确保问项能够准确反映变量特征。区别效度则检验问项与其他变量之间的相关度，确保不同变量之间具有明显区分。通过这两项效度检验，研究可以确保量表的有效性和准确性，为后续数据分析和假设验证提供基础。表 5 – 1 和表 5 – 2 展示了模型的信度和聚合效度检验结果。根据金（Chin）的观点，为了确保量表的可靠性和有效性，因子载荷应接近或大于 0. 7 的阈值[281]。表 5 – 1 展示了各因子的载荷值。除了感知性价比中的 ECON1 因子载荷为 0. 692 外，其他因子载荷均超过 0. 7。由此可见，大部分因子符合可靠性要求。根据亨塞勒（Henseler）等的观点，测量模型的效度要求 CR 和 Cronbach's Alpha 的值大于 0. 7 才能确保测量模型的稳定性与一致性[282]。从表 5 – 1 中可以观察到，所有因子的 CR 值均超过 0. 75，且 Cronbach's Alpha 值也均大于 0. 75。这一结果表明，模型的信度指标得到了充分的验证。由此可确认模型具有较高的内部一致性和可靠性。聚合效度检验旨在评估构项的解释力和一致性。根据福内尔（Fornell）提出的标准，构项的 AVE 值需大于 0. 5[283]。AVE 值代表了构项所解释的方差比例，反映了其测量效果的有效性。若 AVE

值高于 0.5，表明构项能够较好地代表其潜在变量。这一检验有助于确认模型的聚合效度，确保其可靠性[283]。从表 5 – 1 中的数据可以看出，所有构项的 AVE 值均大于 0.5。该结果符合福内尔（Fornell）提出的聚合效度标准。AVE 值的提高表明各构项对潜在变量的解释力较强。因此，模型的聚合效度得到了有效验证。

表 5 – 1 　　　　　　　　　　　　信度和收敛效度

变量	题项	因子载荷	平均值	标准差	AVE	CR	Cronbach's Alpha
感知信息质量（INFO）	INFO1	0.78	2.86	0.64	0.60	0.86	0.85
	INF02	0.79					
	INFO3	0.81					
	INF04	0.71					
感知性价比（ECON）	ECON1	0.69	2.90	0.58	0.51	0.76	0.76
	ECON2	0.71					
	ECON3	0.74					
感知社会价值（SOCI）	SOCI1	0.72	2.49	0.85	0.67	0.89	0.89
	SOCI2	0.82					
	SOCI3	0.88					
	SOCI4	0.85					
感知涉入度（INVV）	INVV1	0.78	2.69	0.75	0.62	0.87	0.87
	INVV2	0.77					
	INVV3	0.81					
	INVV4	0.79					
感知风险（RISK）	RISK1	0.78	3.16	0.70	0.61	0.82	0.82
	RISK2	0.80					
	RISK3	0.76					
虚拟社区参与度（PART）	PART1	0.76	2.65	0.70	0.60	0.86	0.86
	PART2	0.78					
	PART3	0.80					
	PART4	0.77					

续表

变量	题项	因子载荷	平均值	标准差	AVE	CR	Cronbach's Alpha
虚拟社区信任气氛（ATMO）	ATMO1	0.73	2.79	0.69	0.53	0.77	0.77
	ATMO2	0.74					
	ATMO3	0.72					
之前产品推荐体验（EXPR）	EXPR1	0.75	2.85	0.70	0.60	0.82	0.82
	EXPR2	0.76					
	EXPR3	0.82					
感知有用性（USEF）	USEF1	0.78	2.91	0.68	0.58	0.80	0.80
	USEF2	0.71					
	USEF3	0.78					
感知信任度（TRST1）	TRUS1	0.76	2.91	0.64	0.58	0.80	0.80
	TRUS2	0.72					
	TRUS3	0.80					
人际影响敏感度（SENS）	SENS1	0.73	3.26	0.74	0.60	0.82	0.81
	SENS2	0.80					
	SENS3	0.78					
采纳意愿（INTN）	INTN1	0.82	2.99	0.77	0.68	0.86	0.85
	INTN2	0.80					
	INTN3	0.85					

区别效度是通过比较 AVE 平方根与变量间相关系数来检验的。根据福内尔－拉克尔（Fornell－Larcker）标准，当 AVE 平方根大于相关系数时，表明量表具有较好的区别效度[283]。表 5－2 中的数据表明，所有变量的 AVE 平方根均大于与其他变量的相关系数。这一结果符合福内尔－拉克尔（Fornell－Larcker）标准。由此可以得出结论，量表在区别效度方面表现良好。

表 5－2　　　　　　　　　　　　　区别效度

变量	INFO	ECON	SOCI	INVV	RISK	PART	ATMO	EXPR	USEF	TRST	SENS	INTN
INFO	**0.77**											
ECON	0.50	**0.72**										
SOCI	0.50	0.52	**0.82**									

续表

变量	INFO	ECON	SOCI	INVV	RISK	PART	ATMO	EXPR	USEF	TRST	SENS	INTN
INVV	0.54	0.59	0.69	**0.79**								
RISK	-0.21	-0.43	-0.36	-0.41	**0.78**							
PART	0.43	0.56	0.63	0.59	-0.46	**0.78**						
ATMO	0.35	0.53	0.43	0.51	-0.37	0.62	**0.73**					
EXPR	0.50	0.63	0.53	0.60	-0.41	0.61	0.59	**0.78**				
USEF	0.44	0.71	0.52	0.61	-0.53	0.59	0.56	0.68	**0.76**			
TRST	0.51	0.66	0.49	0.58	-0.46	0.61	0.57	0.65	0.71	**0.76**		
SENS	0.33	0.36	0.19	0.33	-0.13	0.19	0.25	0.41	0.41	0.42	**0.77**	
INTN	0.49	0.63	0.45	0.56	-0.38	0.54	0.45	0.59	0.64	0.67	0.56	**0.82**

注：对角线上黑体字部分为 AVE 值的平方根，下三角为皮尔森相关。

5.4.2 拟合优度检验

本章研究采用韦茨尔斯（Wetzels）等提出的方法，检验结构方程模型的效度[284]。具体来说，使用 R^2 值和 Q^2 值来评估模型的解释力和预测能力。同时，采用适配度指标 GoF 来评估模型的拟合优度[284]。表 5-3 的统计结果显示，所有结果变量的 R^2 值均超过 26% 的理想边界值，表明模型具有较高的解释力。具体而言，感知有用性、感知信任度和产品推荐采纳意愿的 R^2 值均处于 0.5 ~ 0.7，表明模型在这些变量上的被解释程度较高。并且，感知有用性、感知信任度和产品推荐采纳意愿的 Q^2 值均超过 0.26，表明各变量的预测相关性较强。综合来看，模型在效度和拟合度方面均表现出较强的能力。模型的拟合优度水平可以通过 GoF 值来评估，根据特内豪斯（Tenenhaus）等的研究，GoF 值的计算公式为[285]：

$$GoF = \sqrt{communality \times R^2}$$

其中，Communality 代表共同度，R^2 为判定系数。GoF 值反映了模型整体的拟合效果，值越大表示拟合效果越理想。表 5-3 展示了本模型的 GoF 值为 0.61，超过了 0.36 的理想临界值，表明模型的拟合优度良好，研究模型在数据解释方面具有较强的适应性。

表 5 - 3   **模型的效度与拟合优度**

变量	R^2	Q^2	Communality	GoF
INFO	—	—	0.60	
ECON	—	—	0.51	
SOCI	—	—	0.67	
INVV	—	—	0.62	
RISK	—	—	0.61	
PART	—	—	0.60	
ATMO	—	—	0.53	0.61
EXPR	—	—	0.60	
USEF	0.67	0.45	0.58	
TRST	0.65	0.43	0.58	
SENS	—	—	0.60	
INTN	0.53	0.38	0.68	

5.4.3 假设检验结果

本章研究在数据导入并构建框架模型后，采用 SmartPLS 中的 Bootstrapping 方法进行路径系数检验。通过计算 t 值和 p 值，评估路径系数的显著性水平。路径系数（β）衡量自变量对因变量的影响程度。路径系数（β）值越大，表示自变量对因变量的影响越强。t 值和 p 值则用于判断路径系数是否显著[286]。为提高路径参数及显著性的估计精度，本章研究在应用 Bootstrapping 方法前，采用 5000 次重抽样对原始数据进行处理。这一重抽样过程有助于减少样本波动，提高估计结果的稳定性。Bootstrapping 方法通过多次抽样计算，能够提供更加可靠的路径系数显著性检验。相关统计结果如表 5 - 4 所示。

表 5 – 4 假设检验结果

假设	路径关系	路径系数（β）	置信区间		t 值	p 值	结果
			2.5%	97.5%			
假设 5 – 1a	感知有用性→产品推荐采纳意愿	0.25	0.14	0.36	4.41	0.000 ***	支持
假设 5 – 1b	感知有用性→感知信任度	0.22	0.07	0.36	3.01	0.003 **	支持
假设 5 – 2	感知信任度→产品推荐采纳意愿	0.37	0.25	0.48	6.39	0.000 ***	支持
假设 5 – 3a	之前产品推荐经验→产品推荐采纳意愿	0.17	0.07	0.28	3.14	0.002 **	支持
假设 5 – 3b	之前产品推荐经验→感知有用性	0.26	0.17	0.35	5.56	0.000 ***	支持
假设 5 – 3c	之前产品推荐经验→感知信任度	0.06	− 0.05	0.16	1.02	0.308	不支持
假设 5 – 4a	感知信息质量→感知有用性	− 0.01	− 0.09	0.07	0.22	0.827	不支持
假设 5 – 4b	感知信息质量→感知信任度	0.12	0.05	0.20	3.16	0.002 **	支持
假设 5 – 5a	感知性价比→感知有用性	0.43	0.32	0.54	7.65	0.000 ***	支持
假设 5 – 5b	感知性价比→感知信任度	0.12	0.01	0.23	2.23	0.026 *	支持
假设 5 – 6a	感知社会价值→感知有用性	0.003	− 0.08	0.09	0.08	0.938	不支持
假设 5 – 6b	感知社会价值→感知信任度	− 0.05	− 0.15	0.05	0.98	0.326	不支持
假设 5 – 7a	感知涉入度→感知有用性	0.13	0.03	0.23	2.42	0.016 *	支持
假设 5 – 7b	感知涉入度→感知信任度	0.01	− 0.11	0.13	0.18	0.858	不支持

续表

假设	路径关系	路径系数（β）	置信区间		t 值	p 值	结果
			2.5%	97.5%			
假设 5-8a	感知风险→感知有用性	-0.19	-0.26	-0.11	4.82	0.000 ***	支持
假设 5-8b	感知风险→感知信任度	-0.09	-0.15	0.05	2.00	0.046 *	支持
假设 5-9	虚拟社区参与度→感知信任度	0.12	0.03	0.21	2.53	0.012 *	支持
假设 5-10	虚拟社区信任气氛→感知信任度	0.24	0.10	0.38	3.44	0.001 **	支持
假设 5-11	人际影响敏感度→感知信任度	0.11	0.02	0.20	2.37	0.018 *	支持

注：* 代表 $p<0.05$，** 代表 $p<0.01$，*** 代表 $p<0.001$。

假设 5-1a 认为，感知有用性对用户的产品推荐采纳意愿具有直接影响。根据回归分析结果（见图 5-2 和表 5-4），感知有用性与采纳意愿之间的路径系数为 0.25，t 值为 4.41，p 值为 0.000。这表明感知有用性显著影响用户的采纳意愿，从而支持了假设 5-1a。回归分析结果还显示，感知有用性与采纳意愿之间的路径系数为 0.22，t 值为 3.01，p 值为 0.003。这表明感知有用性对采纳意愿的影响同样具有统计显著性，从而支持了假设 5-1b。假设 5-2 提出，感知信任度对用户的产品推荐采纳意愿具有直接影响。回归分析的结果表明，感知信任度与产品推荐采纳意愿之间的路径系数为 0.37，表明二者之间存在正向关系。t 值为 6.39，p 值为 0.000，均显示出结果的统计显著性。假设 5-3a 提出，之前的产品推荐经验显著影响用户的采纳意愿。回归分析结果显示，路径系数为 0.17，t 值为 3.14，p 值为 0.002，验证了这一假设的正确性。假设 5-3b 则认为，之前的产品推荐经验对感知有用性产生正向影响。统计结果表明，路径系数为 0.26，t 值为 5.56，p 值为 0.000，也支持了假设 5-3b。假设 5-3c 提出，用户之前的产品推荐经验对感知信任度有正向影响。回归分析结果显示，其路径系数为 0.06，t 值为 1.02，p 值为 0.308。由于 p 值大于 0.05，未达到显著性水平，因此假设 5-3c 未得到回归分析结果的支持。

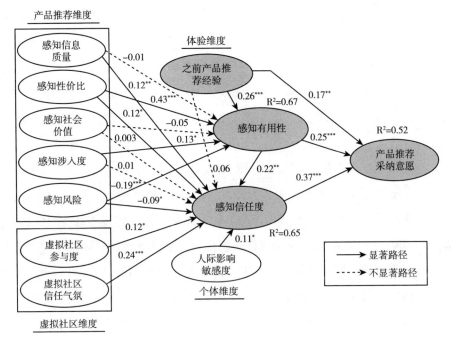

图 5-2 概念模型检验结果

注：*代表 $p < 0.05$，**代表 $p < 0.01$，***代表 $p < 0.001$。

假设 5-4a 提出，产品推荐的感知信息质量对感知有用性产生显著影响。回归分析结果显示，感知信息质量对感知有用性的路径系数为 -0.01，t 值为 0.22，p 值为 0.827。由于 p 值大于 0.05，未达到显著性水平，因此假设 5-4a 的假设未能获得支持。假设 5-4b 认为，感知信息质量直接影响感知信任度。回归分析结果显示，感知信息质量与感知信任度之间的路径系数为 0.12，t 值为 3.16，p 值为 0.002，表明该路径关系在统计上具有显著性。因此，感知信息质量对感知信任度的影响得到了实证支持，假设 5-4b 得到了验证。假设 5-5a 提出，感知性价比对感知有用性会产生正向且显著的影响。回归分析结果表明，感知性价比与感知有用性之间的路径系数为 0.43，t 值为 7.65，p 值为 0.000，表明该路径关系具有显著性。假设 5-5b 提出，感知性价比对感知信任度也具有正向且显著的影响。回归分析结果显示，感知性价比与感知信任度的路径系数为 0.12，t 值为 2.23，p 值为 0.026，验证了假设 5-5b。假设 5-6a 认为，感知社会价值对感知有用性具有正向影响。回归分析结果显示，感知社会价值与感知有用性的路径系数为 0.003，t 值为 0.08，p 值为 0.938，表明该关系不显著。假设 5-6b 提出，感知社会价值对感知信任度具有显著影响。回归分析结果显示路径系数为 -0.05，t 值为 0.98，p 值为 0.326，未通过显著性检验。综上所述，假设 5-6a 和假设 5-6b 均未得到数据支持。假设 5-7a 提出，感知涉入度显著影响感知有用性。回归结果显示，其路径系数为 0.13，p 值为 0.016，t 值为 2.42，支持了该假设。假设 5-7b 提出，感知涉入度显著影响感知信任度，但路径系数为 0.01，p 值为 0.858，t 值为 0.18，未通过显著性检验，假设 5-7b 未得到支持。假设 5-8a 提出，感知风险对感知有用性具有负面影响。回归结果显示，路径系数为 -0.19，p 值为 0.000，t 值为 4.82，支持该假设。假设 5-8b 提出，感知风险对感知信任度有负面影响，路径系数为 -0.09，p 值为 0.046，t 值为 2.00，验证了该假设。因此，假设 5-8a 和假设 5-8b 均得到数据支持。假设 5-9 认为，虚拟社区参与度对感知信任度有正面影响，路径系数为 0.12，p 值为 0.012，t 值为 2.53，假设得到支持。假设 5-10 认为，虚拟社区信任气氛对感知信任度有正面且显著的影响，回归结果发现，其路径系数为 0.24，p 值为 0.001，t 值为 3.44，假设得到了验证。假设 5-11 认为，人际影响敏感度对感知信任度有正面影响，回归结果显示其路径系数为 0.11，p 值为 0.018，t 值为 2.37，假设也得到了支持。因此，假设 5-9、假设 5-10 和假设 5-11 均得到数据支持。

在控制变量中，性别对产品推荐采纳意愿的影响不显著。具体来说，性别与产品推荐采纳意愿之间的路径系数为 0.001，t 值为 0.007，p 值为 0.994。由于 p 值远大于 0.05，说明性别对采纳意愿的影响并不显著。另外，在线购物频率对产品推荐采纳意愿的影响显著。回归分析显示，在线购物频率与采纳意愿之间的路径系数为 0.09，t 值为 2.27，p 值为 0.023，表明在线购物频率对产品推荐采纳意愿有显著的正向影响。

图 5-3 展示了应用 Bootstrapping 方法对原始数据进行 5000 次重抽样后的路径系数模型。该模型包括感知信任度、感知有用性和产品推荐经验对产品推荐采纳意愿的影响。图 5-3 中显示了每一条路径的回归系数以及相应的

频率分布情况。通过这一可视化图形，可以直观地了解各个路径系数的具体数值及其频率变化。图 5 - 3 中的路径系数反映了每个变量在模型中的作用强度。频率分布帮助进一步揭示了各路径系数的稳定性和一致性。

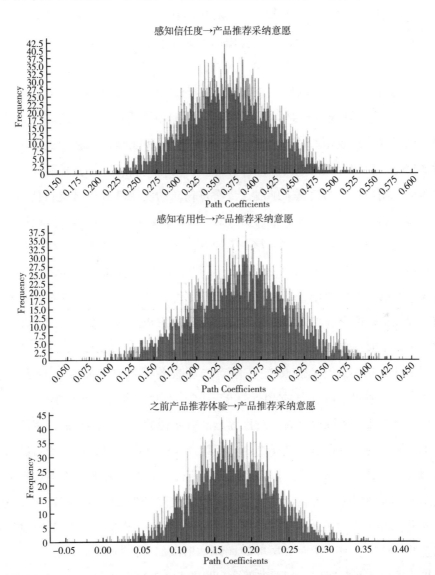

图 5 - 3　主要模型路径系数

5.4.4　结果讨论

实证结果表明，产品推荐的感知有用性在很大程度上影响了用户的产品推荐采纳意愿。具体来说，感知有用性的提高能够显著增强用户对推荐信息的信任度，从而提升其采纳意愿。此外，感知有用性不仅对采纳意愿产生影响，还对用户对推荐的信任感产生直接作用。该结果进一步支持了张（Cheung）和萨斯曼（Sussman）等的理论，即用户在信息采纳决策中，尤其重视信息的实际效用[220,274]。用户倾向于选择那些能够帮助减少决策不确定性的信息。感知有用性成为降低不确定性、提升决策信心的重要因素[220,274]。这表明，用户在面对信息采纳时，更看重信息的实用性和决策支持能力。模型结果表明，感知信任度对用户的采纳意愿具有显著的正向影响。具体而言，感知信任度越高，用户采纳推荐产品的意愿越强。信任作为信息采纳过程中的关键变量，直接影响用户的决策行为[207]。此外，感知有用性也在用户信息决策中起着重要作用，但单独的感知有用性不足以完全解释用户的采纳决策。感知信任度会与感知有用性共同作用决定用户的最终决策。两者相互交织，强化了对信息的接受度与采纳意愿。

统计结果还显示，感知信任度对产品推荐采纳意愿的影响路径系数（$\beta = 0.37$）明显大于感知有用性（$\beta = 0.25$）。这一结果表明，用户在决策过程中对信任的重视程度高于对推荐产品有用性的评估。感知信任度能够显著提升用户的采纳意愿，进而影响其行为决策。与此同时，产品推荐经验在影响采纳意愿（$\beta = 0.17$）上也起到了重要作用。之前采纳经验不仅直接影响用户的采纳意愿，还显著增强了对产品推荐有用性的感知。该发现支持了菲列里（Filieri）等的研究观点，即，信息采纳经验有助于用户更好地理解信息的风险与收益，从而能更准确地评估信息的有用性和可靠性[287]。经验积累让用户在面对新信息时更加理性，减少不确定性和风险感知。总体而言，感知信任度和之前采纳经验在用户决策过程中都起到了重要作用。研究结果也显示，之前的产品推荐经验对感知信任度的影响不显著，这一结果与蒂西

（Teacy）等的研究结论不符[288]。蒂西（Teacy）等认为，信任是通过个体的经验逐步累积形成的，因此之前的经验应该直接影响感知信任度[288]。然而，在本章研究中，之前产品推荐经验的作用未能得到数据支持，表明影响感知信任度的因素可能更加复杂。虚拟社区的独特环境可能是其中的关键因素。首先，虚拟社区中信息种类繁多，用户面对的产品推荐信息复杂多样，增加了信任评估的难度。其次，产品推荐信息的提供者往往处于半匿名或完全匿名状态，用户无法直接辨识其身份或信誉，这使得信任的建立更加依赖于其他因素。匿名性和信息复杂性可能导致用户更侧重于信息本身的特征，而非依赖个人过往经验来判断其可信度。因此，用户对推荐的信任建立可能更多受到平台特性和信息质量的影响，而非单纯依赖历史经验。

模型检验结果还显示，感知信息质量对感知信任度有显著影响（β = 0.12），但对感知有用性没有显著影响。这一结果进一步拓展了之前研究者对感知信息质量影响的研究[289,290]。感知性价比是消费者通过比较不同产品的投入产出比得出的评估指标。当某一产品的成本产出比优于其他类似产品时，消费者会产生较高的感知性价比[225]。感知性价比会直接影响消费者的购买决策，因其提供了经济上的优势。消费者倾向于选择性价比更高的产品，以实现最大化的产品购买效益。回归结果也表明，产品推荐的感知社会价值对感知有用性和感知信任度的影响均不显著。此结果与赵文军等在社交问答平台上的研究结果不一致。赵文军等研究发现，感知社会价值会显著影响用户的有用性感知[291]。而莫萨维（Mosavi）等则指出，社会价值对感知信任度有显著影响[292]。与此不同，本章研究未能发现社会价值在产品推荐中的同等效应。可能的解释是虚拟社区与现实生活环境之间存在差异。在虚拟社区中，用户之间的熟悉程度通常较低，社会影响力也相对较弱，这可能导致了用户对感知社会价值的反应不同。

我们还发现，感知涉入度对感知有用性的影响显著，但对感知信任度的影响不显著。当产品涉入度较高时，用户更倾向于投入更多认知资源来处理推荐信息。用户通过中心化的信息处理路径对推荐内容进行深入分析。这种深度分析有助于提高对推荐的有用性感知。较高的涉入度促使用户更加关注产品推荐的相关性与价值，从而提升其感知有用性。相反，感知涉入度对感知信任度的影响较为间接。尽管产品推荐的相关性较高，但用户不会因此显著改变对推荐的信任程度，用户的信任度的建立可能更依赖于其他变量的影响，如虚拟社区信任气氛、人际影响敏感度等。

回归结果还显示，感知风险对感知有用性和感知信任度具有显著影响。在虚拟环境中，由于缺乏面部表情和语气等直观判断线索，信息接收者只能通过文字、图片等有限信号作出评估。与此同时，验证推荐信息的真实性和有效性往往需要较高的成本，导致信息接收者难以确认推荐者的动机。缺乏直观判断线索和高验证成本使得信息接收者在判断推荐时处于信息劣势。信息的真实性和有效性是信息接收者是否采纳推荐的重要决定因素。如果产品推荐被认为是机会主义或利己主义驱动，其说服力和采纳率会大幅降低[248]。信息接收者对推荐的信任度受到推荐者动机的影响，尤其当推荐者的动机不明确时，信任度更容易受到质疑。若推荐信息被视为带有自私或欺诈性质，用户对其的接受程度将会大为降低。总之，虚拟环境的特点使得信息接收者更容易对推荐者的动机产生疑虑，从而影响信任和有用性感知。

此外研究也发现，虚拟社区参与度和信任氛围对感知信任度有显著影响，这进一步支持了组织—信任理论。虚拟社区具有开放性或半开放性特征，成员之间的熟悉程度不一，导致信息采纳存在一定风险。高参与度的用户通过深入了解社区成员和历史互动，能够更准确地判断信息的可信度。参与越深，用户对虚拟社区成员的信任感也越强，从而提高了对共享信息的采纳意愿。信任氛围在虚拟社区中起到了重要作用，促进了成员之间的互动与信息共享。当社区充满信任氛围时，成员更倾向于认为其他成员的信息分享具有善意动机。虚拟社区的信任氛围不仅有助于信息的传播，还能有效减少信息传递过程中的不确定性，进而提升产品推荐感知信任度的水平。

模型检验结果还显示，人际影响敏感度对用户的感知信任度具有显著的正向影响。具体而言，高人际影响敏感度的消费者更容易受到他人意见和行为的影响[265]。这些消费者倾向于通过寻求他人建议或观察他人行为来获取产品和服务的信息。这一发现支持了此前的研究结论，表明个体的社交敏感度在信息采纳过程中起着关键作用[265]。此外，研究还发现，用户的购物频率对产品推荐的采纳意愿有显著的促进作用。即购物频率越高的用户，其采纳产品推荐的意愿也越强。这表明，频繁购物的用户更可能依赖他人提供的产品推荐信息来支持自己的购物决策。

5.5　本章小结

本章分析了虚拟社区用户对产品推荐进行采纳背后的心理动力机制，其中重点研究了感知信任度、感知有用性及以往推荐经验和用户对产品推荐采纳意愿的关系。研究结果表明，感知有用性对感知信任度和用户产品推荐意愿均有显著的正向影响，感知信任度则直接影响用户采纳意愿。以往的产品推荐经验对感知有用性和采纳意愿产生显著影响，但对感知信任度的影响并不显著。在产品维度中，感知性价比、感知涉入度和感知风险显著影响感知有用性，这表明用户在评估产品时，尤其关注价格、参与程度和潜在风险。然而，感知信息质量和感知社会价值对感知有用性的影响不显著，这可能是由于用户更加重视实际价值而非社会影响或产品信息的质量。对于感知信任度，感知信息质量、感知性价比和感知风险均表现出显著影响。感知社会价值和感知涉入度则对感知信任度的影响不显著，提示用户对推荐内容的信任主要受信息质量、性价比和风险评估的驱动。从虚拟社区维度来看，虚拟社区的参与度和信任气氛对感知信任度有显著影响，表明用户在活跃和信任的社区环境中更容易建立对推荐系统的信任。这反映了虚拟社区的社交互动和信任氛围对用户信任感知的促进作用。个体维度中的人际影响敏感度也显著影响感知信任度，说明那些对他人意见较为敏感的用户更容易受到推荐系统的影响，增强对推荐产品的信任。控制变量分析结果表明，性别对用户产品推荐意愿没有显著影响，但在线购物频率对采纳意愿有显著的促进作用。频繁进行在线购物的用户往往对推荐内容持开放态度，并更倾向于采纳产品推荐。

总体来看，本章研究揭示了多个维度因素在虚拟社区产品推荐采纳中的作用机制，强调了感知有用性、信任度以及社区和个体因素对采纳意愿的关键影响。这些发现为企业优化社交媒体产品信息推广策略提供了参考，也为未来研究用户在线行为特征和用户在线信息采纳提供了理论支持。未来的研究可进一步探讨其他心理因素和情境变量对用户采纳意愿的影响，特别是在不同类型的虚拟社区中，如何通过提高信任氛围和参与度来增强产品推荐的效果。

第6章

直播社区用户产品推荐采纳机制

直播社区主播发出的产品推荐对消费者产品态度和购买行为的影响越来越大。直播社区是虚拟社区的一种新形式，相比于其他类型的虚拟社区，直播社区具有一系列独有的特点。本章旨在探讨直播社区用户对主播发出的产品推荐进行采纳的潜在心理机制。

6.1 引　言

随着信息技术的进步和移动设备的广泛使用，直播社区近年来发展迅速，已成为全球范围内的一大新兴趋势[293]。根据中国互联网信息中心发布的一份报告，到 2022 年，中国的直播用户已达到 7.16 亿人，占中国整个互联网人口的 68.1%。观看直播的人数每年都在增长，用户观看直播的平均时长也在稳步上升。一些直播社区账号吸引了超过 10000 万的粉丝。直播已成为用户获取信息的主要渠道之一。相比于其他虚拟社区，直播社区可以为直播观看者创造类似"面对面"场景的虚拟环境，使直播观看者能够与主播进行实时互动，从而增强临场感、紧迫感、互动性和用户参与感[294]。直播的另一个显著特点是，它可以帮助用户便捷地收集和传播信息。互联网上的信息量每天都在爆炸式增长，消费者在面对海量信息时常会遭遇选择困惑[295]。而在直播社区中，用户可以获取主播精选后的和定向的信息。因此，传统的产品信息传播方式以及顾客获取产品信息的方式也不可避免地受到了直播的影响。

在传统的电子商务购物场景中，消费者通过商品广告或购物搜索引擎获取产品信息。这些信息接收方式存在一定的局限性。首先，消费者无法参与产品信息传播的过程。其次，消费者无法找到一种快速有效的方式来评估产品的质量。最后，当面临大量产品选择时，消费者常常无法决定选择哪种产品，同时也担心产品宣传存在夸大其词或信息不真实的问题。在线口碑（eWOM）可以为消费者提供一定的在线购物参考信息。然而，消费者也意识到在线口碑存在的问题，如虚假口碑问题。大约15%的线上口碑是由厂商直接或间接进行操控的[8]。随着消费者越来越清楚地知道虚假在线口碑的存在，来自其他消费者的产品推荐在消费者购买决策的过程中扮演着越来越重要的角色。产品推荐通常来自亲自购买或使用过该产品的人。当消费者缺乏可靠的第一手产品信息或对产品选择感到困惑时，选择其他顾客推荐的产品是相对理性的。通过借鉴他人的购物经验，消费者能够避免作出错误选择。直播通过全方位、立体展示和讲解产品，可以实时与观众互动，让直播观看者对推荐的产品有直观的和全方位的了解[296]，并使他们沉浸在产品介绍中，深入地了解产品的各个细节。直播还可以让主播展示产品的生产过程和使用方法，从而可以使直播观看者更加全面地对产品进行评估。在直播社区中，消费者可以看见产品推荐者，即主播的动作、面貌和个性，并与直播观看者实时互动，这些都可能会影响消费者对产品推荐的采纳心理。

随着直播的流行，消费者在直播环境中的购买行为吸引了越来越多研究者的关注。其中，一个研究的热点领域是影响直播观看者在直播中购买意图的因素。一些学者认为，主播与产品的匹配度在消费者的购买意愿中起着重要作用。例如，张（Zhang）等发现，主播与产品的匹配度以及消费者与产品的匹配度能够增强直播观看者的情感强度并降低产品的感知风险，从而提升他们在直播中的购买意图[297]。商（Shang）等认为，直播中的主播与背景匹配度会显著影响客户的购买意图。主播与背景的匹配度可以积极影响消费者的信任感，而产品与背景的匹配度则能提升消费者的感知价值[298]。产品与主播的匹配度会影响直播观看者对主播的感知吸引力和感知可信度，产品与内容的匹配度则影响直播观看者对内容的功利性价值和享乐性价值的态度，而自我与产品的匹配度则能提高直播观看者的购买意图[299]。还有一些学者认为，主播的特征在观众购买意图中发挥着至关重要的作用。主播的魅力、专业知识、幽默感和激情等因素是影响观众在直播中购买意图的重要驱动因素[300]。也有学者探索了消费者与主播之间关系对消费者在直播中购买行为的影响。例如，科（Ko）发现，与主播的准社会关系在提升消费者购买意愿方面发挥着重要作用[301]。直播观看者对主播的情感依附在其购买决策中扮演着关键角色[302]。以上文献综述表明，现有研究已充分探讨了直播环境中客户购买意图背后的心理机制。然而，很少有研究针对客户采纳主播产品推荐意图展开研究。消费者采纳主播产品推荐的潜在机制与他们在直播中表达购买意图的心理机制有所不同。一方面，消费者采纳产品推荐是购买推荐产品的前置变量。当观众采纳主播的产品推荐时，他们可能会立刻购买推荐的产品，考虑将来购买，或者仅仅将主播推荐的产品分享给他们的同伴；另一方面，影响消费者采纳主播产品推荐的因素与影响观众在直播中购买意图的因素有所不同。主播产品推荐的采纳主要受推荐价值、推荐可信度等因素的影响。然而，直播观看者在直播中的购买意图还受到其他多种因素的影响，比如消费者冲动购买倾向、促销时间压力等。

此前关于产品推荐的研究主要集中在传统的非直播环境中的产品推荐。例如，艾森德（Eisend）和朗纳（Langner）通过行为实验发现，产品推荐发出者的特征，如主播吸引力等，会影响传统非直播环境中产品推荐信息的劝服效果[303]。龚（Gong）和李（Li）发现，产品推荐者与产品的匹配度对消费者对产品信息的态度有积极影响[304]。也有学者发现，粉丝数量的大小可能会影响产品信息的劝服效果[305]。考虑到直播环境与传统的产品信息传播环境的差异，对消费者在直播环境中如何采纳产品信息的机制展开研究具有一定的理论和实践意义。

本章研究的贡献有三个方面：首先，尽管有大量关于消费者采纳在线口碑（eWOM）机制的研究，但关于消费者采纳主播产品推荐的心理机制的学术关注相对较少。主播的产品推荐改变了消费者获取产品信息的方式。因此，探索消费者采纳主播产品推荐的机制具有必要性。本章研究考察了感知价值、感知可信度、临场感、自我认同和采纳意图之间的关系，旨在提出一个综合模型来分析消费者采纳主播产品推荐的心理机制。其次，本章研究考察了自我认同如何调节感知可信度与采纳意图之间、感知价值与采纳意图之间的关系。此前，关于客户行为研究中的自我认同感主要集中在与品牌或旅游地的自我认同上[306]。本章研究证实了自我认同感在在线环境中信息采纳意图中的重要作用，从而将自我认同感的研究拓展到了在线信息产品采纳领域。最后，本章研究探讨了感知可信度在感知价值与采纳意图之间的中介作用，并研究了临场感在感知价值与感知可信度之间的调节作用，从而增加了对临场感和感知可信度对在线消费者决策过程影响机制的理解深度。

6.2　理论基础与假设发展

6.2.1　价值—意图框架

多兹（Dodds）和门罗（Monroe）在 1985 年提出了价值—意图框架，认为个体倾向于参与某一特定行为的动机直接受到其对行为结果的感知价值的影响[307]。感知价值被定义为消费者对某一物品的总体效用评估，基于其对所获得与所付出的感知[228]。感知价值源于公平理论，后者代表了客户在评估、获取和使用产品或服务过程中，所获得的利益或质量与他们所承受的成本之间的权衡，这些成本包括经济成本、精力成本、时间成本和认知成本[308]。增强某一物品的感知价值可以通过增加其所提供的利益或减少其获取和使用过程中所关联的牺牲来实现[308]。

现有文献对感知价值与客户行为意图之间的关系已展开了较为广泛的研究。比如威廉姆斯（Williams）等从实证角度研究了感知价值与旅游行业个体行为意图之间的关系，发现感知价值对来自不同文化背景游客的行为意图

的影响存在差异[309]。杨（Yang）和马蒂拉（Mattila）也发现，感知价值对
客户的餐厅访问意图有着积极影响[310]。价值—意图框架也经常用于研究客
户的在线行为意图，例如参与在线团购的意图和持续使用意图等[311]。

　　一些研究者提出，感知可信度可以与感知价值产生交互作用共同影响消
费者的行为意图。例如，罗（Lou）和袁（Yuan）通过研究社交媒体中影响
者营销传播对消费者的影响机制，发现产品信息的感知价值与感知可信度可
以共同影响社交媒体用户的行为意图[312]。罗（Lou）和金（Kim）在探索影
响者对青少年消费行为的作用后，也发现信息的感知价值与感知可信度能够
共同影响青少年的在线购买意图[313]。阿尔瓦什德（Alrwashdeh）的研究通过
考察社交媒体影响者如何影响粉丝的消费意图，进一步确认了感知可信度在
价值—意图关系中的中介作用[314]。

　　上述文献证实了价值—意图框架在客户在线行为研究中的适用性，并验
证了感知可信度在价值—意图关系中的中介作用。基于前人的研究，我们开
发了一个调节的中介模型，以探讨客户在直播推荐产品背景下的采用意图的
潜在机制。

6.2.2　产品推荐的感知价值

　　感知价值被认为是理解消费者行为最重要的概念之一[315]。已有研究表
明，感知价值是预测客户行为的一个稳定变量[316]。正如消费价值理论所指
出的，消费者参与某项活动的动机取决于他们期望获得的价值[317]。当客户
认为他们能从某项活动中获得价值时，他们更可能参与该活动。

　　感知价值主要包括工具性价值和享乐性价值两个方面[318]。"任务相关"
和"理性"是常用来描述工具性价值的两个术语[318]。工具性价值指的是基
于收益和成本对比对功能性价值和工具性价值的全面评估[318]。工具性价值
涉及更多的是理性认知方面的价值，如效率、便利性和物有所值等特点[306]。
消费者会根据对商品或服务的理性判断作出相应的行为决策。与线下购物相
比，传统电子商务可以节省信息搜索时间，但可以搜索到的信息量巨大，消

费者经常会对如何选择产品信息感到困惑。产品推荐可以节省信息搜索和产品比较的时间和精力成本。在许多情况下，主播推荐的产品是他们自己有过良好体验的产品。这些推荐的产品可能性价比较高或质量较好。选择主播推荐的产品往往可以节省时间、精力和金钱。与工具性价值相比，享乐性价值则更具主观性和个人特点。这种价值是情感和体验性的，更多源自愉悦和福祉，而非任务完成[319]。通过观看主播分享产品信息并采纳主播的产品推荐，直播观看者可以满足他们的某些情感需求，缓解内心焦虑。

在直播观看者采纳主播产品推荐之前，他们会评估这些推荐的感知价值。如果他们认为采纳推荐的收益大于牺牲，他们更有可能采纳推荐。感知经济价值、感知购物效率的提升、感知娱乐性等，都是消费者在评估产品推荐价值时的重要维度。个体通常对感知价值高的信息或商品持积极态度[320]。班伯格（Bamberg）认为，用户对预期结果的主观价值决定了他们对行为的态度[321]。刘（Liu）和张（Zhang）也发现，个体采纳产品信息的意图会受到感知价值的正向影响[322]。通过研究感知价值对消费者态度和行为结果的作用，普拉（Pura）证实了感知价值对感知可信度的正向作用[232]。赖（Lai）通过研究消费者选择旅行社的行为模式发现，感知价值会正向影响感知可信度和消费者承诺[323]。因此，我们认为，较高水平的产品推荐感知价值会导致更高的感知可信度和更强的采纳意图。由此提出以下假设。

假设 6 - 1：感知价值与感知可信度之间存在正向关系。

假设 6 - 2：感知价值与采纳主播产品推荐的意图之间存在正向关系。

6.2.3 临场感的调节作用

临场感被定义为一种二元体验，个体感觉自己身处一个由媒介构建的空间，自我空间位置和行动与这个虚拟环境紧密相连，而不是与现实世界直接相关[324]。"临场感"用于描述消费者感觉置身于虚拟购物环境中并真切感知自己物理存在于虚拟购物环境中的体验[325]。在线视频、音乐和动画可以通过提高生动性和用户沉浸感来创造较高的临场感[326]。个体通常依赖物理线索在实际看到物品之前作出推断。因此，临场感在帮助客户在在线世界中作出选择方面至关重要[327]。"在场感"的感觉可以通过来自媒介界面的信号来创造[328]。个体使用自己的感官与在线环境进行互动，特定媒介复制这些感官信息的程度决定了临场感的水平[329]。

在直播环境中，观看者可以实时获取大量的声音、视觉和其他类型的信息。临场感使个体能够在不受距离和地理限制的情况下完全沉浸于虚拟环境中，这可以激发一定的情感反应[330]。沉浸于环境能够使人具有更好的认知吸收力和专注力。临场感可以有利于促使客户产生正向评价[331]。当个体沉浸于直播环境时，他们可能会更专注于产品的细节和产品推荐。当个体对产品及其推荐有更好的理解时，他们就能更好地感知到产品和产品推荐的价值[332]。因此，直播观看者对产品和产品推荐的兴趣也会相应增加。

在商品交易过程中，消费者通常感觉需要亲自查看体验和评估产品才能作出购买决策[333]。尽管传统电子商务环境无法提供面对面评估产品的机会，但临场感已被证明是一种能够为消费者提供直接体验的有效方式[334]。当媒介将物体拉近到观看者面前，并允许他们通过间接方式互动时，可以创造出临场感[335]。这种"身临其境"的即时感知体验和临场感的体验可以增强说服的效果[335]。

正如前面所述，感知价值是感知可信度的主要前置变量之一[320,323]。全（Cheon）认为，临场感可以与感知价值共同作用，影响消费者对在线信息的感知可信度[336]。具有更强临场感的消费者能够更好地理解产品及产品推荐。因此，感知不确定性可能会减少，消费者在作出采纳决策时会更加自信[65]。更加开放和透明的购买环境能给消费者带来更大的安全感，进而增强他们的信心，降低产品的不确定性[337]。通过展示产品的细节和独特卖点，直播为消费者提供了大量宝贵的信息，使他们能够评估产品的价值和产品推荐的有效性。换句话说，临场感可以调节感知价值对感知可信度的影响。因此，我们提出以下假设。

假设6-3：感知价值与感知可信度之间的关系受到临场感的正向调节。

6.2.4　感知可信度的中介效应

感知可信度指的是信息被视为可信、真实或事实的程度[275]。消费者的决策过程受到感知可信度的重大影响。当个体认为产品信息可信时会更有信心采纳该信息，并更有信心作出相关决策[274]。由于虚拟空间中存在大量的不确定性，当个体尝试采纳来自在线来源的信息时，感知可信度显得尤其重要[338]。消费者通常认为在线购物比在实体店购物更具风险[339]。消费者可能会在在线环境中获取虚拟或错误的产品信息，并作出错误的购买决策。

在传统的电子商务中，商家可能会操控产品评论以增加销量。约15%的在线产品评论是由商家直接或间接操控的[8]。随着消费者越来越意识到虚假产品评论和其他类型的欺诈信息的存在，他们也越来越重视在线产品信息的真实性和可信度。

直播使消费者能够与产品信息提供者实时互动，并直观地了解实际产品，从而减少了虚拟交易环境中的不确定性[340]。直播的优势之一是观看者能够实时与主播紧密互动。在传统的电子商务中，顾客如果对产品有疑问，必须离开在线商店的产品页面，进入聊天界面[337]。相比之下，直播为观众提供了一个实时的聊天室，他们可以与主播和其他观众进行互动。主播可以迅速回应观看者的问题，并通过聊天室或"连麦"语音聊天提供高度个性化的建议和服务[341]。直播还允许主播从不同角度展示产品，并演示如何使用这些产品，帮助买家获得真实、动态和全面的产品信息[320]。直播中产品介绍的真实性和可视化有助于消除顾客的担忧和焦虑[341]。

感知可信度是消除感知风险的前置变量[342]，能促进消费者对产品信息产生正向情感。当信息被认为是可信的时，接收者更可能接受该信息，并对其感知和行为产生影响[343]。当消费者认为信息可信时，他们更愿意采纳该信息来辅助决策，同时也会花费更少的时间去寻找其他信息来源，从而降低其认知成本[344]。当消费者获得更详细的产品信息时，他们能更好地理解产品推荐的价值。观众感知的产品优点越多，他们对产品信息的态度就越积

极[332]。除非消费者确信他们所收到的信息是可信的，否则他们不会根据该
信息来作出相关决策[187]。基于上述内容，我们提出以下假设。

假设 6-4：感知可信度在感知价值与直播产品推荐接受意图之间起到了
中介作用。

6.2.5　自我认同感的调节作用

自我认同基于自我一致性理论，该理论解释了物体形象与消费者自我概
念之间的匹配[345]。自我认同感指的是个体认为某一物体能反映其个人特征
的程度[346]。当个体与某一物体间产生自我认同感时，他们会通过自动地表
现出对该物体的偏爱，从而与之建立情感联系[346]。一个人的行为由目标驱
动，这些目标围绕着个体的自我认同感展开[347]。个体一般会按照自己的身
份标准来展开自己的行为，因此，他们渴望在自我概念与行为之间实现一致
性[348]。当某一特定身份被激活时，个体会进行一个自我验证过程以评估身
份一致性，这种身份一致性会增强个体的控制感[348]。

个体可能因他人的观点、态度、学识、特殊才能或个人魅力等因素而与
他人产生认同感[349]。当他人表现出某些自己可以认同的特质时，个体可能
会发展出某种亲密感，并将他人的特质融入自己的自我认知中[350]。与他人
的认同感指的是个体将自己置于他人立场，参与他人经历的过程[350]。在观
看直播时，当观众与主播建立强烈的自我联系时，他们会认为产品推荐是可
采纳的。自我验证过程使观众在情感上依附于验证者，进一步加深了他们对
关系的承诺[348]。采纳主播的产品建议是一种确认自我认知的方式，也即维
持或增强完整且真实的自我认同感[351]。

消费者通过在购物过程中感知到的一致性或和谐性来满足自我持续性需
求[352]。消费者通过满足核心心理需求并发展自我身份来内化他们的产品购买
过程[353]。表达自我身份和验证自我身份的意愿通常是促使消费者产生行为意
图的主要动因之一[345]。当个体的行为未能验证或强化其自我概念时，他们会
感到不适、迷失或心理失调[354]。因此，个体更有可能参与与自我身份一致的

行为以增强其自我认同[355]。为了避免心理失调，个体会寻找与自我认知一致的情境，并避免那些威胁到其现有自我概念的情境[355]。因此，我们认为自我认同对消费者的行为意图有积极的影响。此外，自我认同感还会影响其他变量对个体行为意图的作用效果[356]，并且自我认同的程度会影响个体的信任水平以及信任作用于其他变量的机制[357]。因此，我们预期自我认同会在个体的产品信息采纳意图及其前因之间的关系中发挥积极的调节作用。当个体与主播有较高的自我认同感时，他们更有可能与主播建立情感联系[357]。我们认为这些情感联系会影响直播观看者对采纳主播信息的风险感知。也就是说，当个体与主播有较高的自我认同时，感知可信度对其采纳主播产品信息意图的正向作用会得到加强。同样，我们还预期这些情感联系将对直播观看者的感知价值对采纳产品推荐意图的影响产生积极作用。具体来说，较高的自我认同将放大感知价值对顾客采纳意图的正向作用，反之亦然。因此，我们提出以下假设。

假设6-5：感知可信度与采纳产品推荐意图之间的关系会受到与主播的自我认同的正向调节。

假设6-6：感知价值与采纳产品推荐意图之间的关系会受到与主播的自我认同的正向调节。

性别因素可能在影响消费者的评估判断中发挥作用[358]。男性和女性在评估产品信息时似乎会对信息变量赋予不同的权重。因此，本章研究在分析中对性别进行了控制。考虑到可能影响消费者采纳产品推荐意图的其他控制变量（如年龄、在线购物频率和观看直播频率等），我们也将它们作为控制变量纳入本章研究。

基于上述讨论，我们构建了本章的研究模型，如图6-1所示。

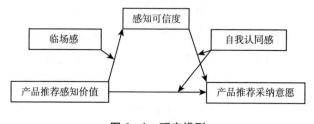

图6-1　研究模型

6.3 研究方法

6.3.1 样本与程序

在通过在线调查平台"问卷星"发布问卷之前,对问卷通过反复观察验证和访谈的方式进行了验证。首先,我们观看了几位知名主播在抖音及其他平台上的直播,甚至参与了与主播的互动,以检验变量是否能够有效反映真实情况。其次,邀请了几位经常观看直播的观众,检查问题是否能有效反映这些变量。对一些不恰当的表达进行了修改。正式调查在 2023 年 1 月进行。所有参与者均来自"问卷星"平台的成员。所有参与者皆为自愿参与,且在调查开始前已获得用户同意。鉴于以下原因,本章研究无须正式伦理审批:(1)不涉及医学实验、动物实验或其他引发伦理问题的实验,也未收集任何医学信息;(2)已采取所有必要的预防措施以确保参与者的隐私信息安全;(3)不会公开发布任何参与者的私人信息。本章研究使用的主要数据通过结构化问卷收集,问卷包含三个部分。第一部分包括问卷的基本信息,如调查目的,以及一项筛选题"你是否曾经观看过直播?"对于回答"否"的样本,将被视为无效问卷而排除。受访者被要求根据他们最近一次观看直播的经验回答问题。所有参与者的隐私和匿名性得到保障。第二部分涵盖受访者的人口统计特征,包括性别、年龄、在线购物频率和观看直播频率。第三部分包含研究模型的五个变量量表,共有 20 个问项。

在排除无效问卷后,我们最终得到了 382 份有效问卷。样本中有 175 名男性(占 45.8%)、207 名女性(占 54.2%)。大多数人年龄在 19~40 岁,占比为 69.1%。其中,49.7% 的人每周在线购物少于 4 次,50.3% 的人每周在线购物超过 3 次。大多数受访者每周观看直播超过 30 分钟,占 65.2%,而 34.8% 的受访者每周观看直播少于 30 分钟。

6.3.2　方法选择

本章研究各变量使用的测量问项源自之前研究中已被验证的量表（见本书附录3），其中一些问项根据本章研究主题进行了适当修改。问卷的主要部分包括五个变量：产品推荐的感知价值、感知可信度、采纳产品推荐的意图、临场感和自我认同感。所有这些问题问项均采用5点Likert量表，评分范围为1（强烈不同意）~5（强烈同意）。为了提高调查结果的有效性，我们删除了答案相同且答题时间少于1分钟的问卷。最终获得了382份有效问卷。

在本章研究中，我们采用了海耶斯（Hayes）设计的PROCESS[359]来检验假设。具体而言，使用了PROCESS的模型4来检验直接效应和间接效应，同时使用模型28来评估调节中介效应。与结构方程模型（SEM）等其他回归方法相比，PROCESS能更好地处理包含调节变量和中介变量的复杂模型[360]。PROCESS通过使用非参数自助法程序提供了更为稳健的效应大小和显著性检验方法[361]。使用PROCESS不需要对变量的抽样分布做假设，并且可以应用于小样本回归分析[362]。根据PROCESS宏的分析方法，样本量为295时可产生可靠的估算值[363]。本章研究的样本量为382，满足了PROCESS模型的最小样本量要求。

6.4　实证结果

6.4.1　无响应偏差与共同方法偏差（CMB）

为了检查自报告调查数据中的潜在偏差，本章研究进行了无响应偏差和共同方法偏差（CMB）的检验。无响应偏差通过对早期和晚期受访者的数据集进行 t 检验分析来检查。根据阿姆斯特朗（Armstrong）和欧文顿（Overton）的建议，我们将数据按70∶30的比例划分为早期和晚期[364]。分析结果显示，所有变量的 p 值均高于0.2，超过了 p 值应小于0.05的标准。这表明，两个组的均值之间没有显著差异，因此我们可以得出结论，数据不存在无响应偏差。

尽管本章研究使用了成熟量表，但由于数据源问题，仍有可能存在 CMB 问题。为了评估 CMB 可能带来的影响，我们进行了三项统计分析。首先，进行了 Harmon 单因素检验。如果某一项的总方差超过 50%，则可能引入 CMB，从而影响实证结果[365]。结果显示，未旋转的第一个因子解释了 31.8% 的方差，低于推荐的 50% 阈值。其次，我们分析了模型中变量的方差膨胀因子（VIF）值。VIF 值超过 3.3 被认为是共线性和潜在 CMB 污染的指标[366]。结果显示，本章研究中所有 VIF 值均低于 2.3，表明数据中不存在 CMB 相关问题。最后，我们使用了常见潜在因子方法，通过引入一个潜在变量，使所有调查项目都加载该潜在变量[367]。然后比较了包含和不包含该潜在变量的模型的标准化回归权重。结果表明，权重差异不超过 0.1，进一步表明 CMB 不是本数据集的问题[367]。

6.4.2　信度与效度

我们使用 SPSS 24 和 Amos 21 对模型的可靠性与效度进行了检验。如表 6 - 1 所示，所有变量问项的 Cronbach's α 系数介于 0.755 ~ 0.899，明显满足 0.70 的推荐阈值[368]。因此，模型中的所有变量问项均通过了可靠性检验。

表 6 - 1　　　　　　　　　　　　　信度和效度

变量	问题	因子载荷	Cronbach's α	CR	AVE
感知价值	PV1	0.763	0.859	0.861	0.609
	PV2	0.796			
	PV3	0.848			
	PV4	0.708			
临场感	TP1	0.734	0.899	0.899	0.641
	TP2	0.810			
	TP3	0.828			
	TP4	0.831			
	TP5	0.797			

续表

变量	问题	因子载荷	Cronbach's α	CR	AVE
感知可信度	PC1	0.734	0.825	0.826	0.542
	PC2	0.756			
	PC3	0.720			
	PC4	0.735			
自我认同感	SI1	0.764	0.882	0.887	0.665
	SI2	0.863			
	SI3	0.884			
	SI4	0.740			
采纳意愿	AI1	0.705	0.755	0.759	0.512
	AI2	0.736			
	AI3	0.705			

为了评估收敛效度，我们采用了福内尔（Fornell）和拉克尔（Larcker）提出的检验方法[283]。如表6-1所示，所有变量问项的平均方差提取（AVE）值显著高于福内尔和拉克尔提出的0.50的阈值。此外，所有项目的因子负荷量均大于0.705，超过了0.70的可接受水平检验。这表明所有变量问项均具有可接受的收敛效度。

此外，我们通过福内尔和拉克尔提出的标准以及异特质-单特质比率（HTMT）评估了区分效度[283]。福内尔和拉克尔认为，潜在变量的相关系数应小于其AVE值的平方根[283]。如表6-2所示，所有潜在变量的相关系数均未超过其AVE值的平方根。因此，我们可以得出结论，问项的区分效度通过了检验。

表6-2　　　　描述性统计、相关矩阵、可靠性和AVE的平方根

变量	M	SD	1	2	3	4	5
1. 感知价值	3.310	0.687	**0.780**				
2. 临场感	3.819	0.739	0.008	**0.801**			
3. 感知可信度	3.346	0.577	0.614**	0.432**	**0.736**		
4. 自我认同感	2.977	0.803	0.100	0.111*	0.144**	**0.815**	
5. 采纳意愿	3.374	0.522	0.546**	0.257**	0.543**	0.532**	**0.716**

注：*表示$p<0.05$，**表示$p<0.01$。对角线上字体加粗的值为变量AVE值的平方根。

根据 HTMT 方法，如果 HTMT 值小于 0.85，则问项的区分效度是可接受的[369]。表6-3展示了 HTMT 检验的结果，所有结果均低于推荐的 Kline 阈值 0.85。此外，置信区间（CIs）的上下限都不包括 1，进一步确认了变量的区分效度。

表6-3　　　　　　　　　　Heterotrait-monotrait 比率

变量	1	2	3	4	5
1. 感知价值					
2. 临场感	0.07 $CI_{0.95}$ [0.06, 0.154]				
3. 感知可信度	0.728 $CI_{0.95}$ [0.655, 0.796]	0.501 $CI_{0.95}$ [0.415, 0.583]			
4. 自我认同感	0.112 $CI_{0.95}$ [0.059, 0.23]	0.131 $CI_{0.95}$ [0.068, 0.234]	0.168 $CI_{0.95}$ [0.069, 0.276]		
5. 采纳意愿	0.677 $CI_{0.95}$ [0.596, 0.754]	0.314 $CI_{0.95}$ [0.21, 0.425]	0.688 $CI_{0.95}$ [0.6, 0.771]	0.654 $CI_{0.95}$ [0.563, 0.747]	

6.4.3　中介效应分析

在假设6-1和假设6-2中，我们假设感知价值会正向影响感知可信度，并且会正向影响个体的产品推荐采纳意图。在假设6-4中，我们提出感知可信度会在感知价值与采纳意图之间起到中介作用。我们采用了 PROCESS（模型4）来检验上述假设。首先，在模型1中，我们发现感知价值与感知可信度之间存在正向关联（$\beta = 0.498$，$t = 13.696$，$p < 0.001$），如表6-4所示。其次，我们通过检验模型2发现感知价值能够显著预测采纳意图（$\beta = 0.405$，$t = 11.694$，$p < 0.001$）。最后，当将感知价值和感知可信度一起作为预测变量时，感知价值（$\beta = 0.257$，$t = 6.368$，$p < 0.001$）和感知可信度

（β = 0.298，t = 6.367，p < 0.001）都能显著影响采纳意图。为了进一步检验感知价值的间接效应，我们采用了基于95%偏差修正置信区间（CI）的自助法（bootstrapping）。结果显示，间接效应也显著为正（间接效应 = 0.148，95% CI = [0.099，0.204]），且感知价值对采纳意图的间接效应与总效应的比率为36.5%。因此，感知可信度在感知价值与采纳意图之间起到了部分中介作用。总之，假设6-1和假设6-2得到了数据的支持，而假设6-4得到了部分支持。

表6-4　　检验感知可信度在感知价值与采纳意图之间的中介作用

变量	模型1（PC）		模型2（INT）		模型3（INT）	
	β	t	β	t	β	t
性别	0.149	3.062**	0.014	0.307	−0.030	−0.675
年龄	0.275	1.105	0.101	4.238***	0.092	4.086***
FS	−0.015	−0.778	0.006	0.345	0.011	0.618
FW	−0.021	−1.131	−0.003	−0.199	0.003	0.162
PV	0.498	13.696***	0.405	11.694***	0.257	6.368***
PC					0.298	6.367***
R^2	0.396		0.331		0.396	
F	49.235***		37.124***		40.948***	

注：** 表示 $p < 0.01$，*** 表示 $p < 0.001$。FS，在线购物频率；FW，观看直播频率；PV，感知价值；PC，感知可信度；INT，采纳产品推荐的意图。

6.4.4　调节效应分析

在假设6-3中，我们提出沉浸感可能会调节感知价值与感知可信度之间的关系。在假设6-5和假设6-6中，我们假设自我认同感可能会调节感知可信度与采纳意图之间的关系，以及感知价值与采纳意图之间的关系。在控制了性别、年龄、在线购物频率和观看直播频率等因素后，我们使用PROCESS（模型28）进行调节中介效应分析。在每个模型中，我们都控制了性别、年龄、在线购物频率和观看直播频率变量，结果如表6-5所示。

表6－5　　　感知可信度作为中介作用，临场感和自我认同感作为
两个调节变量在感知价值—采纳意图关系的检验结果

变量	模型 4（PC）		模型 5（INT）		模型 6（INT）	
	β	t	β	t	β	t
性别	0.110	2.660 **	0.011	0.288	− 0.014	− 0.377
年龄	0.024	1.149	0.053	2.590 *	0.048	2.251 *
FS	− 0.012	− 0.742	− 0.004	− 0.227	0.005	0.342
FW	− 0.011	− 0.717	0.029	2.082 *	0.005	0.398
PV	0.485	13.888 ***			0.242	7.335 ***
TP	0.334	11.789 ***				
PV × TP	− 0.031	− 0.704				
SI			0.298	12.586 ***	0.287	12.879 ***
PC			0.409	12.046 ***	0.250	6.487 ***
PV × SI					− 0.106	− 2.520 *
PC × SI			0.111	2.777 **	0.190	3.895 ***
R²	0.570		0.531		0.600	
F	70.769 ***		60.590 ***		61.988 ***	

注：* 表示 $p < 0.05$，** 表示 $p < 0.01$，*** 表示 $p < 0.001$。FS，在线购物频率；FW，观看直播频率；PV，感知价值；TP，临场感；PC，感知可信度；SI，自我认同感；INT，采纳产品推荐的意图。

在模型4中，感知价值（β = 0.485，t = 13.888，p < 0.001，95% CI = [0.416，0.554]）和临场感（β = 0.334，t = 11.789，p < 0.001，95% CI = [0.278，0.389]）都与感知可信度呈正相关，但感知价值与临场感的交互效应对感知可信度的影响不显著（β = − 0.031，t = − 0.704，p > 0.05，95% CI = [− 0.118，0.056]）。在模型5中，感知可信度（β = 0.409，t = 12.046，p < 0.001，95% CI = [0.343，0.476]）和自我认同感（β = 0.298，t = 12.586，p < 0.001，95% CI = [0.252，0.345]）都与变量产品推荐采纳意图呈正相关关系。此外，感知可信度与自我认同感的交互效应（β = 0.111，t = 2.777，p < 0.01，95% CI = [0.032，0.189]）对产品推荐采纳意图的影响也显著。在模型6中，分析结果显示感知价值（β = 0.242，t = 7.335，p <

0.001，95% CI = [0.177，0.307])、感知可信度（β = 0.250，t = 6.487，p < 0.001，95% CI = [0.174，0.325]) 和自我认同感（β = 0.287，t = 12.879，p < 0.001，95% CI = [0.243，0.330]) 都与产品推荐变量采纳意图呈正相关关系；感知可信度与自我认同感的交互效应（β = 0.190，t = 3.895，p < 0.001，95% CI = [0.094，0.286]) 对产品推荐采纳意图的影响显著；感知价值与自我认同感的交互效应对产品推荐采纳意图的影响也显著，但系数为负（β = −0.106，t = −2.520，p < 0.05，95% CI = [−0.189，−0.023])。假设 6 − 6 提出"感知价值与采纳产品推荐的意图之间的关系受到自我认同感的正向调节"，因此假设 6 − 6 也未得到分析结果的支持。总之，假设 6 − 5 得到了数据分析结果的支持，但假设 6 − 3 和假设 6 − 6 未得到数据分析结果的支持。

图 6 − 2 展示了临场感对产品推荐的感知价值—感知可信度关系的调节效应，自我认同感对感知可信度—产品推荐采纳意愿的关系和对产品推荐的感知价值—产品推荐采纳意愿的关系的调节效应，以及感知价值对消费者采纳主播产品推荐意图的直接效应和间接效应。

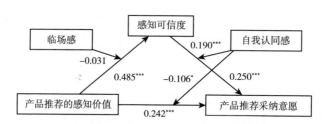

图 6 − 2 临场感和自我认同感在感知产品推荐价值与采纳产品推荐意图之间的直接和间接关系中的调节作用模型

注：* 表示 p < 0.05，*** 表示 p < 0.001。

为了更加形象地描述自我认同感的调节效应，我们用简单斜率分析以通过图形化的方式来探讨自我认同感调节效应的具体属性。首先，我们分别在低水平、中水平和高水平的自我认同感的情形下展示感知可信度和产品推荐采纳意图之间的关系（见图 6 − 3 和表 6 − 6）。简单斜率检验结果显示，当消费者具有高水平自我认同感（β_{simple} = 0.402；t = 7.260；p < 0.001) 和中等

水平自我认同感时（$\beta_{simple} = 0.250$；$t = 6.487$；$p < 0.001$），感知可信度能够显著预测采纳意图。相比之下，当消费者具有低水平自我认同感时，这一关系在统计学上变得不显著（$\beta_{simple} = 0.097$；$t = 1.779$；$p = 0.076$）。这些结果表明，感知可信度与采纳意图之间的关系在自我认同感水平较高时得到了强化。接下来，我们分别针对低水平、中水平和高水平的自我认同感，预测了感知可信度与采纳意图之间的关系，结果如图6－4和表6－7所示。简单斜率检验结果显示，无论是在高水平自我认同感（$\beta_{simple} = 0.157$；$t = 3.187$；$p < 0.01$）、中等水平自我认同感（$\beta_{simple} = 0.242$；$t = 7.335$；$p < 0.001$）还是低水平自我认同感（$\beta_{simple} = 0.328$；$t = 7.240$；$p < 0.001$）下，感知价值都能显著预测采纳意图。如图6－4所示，在高水平自我认同感的情况下（以实线表示），采纳意图的水平往往较高。图6－4还显示，当自我认同感较低时（以虚线表示），斜率较陡，而当自我认同感较高时（以实线表示），斜率则较平坦。这些结果表明，当自我认同感水平较高时，感知价值与采纳意图之间的正向关系会减弱。

表6－6　　　感知可信度在不同自我认同感水平下对采纳意图的影响

自我认同感	B	SE	t	p	Boot LLCI	Boot ULCI
M － 1SD	0.097	0.054	1.779	0.076	－ 0.010	0.204
M	0.250	0.039	6.487	0.000	0.174	0.325
M ＋ 1SD	0.402	0.055	7.260	0.000	0.293	0.511

注：LL，下限；CI，置信区间；UL，上限；M，均值；SD，标准差。

表6－7　　　感知价值在不同自我认同感水平下对采纳意图的影响

自我认同感	B	SE	t	p	Boot LLCI	Boot ULCI
M － 1SD	0.328	0.045	7.240	0.000	0.239	0.417
M	0.242	0.033	7.335	0.000	0.177	0.307
M ＋ 1SD	0.157	0.049	3.187	0.002	0.060	0.254

注：LL，下限；CI，置信区间；UL，上限；M，均值；SD，标准差。

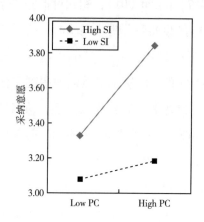

图 6-3 SI 对 PC-INT 的调节效应

注：PV，感知价值；PC，感知可信度；SI，自我认同感。

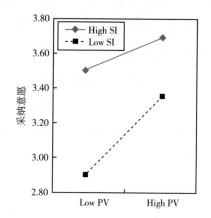

图 6-4 SI 对 PV-INT 的调节效应

注：PV，感知价值；PC，感知可信度；SI，自我认同感。

6.5 结果讨论

本章研究旨在探讨消费者在直播社区中对主播发出的产品推荐进行采纳的心理机制。为此，本章构建了一个带调节效应的中介模型，测试了感知价值对采纳意图的直接和间接影响、临场感在感知价值与感知可信度之间的调节作用，以及自我认同感在感知可信度与采纳意图之间、感知价值与采纳意图之间的调节作用。

首先，本章考察了感知价值与用户采纳产品推荐意图之间的关系。以往的研究表明，感知价值在旅游管理[370]和环境保护[371]等不同背景下，能够正向影响客户的行为意图。与先前的研究一致[322][370][371]，本章发现感知价值与用户采纳产品推荐意图之间存在正向关系（$\beta = 0.405$，$p < 0.001$）。这一发现将感知价值对客户行为意图影响的研究扩展到了直播环境中，展示了感知价值在线环境中消费者行为决策中的关键作用，验证了理性原则在消费者对在线信息采纳中的有效性。

其次，本章探讨了感知价值与感知可信度之间的关系。本章发现，感知价值能够显著影响感知可信度（β = 0.498，p < 0.001）。当个体能够感知到产品推荐的经济价值及其他价值时，他们更有可能对产品推荐产生积极的态度，即，他们会更加正面地对产品推荐进行评估，并倾向于相信这些产品推荐。以往的研究已经确认了感知价值与感知可信度之间的重要关系[372]。本章研究通过提供关于直播主题的实证数据，推进了先前的研究，突出了感知价值在塑造个体在线态度中的关键作用，并澄清了在线感知可信度形成的机制。

通过考察临场感在感知价值与感知可信度之间的调节作用，本章发现，感知价值（β = 0.485，p < 0.001）和临场感（β = 0.334，p < 0.001）均能够正向影响感知可信度。但是，当临场感与感知价值交互时，其交互效应未能显著影响感知可信度（β = -0.031，p > 0.05）。这一结果与之前的研究有所不同，很多之前的文献认为，临场感与感知价值的交互作用能够影响观众的感知可信度[336][337]。这些研究表明，体验更强临场感的个体，可能对产品信息的价值有更清晰的理解，因此他们的不确定性减少，从而对信任产品信息的信心增强。出乎意料的是，本章研究发现临场感的调节作用并不显著。一种可能的解释是，尽管临场感可能帮助观众更好地理解产品推荐的价值，但消费者的感知可信度主要受到产品推荐本身感知价值的影响。换句话说，临场感可能未能有效增强或削弱感知价值对感知可信度的影响。

分析结果还显示，感知可信度与个体采纳产品推荐意图之间存在正向关系（β = 0.298，p < 0.001）。这一发现与以往的研究一致，表明感知可信度能够预测个体的行为意图[187][343]。此外，本章还考察了感知可信度的中介作用，结果显示感知价值对采纳意图的总效应、间接效应和直接效应均得到了数据支持。感知价值对采纳意图的间接效应与总效应的比例为 36.5%。因此，感知可信度在其中起到了部分中介作用。这一结果强调了感知可信度在观众采纳产品推荐意图中的关键作用，进一步支持了可信度理论，强调了其对信息采纳的正向影响[373]。

本章研究还探讨了自我认同感对用户采纳产品推荐意图的影响。结果显示，自我认同感能够正向调节感知可信度与观众采纳产品推荐意图之间的关系（β=0.190，p<0.001）。也就是说，当观众的自我认同感水平较高时，感知可信度对个体采纳意图的影响会更强。这一结果进一步验证了感知可信度在直播环境中对用户行为意图的关键作用。本章还发现，自我认同感能够显著调节感知价值与用户产品推荐采纳意图之间的关系。出乎意料的是，回归系数为负（β=-0.106，p<0.05）。一种可能的解释是，感知价值与自我认同感之间存在替代效应。当自我认同感处于较低水平时，消费者的采纳意图主要依赖于他们所感知到的价值。然而，相较于自我认同感较低的时候，当自我认同感水平较高时产品推荐的感知价值在观众决定是否采纳产品推荐时的影响力较弱。换句话说，自我认同感的影响可能会削弱感知价值对采纳意图的作用。先前的研究已经发现了自我认同感的正向调节效应[356]。本章研究的结果进一步证实了之前的发现，并进一步揭示了自我认同感在直播环境下对消费者行为的复杂调节作用。

本章推进了当前对直播环境中消费者信息采纳行为的研究。现有关于直播背景下消费者行为的研究主要集中在顾客行为，如冲动购买[293][297]和环境管理[371]等方面。而关于产品信息在直播中的传播机制的研究相对较少。考虑到直播环境中产品信息传播模式的独特性，以及主播在影响消费者产品选择中的重要作用，深入探讨直播背景下消费者信息采纳的独特机制显得尤为重要。另外，本章通过实证数据证实了感知价值和感知可信度是影响用户在直播环境中采纳信息意图的关键决定因素。尽管已有研究证实了感知价值和感知可信度在消费者购买意图和品牌忠诚度等方面的作用，但对直播环境消费者信息采纳主题中关于感知价值和感知可信度的实证研究还较少。本章通过对从直播观看者中收集的数据进行分析，揭示了感知价值对消费者采纳信息意图的直接影响和间接影响，以及感知可信度作为一个中介因素如何调节感知价值与直播中产品信息采纳之间关系的机制。这一发现展示了价值—意图模型在消费者在线信息采纳研究中的适用性，并有助于更深入地理解价值—意图框架。此外，鉴于直播环境中消费者信息采纳的实际情况，本章在价值—意图框架中引入了两个新的变量：临场感和与主播的自我认同感。与以往文献不同，本章研究结果表明，临场感并未对感知价值与感知可信度之间的关系产生显著的调节作用，这为我们理解临场感在消费者行为中的作用提供了新的视角。同时，分析结果显示，自我认同感在感知价值与采纳意图，以及感知可信度与采纳意图之间的关系中具有显著的调节作用。这些结果支持了之前的研究发现，即个体的自我认同需求会影响其决策过程[355]，而消费者表达自我身份和验证自我身份的驱动力是推动其行为意图的关键动因[355]。此外，本章还将自我身份理论[374]扩展到社交电商这一主题，并为自我认同感在消费者在线决策过程中扮演的关键调节作用提供了实证证据。

　　本章的研究结果表明，感知价值是鼓励直播观看者采纳产品推荐的关键前因变量。正如价值—意图框架所示，个体通过比较与某个物体相关的收益与成本来评估事物的感知价值。在观看直播时，观众会投入时间、精力及其他资源。因此，为了提高直播观看者在观看直播时对主播产品推荐的感知价值，主播应该为直播观看者提供感知价值。例如，主播可以推荐高性价比的产品，分享产品性能的见解，讨论他们个人的使用经验，并推荐可靠的购买渠道等。此外，由于许多直播观看者观看直播是为了放松心情，建议主播在直播节目中适度加入娱乐元素。通过这种方式，主播的产品推荐将更容易被采纳。本章发现临场感与感知价值一起能够积极影响感知可信度。在传统电商环境下，消费者在线上购买产品时几乎不可能体验到所有细节，但直播使得消费者可以通过实时观看以及互动的方式体验产品的各维度特征。因此，主播应充分利用直播形式，从多个角度展示产品细节，并在直播过程中与观众进行实时互动。同时，本章研究表明，感知可信度在感知价值与采纳意图之间起到部分中介作用。因此，直播主播应重视产品信息的可信度以增强其产品推荐的说服力。此外，本章研究还证实了自我认同感在消费者采纳产品推荐意图中的重要作用。因此，主播可以通过与直播观看者建立情感联系，并在直播过程中创造独特的观看体验来激发观众的情感共鸣，增强观众的自我认同感。此外，在选择主播进行产品推广时，社交媒体经理不应仅根据主播的粉丝数量和与粉丝互动的频率来作出选择，而是应更多关注主播与粉丝之间的情感联系，以及主播与潜在客户之间的契合度。

6.6　本章小结

　　直播社区已成为产品信息传播不可或缺的渠道之一。直播主播的产品推荐在消费者购买决策中发挥着日益重要的作用。本章研究旨在探讨个体在直播中采纳产品推荐的心理机制。为此,本章采用了一个带调节效应的中介模型,测试了感知价值对消费者采纳主播产品推荐意图的直接影响和间接影响、感知可信度在感知价值与采纳意图之间的中介作用、临场感在感知价值与感知可信度关系中的调节作用,以及自我认同感在感知可信度与采纳意图之间的调节作用。研究结果表明,感知可信度在感知价值与采纳意图之间起到了部分中介作用,临场感能正向影响感知可信度,但未能显著调节感知价值与采纳意图之间的关系,自我认同感能够正向调节感知可信度与采纳意图之间的关系,但对感知价值与采纳意图的关系起到了负向调节作用。

第7章

产品推荐新发展：人工智能产品推荐

随着人工智能技术的快速发展，人工智能产品推荐在产品营销领域占据着越来越重要的位置。产品推荐已经有从之前人际驱动、在线媒体驱动转为更加智能化和个性化算法驱动的趋势。通过机器学习和数据分析，AI能够精准捕捉消费者的行为与偏好，实现高度定制化的推荐体验。这不仅提升了用户的购物体验，也大幅提高了产品的销售转化率。人工智能产品推荐作为一种新兴的发展趋势，正开始在电子商务和在线娱乐等领域扮演着越来越关键的角色，对消费者产品和服务的购买心理和购买行为也产生了革命性影响。本章探讨了人工智能产品推荐的发展背景、人工智能对产品营销的影响、人工智能产品推荐的缘起、人工智能产品推荐的机制、人工智能产品推荐的特征，以及人工智能产品推荐的伦理问题和治理建议。

7.1 发展背景

自1956年麦卡锡（McCarthy）在达特茅斯会议上首次提出人工智能这一概念以来，人工智能技术，凭借其卓越的连接能力和革命性的应用前景，受到了越来越多的关注[375]。特别是近年来，随着计算机软硬件能力、大数据技术、机器学习等技术的不断进步，人工智能越来越被视为引领各行各业进行智能化改造的底层技术。和其他领域一样，产品营销领域也不可避免地受到了人工智能的影响[376]。

人工智能是指利用自然语言处理、神经网络和深度学习等技术，通过读取外部数据并从中学习，灵活适应和利用这些学习成果以实现特定目标和任务的系统[377]。人工智能可以模拟、扩展和增强人类的行为。阿布拉迪（Abrardi）等认为，人工智能是"基于机器学习的预测技术"，人工智能可以"通过发现数据中的复杂结构和模式来生成新的知识"[378]。维尔茨（Wirtz）根据人工智能发展的水平将其划分为三种类型，即弱人工智能（narrow AI）、强人工智能（artificial generalized intelligence）和超级人工智能（artificial super intelligence）[379]。弱人工智能，也被称为机械人工智能，是人工智能发展的初期阶段。它能够在一定程度上进行学习和适应，主要用于提升效率和减少可变性，比较擅长标准化的程序和服务。与弱人工智能相比，强人工智能更加擅长从数据中学习并进行适应，在决策制定的准确性和灵活性上有了较大进步。因此，强人工智能擅长通过数据挖掘和自适应学习，运用整体性思维并根据具体情境提供决策辅助和个性化服务。超级人工智能具备自主性和自我意识，其逻辑推理水平和其他维度智能水平甚至超过了人类，能真正理解人类情绪，并能像人类一样具有准确的情绪反应[379]。经过多年的发展，就目前的人工智能发展水平来说，应该还处于强人工智能的第一个发展阶段。

生成式人工智能（generative artificial intelligence）是人工智能的一个分支。生成式人工智能基于机器学习算法，可以创造性地生成文本、图像及音视频等内容。与传统规则驱动型的人工智能不同，生成式人工智能不仅具备数据理解与分析的能力，还可以在不给定明确指令的情况下，通过学习已有数据中的模式，生成全新的原创性的内容。生成式人工智能的基础原理是通过对大数据进行学习，识别出其中的模式与规律，并在此基础上创造出新的数据。这一能力主要源于深度学习中的生成模型，使之能够从现有数据中提取有效信息和知识，并创造性地生成全新内容。

常见的生成模型有生成对抗网络、自回归模型和扩散模型等。生成对抗网络主要包含两个神经网络——生成器和判别器。生成器通过随机输入生成数据，而判别器则对这些数据是否与真实数据相似进行评估。在训练过程中，这两个网络不断生成对抗，生成器不断优化以生成更为真实的数据，而判别器则通过不断计算以提高对高质量数据的识别能力。通过不断地对抗和博弈，生成对抗网络能够生成高质量的全新文本等内容。自回归模型主要用于生成具体任务，通过利用前一个输出值来生成之后的数据。自回归模型能够识别复杂的长程依赖关系，从而生成序列数据，在自然语言处理和序列数据建模中使用广泛。扩散模型通过模拟图像生成过程中逐步加入噪声的过程，学习数据的分布规律，并能够从噪声中重建出清晰的图像，比较擅长生成创造性的图像内容。

　　近年来，随着人工智能技术特别是生成式人工智能技术的迅速发展，各行各业都加快了智能化转型的步伐。在营销领域，生成式人工智能因其具有强大的自然语言理解能力和自然语言文本生成能力，能够实现与用户进行高质量的交互，这不仅正在改变消费者对产品和服务的购买心理与购买行为，也正在深刻地影响企业市场营销的方式，以及企业与消费者之间的互动模式。人工智能产品推荐，通过结合深度学习、数据挖掘、语义理解等技术，有逐渐取代传统营销方式的趋势。通过人工智能产品推荐，消费者获得了更加个性化和智能化的购物体验。很多产品品牌、电商平台和社交媒体平台，通过使用诸如 ChatGPT，Google 智能助理，Amazon Alexa，淘宝问问，抖音 AI 购物小助手，京言 AI 助手等生成式人工智能应用，通过与用户进行对话的方式给消费者进行个性化的产品推荐。人工智能产品推荐可以通过分析消费者的个性特点、购物历史、浏览习惯和兴趣等为用户推荐相关产品。现阶段常见的方式是通过文字或语音在生成式人工智能聊天机器人页面输入关键购物指令，由聊天机器人推荐产品并对产品的特征进行描述和评价。人工智能产品推荐的广泛使用象征着数字营销领域的一次深刻革命，通过其个性化、互动化与智能化的产品信息推荐正在重塑未来零售业的格局。

7.2　人工智能对产品营销的影响

　　人工智能正在对产品营销领域产生深刻影响，正推动整个产品营销行业进入全新的智能化时代。

首先，人工智能借助机器学习和深度学习算法，通过分析和处理大量消费者数据，能够精准识别用户的兴趣、行为模式和购买习惯，从而为用户提供量身定制的个性化推荐服务。AI 通过深入分析用户的历史行为、浏览记录、搜索关键词、购物偏好，以及社交媒体上的互动内容等多维度数据，能够更好地理解用户的需求和偏好。基于这些数据，人工智能系统能够不断训练预测模型，不断优化预测能力，更加精准地预测用户未来需求变化，并实时调整推荐内容。例如，Netflix 通过分析用户的观看历史、评分和搜索记录，为用户推荐电影和电视剧，京东、抖音等电商平台通过人工智能对话机器人向用户推荐其可能感兴趣的商品或服务。这些个性化的推荐不仅能大大节省消费者在海量商品中搜索和筛选的时间，还能帮助消费者更迅速地找到适合的产品，降低产品选择时的心理压力。精准的产品推荐不仅提升了购物的便利性，还能有效改善用户的购物体验和满意度。当消费者能迅速找到自己感兴趣的产品时，他们的购物决策会变得更加高效，销售商的购买转化率水平也因此会提高。如果被推荐的产品是消费者感兴趣的同时也与其购买能力相匹配时，消费者更容易被推荐的产品所吸引，从而增加购买的可能性。个性化的产品推荐可以改善用户体验，增加消费者黏性，提升用户—产品和用户—企业的链接强度，以及用户忠诚度。

其次，人工智能为企业提供了强大的营销决策支持和决策优化功能，帮助企业在复杂多变的市场环境中作出更加精准、高效的决策。借助大数据分析，人工智能可以实时获取并处理来自不同渠道的大量数据，包括市场需求、消费者行为、社交媒体互动、竞争态势等多维度信息。通过深度学习和模式识别技术，人工智能能够从海量数据中洞察潜在趋势和规律，帮助厂商更好地理解消费者的需求变化、预测市场发展趋势，并及时调整营销策略。人工智能不仅能够分析结构化数据（如销售数据、用户点击量、购买记录等），还可以处理非结构化数据（如社交媒体评论、用户反馈、图像和视频数据等），从中提取有价值的信息。这种跨数据类型的分析能力，使得人工智能能够全面地把握市场动向，并挖掘出消费者行为背后的深层次模式。例如，人工智能可以识别出消费者在特定时期的偏好变化，了解哪些产品和服务在不同的市场细分群体中更具吸引力，进而提供更加精准的营销方案。基于历史数据，机器学习算法能够通过预测分析，估算未来的销售趋势、市场需求波动以及消费者购买行为变化。通过对历史销售数据的深度学习，人工智能不仅能预测产品的需求峰值、销售季节性，还能优化库存管理、定价策略和资源配置，从而减少库存积压、提高供应链效率，确保营销活动与市场需求高度契合。与此同时，人工智能能帮助企业动态调整营销策略，避免因市场变化或消费者兴趣波动而导致的营销失效。并且人工智能能模拟不同的决策场景，并预测不同决策路径可能带来的结果。例如，通过构建模拟模型，人工智能可以帮助厂商评估在不同市场环境下推出新产品、调整价格或实施促销活动的效果。通过对比多种决策方案的潜在效果，企业可以选择最具前景的营销策略并付诸实践。与此同时，人工智能还可以根据实时反馈数据，如产品销量、消费者评价、产品购买率等，持续优化决策过程，确保营销策略一直处于最优状态。

此外，生成式人工智能驱动的对话机器人和虚拟助手已经成为企业营销的重要组成部分，能够二十四小时无间断提供高效、精确的售前、售中和售后支持。通过集成先进的自然语言处理（NLP）、语音识别、情感分析等技术，这些人工智能系统可以与消费者进行自然、流畅的对话及互动。无论是用户提出的问题、疑虑，还是对产品的需求，智能客服都能够迅速理解并作出回应，显著提高了客户的服务体验。人工智能客服的一大优点是其基于大数据和机器学习模型，可以深入分析消费者的历史行为、购买记录、搜索偏好等数据，从而理解用户的个性化需求。这使得人工智能不局限于回答用户的基本问题，还能预测并主动提供相关的信息和建议。例如，在售前阶段，AI可以根据用户的浏览记录、对产品的评价和以往购买的品类，推荐最符合用户需求的商品，帮助消费者作出决策。而在售中阶段，虚拟助手可以处理订单查询、支付问题、库存情况等一系列事务，快速解决用户的实时需求，提高交易效率和客户满意度。在售后服务方面，人工智能能够自动识别并解决常见的售后问题，如退换货、退款进度查询、维修服务等，并能根据用户的反馈不断优化服务流程。对于复杂的问题，人工智能客服能够智能判断并将用户引导至人工客服或提供相关的解决方案，确保服务不中断且高效。人工智能不仅能解决常规问题，还能够通过情感分析技术识别用户情绪的变化。如果人工智能判断到用户在与其交互时表现出焦虑或不满的情绪，它可以主动调整沟通方式，选择最佳方案进行回应。此外，人工智能驱动的虚拟助手还能够进行个性化沟通。通过不断积累与用户互动的历史数据，人工智能能够逐渐了解每个用户的偏好、问题类型以及对解决方案的接受度，从而为每位用户量身定制更精准的回答与建议。例如，对于经常购买某类产品的用户，当有相关的促销活动时人工智能可以主动发送信息进行提醒；对于经常咨询售后服务的用户，人工智能可以提前了解其常见问题，并快速提供最优解决方案。与人工客服不同的是，人工智能可以同时处理大量客户请求，减少了客户等待时间。同时，人工智能可以做到 24×7 在线，克服时间和空间的局限性，给予用户最及时的回应和帮助。

最后，人工智能将在消费者关怀和客户关系维持方面起到重要作用。人工智能机器人可以自动化完成包括客户沟通、跟进服务、主动寻求客户反馈，以及处理客户的投诉和建议等多项任务。通过自然语言处理（NLP）和情感分析技术，人工智能能够与顾客进行流畅的互动，并且根据具体情境和顾客情绪变化进行适应性调整。智能机器人可以主动向消费者发送提醒信息，比如订单进度、交货时间或促销活动等，并在顾客购买后定期询问服务反馈，确保客户良好的购买体验。若客户遇到问题，人工智能能够根据预设的规则和数据支持，迅速提供解决方案，提供无缝的客户维护服务，从而提升客户的满意度和忠诚度。

7.3 人工智能产品推荐的缘起

人工智能产品推荐通过结合深度学习、数据挖掘、语义理解等技术，正在对传统在线营销产生革命性影响。传统在线口碑（eWOM）营销方式将逐渐转型为人工智能产品推荐。通过人工智能驱动的智能机器人或购物助手，消费者可以获得智能化、个性化和定制化产品推荐服务。

　　传统在线口碑营销主要通过社交媒体平台、评论网站、电商平台等渠道传播消费者之间的产品购买和使用体验、意见和建议。通过让消费者之间彼此分享真实的产品感受，从而帮助潜在产品购买者作出购买决策。在一定程度上，eWOM 确实能够提高产品及品牌的可信度和曝光度，因为消费者往往更信任其他消费者的评价。这种基于用户体验的营销方式，帮助品牌获得了更大的信誉度，并为消费者提供了更多选择和购买决策参考。然而，随着eWOM 营销的广泛应用，信息量的庞大和来源的多样化，也带来了显著的问题。首先，消费者面临严重的信息过载。在社交媒体和各类在线平台上，产品的评价和讨论数以万计，消费者在作出选择时常常被海量的产品意见所淹没，难以有效地筛选出有价值的信息。特别是在某些产品类别中，不同用户的需求、偏好和使用体验差异很大，这使得即便是获得了真实产品评论，这些评论对不同的消费者也会产生不同的影响。而由于海量和多样产品信息的存在，消费者往往会产生选择困难现象，难以辨别哪些产品评价对自己最有帮助。这种信息过载不仅让消费者的购买决策变得更加复杂，还导致了"选择疲劳"。在过多的产品评价和产品反馈中，消费者可能会感到迷茫甚至无所适从，无法高效地作出有效决策。另外也有一些产品 eWOM 的内容过于复杂或缺乏深度，使得消费者难以快速判断产品是否能满足自己的需求或期望，这也影响了消费者的整体体验。

　　同时，eWOM 的可信度也正在被越来越多的消费者怀疑。许多厂商为了提升产品口碑、增加销量，采取了雇佣虚假产品用户或给真实用户赠送礼品等方式来制造非真实的产品评论或产品评分。这些虚假或夸张的 eWOM 可能通过虚构的使用体验和夸张的产品推荐语言等来影响潜在消费者的购物决策。这些虚假口碑信息严重影响了消费者对产品的判断，从而使消费者作出不合适的产品购买决策。消费者往往难以辨别那些口碑信息的真假，特别是在面对大量类似的看起来合理的正面口碑评价时，消费者会因无法辨别而导致选择困惑。这不仅损害了消费者的利益，也对品牌声誉造成了潜在的危害。一方面，虚假的 eWOM 会使一些质量不高甚至是不合格的产品获得高评价，掩盖其质量缺陷，从而造成消费者的误购；另一方面，随着消费者对虚假评论的逐渐敏感，他们可能会对所有 eWOM 产生怀疑，从而导致对传统口碑（WOM）营销的整体信任危机。

随着人工智能技术的快速发展，基于大数据分析、机器学习和自然语言处理技术的智能产品推荐呈现出逐渐取代传统 eWOM 的趋势。由人工智能驱动的智能机器人或购物助手不仅能够收集并分析大量用户数据，还能够根据用户的行为模式、兴趣爱好、购买历史以及实时互动等信息，提供精准的个性化推荐。这种基于人工智能的产品推荐服务，使得消费者能够迅速找到与自己需求高度契合的商品，避免了信息过载和选择疲劳的困扰。一方面，人工智能能够实时分析消费者的兴趣和需求，提供更具个性化的推荐。通过消费者的浏览历史、购买记录以及在平台上的互动行为，人工智能可以识别出消费者的产品类别偏好、品牌风格、对价格的敏感度等。另一方面，基于生成式人工智能的对话机器人或购物助手可以利用深度学习和自然语言处理技术，与消费者进行自然、流畅的对话和交互，不仅能提供即时的产品信息，还能够根据用户的需求和情感反应，不断实时优化产品推荐。随着用户互动数据的不断积累，人工智能产品推荐系统还可以持续学习并不断升级产品推荐模型，使得推荐的产品变得越来越精准、人性化与智能化。

人工智能产品推荐是随着人工智能技术的发展而逐渐出现的一种新的营销方式，是传统的 eWOM 的升级。人工智能产品推荐不仅弥补了传统 eWOM 的不足，还为产品营销带来了智能化的新体验。通过个性化推荐，人工智能不仅提高了消费者购物决策效率，还增强了客户满意度和品牌忠诚度。可以预见，人工智能产品推荐将推动在线零售、产品推广等行业的智能化转型，为品牌营销带来全新的智能化模式。

7.4 人工智能产品推荐的机制

人工智能产品推荐的机制包括感知、理解、学习和行为等多个维度。

感知主要指信息的收集与数据的获取。感知是人工智能产品推荐的第一步，主要涉及对用户和环境的感知能力，即通过各种方式方法获取相关用户的信息和外部环境的数据，包括结构化数据和非结构化数据。在这一阶段，系统需要从不同的渠道收集关于用户行为的数据，并将这些数据转化为可以分析的信息，包括用户行为数据和语境信息等。用户行为数据多为非结构化数据，如用户偏好数据等，是产品推荐最重要的感知信息来源。物联网和传感器等技术的发展使得监测和追踪人类感官（视力、听力、味觉、嗅觉和触觉）成为可能，这使动态和实时获取用户数据成为可能[380]。通过追踪消费者行为，人工智能能获取关于消费者偏好的第一手资料。语境信息包括时间季节因素、地理位置信息和设置信息等。人工智能产品推荐的个性化和定制化都依赖于感知所获得的信息，人工智能产品推荐的结果质量也取决于可用数据的量和可用数据的准确性。

理解主要指数据分析与模型建构，包括用户画像构建、内容理解与建模、环境理解等。用户画像是人工智能进行产品信息推荐的基础步骤。用户画像是对用户个性、偏好、兴趣和行为的全面描述，它包括多个维度的特征，包括个人信息，如年龄、性别、职业、收入等，也包括用户行为特征信息，如浏览历史、购买历史、搜索习惯等，还包括用户的兴趣和偏好等信息。内容理解与产品建模包括特征提取、语义分析和环境理解。特征提取主要指通过对产品的属性、描述、分类等信息进行提取，构建产品的特征向量。语义分析是通过自然语言处理技术，人工智能可以对产品的描述、标题和评论进行情感分析和语义理解。通过用户与产品的互动数据，系统可以建立用户与产品之间的关联模型，揭示产品间的相似性和关联性。环境理解是指推荐系统对外部环境的感知和分析。在动态的环境中，推荐系统需要考虑到多种因素的变化，如市场趋势、时间天气变化、用户偏好、需求变化等。

学习主要指算法优化。学习阶段通过算法对所收集数据进行深度分析和模型训练。深度学习能够通过神经网络模型对海量数据进行高效的特征学习，学习结果可以提升产品推荐的精度和针对性。常见的深度学习模型包括卷积神经网络（CNN）、递归神经网络（RNN）、自注意力机制（如 Transformers）等。强化学习是一种通过与环境交互不断优化决策的学习方法，通过不断调整推荐策略，以优化用户体验，最大化消费者的长期满意度。人工智能产品推荐本质上是个性化和定制化的决策结果。决策的个性化和定制化直接依赖于对数据的深度分析和模型训练结果。

行为主要包含用户反馈与产品推荐优化。用户反馈分为显性反馈和隐性反馈两种形式。显性反馈是指用户主动表达的反馈，例如点击、购买等。这些反馈能够为推荐系统提供直接的指导作用。隐性反馈是指用户通过行为间接表达的反馈。例如，用户浏览某个商品但未购买，可以据此对用户行为信息作出一定推测，比如决策犹豫、购买兴趣转变等。相对来说，隐性反馈的信息具有间接和庞杂的特点，传统决策工具解读起来较为困难，人工智能为解读隐性反馈信息提供了契机。产品推荐优化是指人工智能根据所反馈的信息，不断迭代优化其推荐策略，以改进产品推荐的最终效果。

7.5 人工智能产品推荐的特征

7.5.1 个性化和精准性

个性化指的是通过分析用户的历史行为、偏好、兴趣等信息，为用户提供符合其个性化需求的推荐内容。个性化产品推荐的核心在于从大量的商品或信息中筛选出用户最可能感兴趣的内容，从而提高用户的满意度和平台的转化率。个性化推荐的核心价值在于为用户提供更符合其需求和兴趣的产品推荐。人工智能个性化产品推荐能通过分析用户的购买历史、浏览记录以及其他相关数据，为用户推荐他们可能感兴趣的商品，从而增加购买的可能性。

精准性是指通过分析和优化模型，精确地为用户推荐最可能感兴趣或最适合的产品或服务。精准推荐不仅要求能够识别用户的明确偏好，还需通过模型训练将潜在需求与实际推荐结果相匹配。传统购物平台单纯基于类别或产品销售热度为用户进行产品推荐，忽略了用户的个性化特点和产品与用户之间的匹配度，不可避免地产生大量低质量产品推荐。人工智能产品推荐通过提高产品推荐的准确度，可以减少用户接收到的信息噪音，减少用户的感知信息过载，进而减少用户选择困惑，提高用户决策效率。

7.5.2 同步性

电子口碑（eWOM）主要依靠用户之间生成产品评价或产品推荐内容，内容主观性强且一般具有一定的情感倾向，反映了消费者的主观体验。eWOM 具有一定的滞后性特征，即用户对产品的购买、使用等需要一定的时间，另外评论、反馈行为等也需要一定时间。而人工智能产品推荐基于结构化的用户行为数据和预测算法，通常依赖实时数据进行推荐策略调整。当用户通过生成式对话机器人进行产品选择或产品购买咨询时，生成式人工智能对话机器人更好地理解了用户特征和用户需求，不需要太多时间对对话内容进行思考及反思。同时，生成式人工智能通过算法分析消费者的过去偏好、态度和选择，并不断与外部市场趋势等变量进行匹配，并进行大量逻辑推演以预测消费者未来的潜在需求。因此，其对用户指令的回应是即时的、同步的。

7.5.3 拟人化

拟人化（anthropomorphism）是指将非人类事物或现象赋予人类的特征、情感、行为和意图的过程。在人工智能领域，拟人化表现为通过赋予机器或系统类似人类的行为和情感，使其在与人类互动时更加自然和亲切。随着技术的进步，特别是生成式人工智能的出现，拟人化在产品推荐中的应用逐渐成为提升用户体验和系统交互质量的关键因素。生成式人工智能通过深度学习和自然语言处理技术，能够生成拟人化的内容，并与用户进行高效互动。与传统的规则型系统相比，生成式人工智能能基于用户的历史数据、实时输入数据及情感反馈，进行动态的个性化产品推荐，并在互动过程中体现出拟人化行为，从而提升了用户的感知参与感并增加了产品推荐的亲和力。

拟人化主要通过赋予人工智能以个性、情感等人为特征来增强产品推荐的亲切感和互动感。拟人化不仅是人工智能产品推荐技术设计的需要，也是消费者在心理学和社会学维度的需求。人类天生倾向于与拟人化的对象建立联系。拟人化概念最早源于心理学，特别是儿童心理学和人机交互心理学。根据心理学理论，人类具有强烈的"社会本能"，即在与环境互动时，倾向于将人类特征投射到其他物体或系统上，这一现象被称为"拟人化效应"（anthropomorphism effect）。当非人类对象（如机器人、虚拟助手等）展现出类人行为时，人们会倾向于赋予这些对象人类的意图、情感和个性。消费者行为学研究表明，用户在作出购买决策时，不仅依赖理性分析，还受到情感和社交因素的影响。拟人化能够通过模拟人类的情感表达和社交互动，使推荐系统具备类似人类的"情感响应"，从而影响用户对产品推荐的接受心理及决策行为[381]。多数学者认为，人工智能产品推荐的拟人化能增强用户对生成式人工智能聊天机器人的接受度，并增加用户对产品和品牌的好感度[381]。但也有学者认为，过度拟人化会导致用户的焦虑和不适，从而引发消费者的负面心理反应[382]。

7.5.4　情感融入

随着自然语言生成、情感分析与处理等技术的发展，人工智能可以识别、理解、模拟和表达类似于人的情感。与传统电商平台和社交媒体平台不同的是，人工智能产品推荐逐渐融入了情感因素，具有了情感融入的特点。情感融入指的是在与用户的交互过程中，通过对用户情感的识别与理解，使产品推荐能够在传递产品信息的同时，传递情感维度的信息，使用户产生情感上的共鸣与认同，从而增加用户的参与感和互动性，提升用户对产品推荐的接受度。生成式人工智能可以通过对用户输入内容（如文字、语音、社交媒体内容等）进行情感分析，识别用户情感状态、情绪变化及个性特征，进行基于情感驱动的产品推荐。

人工智能产品推荐实现情感融入的方式主要包括情感化语言与语气，以及用户界面（UI）设计中融入带情感色彩的元素。人工智能可以调整语言的表达风格，使其更贴近人类的情感交流方式。一旦在交互过程中识别出了用户的情绪，人工智能可以调整产品推荐的语言内容、语言风格，如语气和语速等，使其更贴近于人类的情感交流方式，从情感层面对用户进行适当的情感反馈。例如，当用户感到沮丧时，人工智能可以使用温暖和鼓励的话语，提供情感关怀和心理安慰。在 UI 设计中加入带有情感色彩的元素也是产品推荐实现情感融入的重要方式。比如，在设计聊天机器人的形象时，可以通过加入适当的色彩和动画等来对消费者情绪状态进行回应或暗示，从而使消费者产生积极的情感联想。

情感融入是发展人与人工智能关系的关键影响因素。情感融入能积极影响消费者对人工智能聊天机器人所发出信息的接受意愿[383]。产品推荐情感化的核心在于使产品推荐结果不仅能够满足用户对产品信息的基本需求，还能在情感层面与用户建立链接，从而提升消费者对产品推荐的接受度。情感因素是消费者在产品信息处理过程中不可忽视的因素，对消费者产品信息的处理方式和处理结果具有显著影响[384]。很多时候消费者会基于情感反应来作出其行为决策，而非仅仅依赖理性判断[384]。当消费者对某一产品信息产生正面情感时，对此产品信息会有更加积极的态度，对信息的接受度也相应会提高。当消费者感受到聊天机器人的情感特质时，互动意愿会增加，从而影响其对聊天机器人所发出信息的心理反应和决策过程[385]。反之，如果消费者对信息产生负面情绪，消费者则可能会主动屏蔽该信息，或者不会重视此信息所传达的内容。情感化的沟通能够帮助消费者感受到品牌或商家的人文关怀，具有情感融入特征的产品推荐能使消费者产生亲切感和归属感，进而增强他们对产品和品牌的信任度。

7.6 人工智能产品推荐的伦理问题

7.6.1 隐私问题

人工智能产品推荐一般通过机器学习算法对大量用户数据进行分析，进而预测和推荐用户可能感兴趣的产品或服务。数据收集与分析是人工智能进行产品推荐的第一步。人工智能可以通过用户的浏览记录、购买历史、搜索关键词、点击行为、社交媒体以及历史互动行为等方式收集大量数据。

人工智能产品推荐可能产生的隐私问题包括个人数据的过度收集、用户知情权不足、隐私泄露的风险、数据滥用、通过个人数据对用户进行操控等。人工智能产品推荐需要收集大量的个人信息，如位置、年龄、性别、消费习惯、健康状况、社会关系和个人喜好等，才能实现产品推荐的精准化和个性化。这些数据很多时候是在用户并未完全意识到数据被收集的情形下收集的。如果这些数据被大量用于建模和分析，并用于商业用途，可能会产生相关伦理问题。随着数据量的增加，用户数据的存储和管理面临的风险也在增加。如果平台的数据安全风险防范不到位，黑客攻击、数据泄露等事件就可能发生，从而导致用户的个人信息被泄露。另一个潜在的隐私风险是数据的滥用。大量用户数据被收集后，人工智能平台或企业不仅可以将用户数据用于产品推荐，也可以将用户数据用于广告信息骚扰、大数据杀熟等用途，甚至在未经用户同意的情况下将数据出售给第三方。这种行为不仅侵犯了用户的隐私权，也可能会导致负面的社会影响。

7.6.2　算法偏见

人工智能产品推荐的算法偏见通常指在人工智能产品推荐算法模型的设计、数据选择或数据处理过程中，某些系统性偏差导致算法作出的决策和推荐在某些群体或个体中存在不公正或不平等的倾向[386]。算法偏见通常表现为某些用户群体或某些产品在推荐中被过度重视或被系统性忽视，从而影响了用户体验和公平性。

算法偏见包括内容偏见和群体偏见等。内容偏见是指产品推荐倾向于推荐与用户历史行为或兴趣相符的内容，而忽视了其他可能的选择。这种偏见导致了产品信息的单一性，限制了用户的多样性选择。群体偏见是指某些用户群体可能由于性别、年龄、种族等而被系统性忽视或被系统性过度推荐某类产品，这种偏见一般来源于所收集数据的偏见，比如某些群体的数据被大量收集或分析，他们的产品偏好会在产品推荐中得到强化和放大，从而导致人工智能产品推荐出现系统性偏差，某些人群的产品需求被忽视，群体偏见也因此产生。

7.6.3　人工替代问题

人工智能产品推荐可能会导致很多传统营销岗位人员的失业[387]。人工智能技术的发展使得许多过去需要人工操作的工作可以被自动化完成。在产品推荐和信息处理领域，人工智能能高效地分析数据并快速作出决策，这使得许多岗位不再需要人工干预。传统线下销售人员根据顾客的需求进行产品推荐。而人工智能产品推荐通过对大数据的分析，能够更加精准地预测用户的偏好，并自动化地进行推荐，减少了人工参与的需求。这使得很多依赖人工判断的工作岗位特别是低技能、重复性强的营销岗位面临着被人工智能取代的风险。

此外，数据分析与处理岗位也有被替代的风险。人工智能可以在瞬间处理大量数据，并通过预测模型提供更加精准的信息和分析结果。随着人工智能技术的不断发展，大量数据分析、市场调研、客服支持等工作岗位将可能被人工智能产品推荐所取代。

7.6.4　依赖问题

在互联网时代，各类信息在互联网上每时每刻都在爆炸式增长，信息过载是每个人都在面临的问题。由于生活的快节奏，当需要对备选信息进行选择时，大多数人无法投入大量时间和精力去对每一项选择进行深入的分析与比较。人工智能产品推荐通过将最相关最合适的信息直接呈现给用户，从而极大地简化了商品信息搜寻、商品信息筛选和商品信息选择的过程。

这种简化的商品信息决策过程也可能会导致用户形成对人工智能产品推

荐的心理依赖。当依赖形成后用户可能不再愿意或不再习惯主动寻找产品信息或对产品信息进行主动选择和判断，而完全依赖人工智能推荐的产品信息。这种依赖性会削弱个体的主动思考能力[388]，降低其对信息的筛选、批判和判断的能力，进而失去主动思考的习惯，削弱决策的自主性，并导致思维的懒惰化，阻碍高阶认知能力和创新能力的发展。

7.7 人工智能产品推荐的治理建议

7.7.1 建立人工智能隐私数据使用规范

为避免出现数据滥用和其他数据隐私问题，建议建立人工智能隐私数据使用规范。首先应增加数据使用透明度。在数据收集阶段向用户明确告知其数据被收集、存储和使用的方式。用户应有权控制哪些数据被用于人工智能产品推荐系统的模型训练数据。当用户选择拒绝时，数据不应再以任何方式被收集和使用。此外，用户数据的收集和使用应遵循最小化原则，即仅收集和使用对提供推荐服务必需的数据，避免出现过度收集和不必要的隐私侵犯。在收集和存储用户数据时，应当采取严格的匿名技术或其他加密技术，以减少数据泄露风险。相关行业协会和政府部门应就人工智能产品推荐中的隐私泄露和数据滥用制定相关标准，以确保相关企业在规则框架内负责任地收集和使用用户数据。

7.7.2 建立算法偏见防范机制

首先，制定规则促使平台企业使用多元训练数据以确保不同群体的利益和需求在人工智能产品推荐中得到充分反映，避免训练数据时只局限于使用单一或不完整的用户群体数据，以避免算法不平等和算法歧视现象的产生。

其次，设立相关机构定期对推荐系统进行算法偏见检测，以审查人工智能产品推荐系统是否存在对某些群体的不公正对待或歧视现象。如果发现算法偏见现象，平台企业有义务通过调整产品推荐算法模型或调整数据集的数据范围进行修正，以确保算法在进行产品推荐时对所有群体做到公平公正且无歧视现象。

最后，在人工智能产品推荐系统的开发和部署过程中，引入政府评估机构进行算法公平性审计，以确保所推荐的产品信息不存在相关的公平问题和群体歧视问题。

7.7.3　建立人与人工智能协作就业体系

人工智能产品推荐的核心优势在于能够快速分析大量数据、发现趋势，并基于这些数据提供精准的个性化的产品推荐。但是，人工智能在创造能力、情感洞察和复杂决策方面，仍然无法完全替代人类[389]。因此，应明确人工智能产品推荐在整体营销活动中的辅助地位，根据人工智能产品推荐的优势和特点建立新的人—人工智能营销行业就业体系。在这个就业体系中，人和人工智能各司其职，各自发挥自己的优势和特长，形成高效互补的人机协作就业体系。具体来说，人工智能可以主要负责与数据相关的收集、分析、挖掘、预测和决策工作，以及其他程序性重复性工作。人类可以重点负责战略规划、创造性工作、监督性工作及其他需要发挥人类主观能动性的工作内容。

7.7.4　建立防依赖机制

一方面，要增加用户的自主控制权。可以通过设置推荐偏好、屏蔽某些类型的推荐、调节推荐系统的敏感度等来增加用户对产品推荐的可控性，给予用户更多的选择权。人工智能产品推荐系统在系统设计时应增加产品推荐的条目数和内容多样性，以避免"信息茧房"效应。如果产品推荐系统只根据算法推荐用户最感兴趣的内容，可能会导致用户的"推荐依赖""内容沉迷""视野狭隘"。因此，产品推荐系统在进行产品推荐时可以一次性推送多个产品，并客观描述并对比不同产品的特征，让消费者在对产品推荐进行采纳之前能多维度地对产品推荐的客观性和合理性进行验证，将最后的选择权把握在消费者手中。另外，也可以在推荐中加入一些多样化的元素，比如跨类别推荐、偶尔推荐与用户偏好不同的内容，激发用户对新产品进行探索的兴趣。另一方面，要提高推荐算法的透明度。让用户理解人工智能产品推荐系统的工作原理，理解是哪些因素影响了产品推荐的结果。让用户知晓其兴趣、历史行为和偏好数据等是如何被算法识别并用于产品推荐的。这在一定程度上可以增加消费者对人工智能产品推荐的理解深度，了解人工智能产品推荐的本质，即基于规则和算法，而不会绝对化和神秘化人工智能产品推荐的结果。

7.8 本章小结

随着人工智能技术的迅速发展，人工智能产品推荐正在产品营销领域扮演着越来越重要的角色。人工智能推荐因其智能化和个性化等特点正在逐渐被消费者接受，是传统产品推荐和虚拟社区产品推荐的新发展。通过机器学习和大数据分析等技术，人工智能能够精准捕捉消费者的行为和偏好，为消费者提供高度定制化的产品推荐体验。这不仅显著提升了用户购物体验，还大幅提高了销售转化率。本章探讨了人工智能产品推荐的发展背景、对产品营销的影响、机制与特征，并讨论了相关伦理问题及其治理对策。

第8章

用户产品推荐行为对企业可持续性优势获取路径的影响

用户产品推荐行为改变了传统的产品信息传播模式，将传播渠道从企业单向传播转向用户主导的互动传播。通过虚拟社区，用户的推荐和评价能够迅速影响其他消费者的购买决策，从而提高产品的曝光度和市场影响力。企业需要根据这一变化调整其组织结构，以加强与用户的互动并提高产品信息推广的效果。与此同时，用户推荐行为促使企业优化运营流程，特别是在产品开发、营销策略和供应链管理方面。本章探讨了用户产品推荐行为对企业的组织和运营模式的影响。

8.1 研究背景

用户间的产品推荐行为改变了传统的信息传播路径，从"厂商—用户"转向"用户—用户"。这一转变促使产品信息的传播更加依赖用户之间的互动与分享。企业与用户之间的关系因此发生了深刻变化，用户不再仅仅是产品的消费者，更成为信息的传播者。用户的主体地位在企业价值链中得到进一步强化，他们在决策过程中发挥着越来越重要的作用。用户的角色也不再局限于单纯的购买者和使用者，而是扩展为信息搜寻者、产品推荐者[390]。

这些变化深刻影响了企业的运营模式，促使企业从传统的以产品为核心的模式转向以用户为中心的发展方式。在不同的经济发展阶段，市场价值链中的各主体根据经济环境的变化，其角色和功能会发生相应调整[391]。在传统模式中，企业的主要关注点是产品的设计、生产与销售，而在新的模式下，企业更加注重用户体验与互动。企业通过提供高质量的产品和全面的服务，致力于提升用户的整体满意度。高满意度不仅有助于增强用户的忠诚度，还能激发用户主动分享和推荐产品。用户成为企业重要的传播渠道，他们通过社交网络和口碑效应传播产品信息，形成"用户—用户"的推荐链条。这种推荐行为加强了产品在市场中的认知度和接受度，提升了产品的市场竞争力。企业的目标逐渐从单纯的销售目标转向更全面的用户需求满足。这要求企业不断优化产品和服务，以确保满足用户不断变化的需求。在这一过程中，用户不仅是消费者，更是产品推广者和品牌传播者，用户逐渐成为企业运营的中心[392]。通过培养高忠诚度的用户群体，企业能够实现持续的用户流量输入，为品牌的长期发展奠定基础。最终，这种以用户为中心的发展模式促进了企业的生态化发展，推动了更加高效的企业运营和企业的可持续增长。

本章结合 Kano 模型与认知—情感—满意度理论，探讨了用户产品推荐行为对企业运营模式的深远影响。通过案例分析方法，研究了新形势下企业如何通过理解用户需求，推动用户主动推荐产品。Kano 模型为分析用户满意度及其对推荐行为的影响提供了理论支持，而认知—情感—满意度理论则帮助解释用户情感与行为之间的关系。重点分析了用户中心模式的实施路径，探讨了如何通过提升用户体验来激发用户的积极推荐行为。企业通过精准满足用户需求，增强用户的情感认同，进而提高推荐意愿。用户的推荐行为不仅有助于产品的市场扩展，也能促进企业品牌的长期发展。最终，企业通过构建良好的产品用户持续获取机制实现竞争优势的可持续获取（见图 8 - 1）。

图 8 - 1　用户产品推荐行为、用户中心模式与企业可持续性优势获取关系

8.2 文献回顾与理论基础

8.2.1 Kano 模型理论与认知—情感—满意度理论

Kano 模型理论源自双因素理论[393]，强调不同质量要素对用户满意度有不同程度的影响。该模型将产品或服务质量划分为三个层次：基础质量、期望质量和超预期质量[394]。基础质量是产品或服务的基本要求，只有满足这一层次的质量，产品才能被认为是合格的。若基础质量未得到充分满足，用户将产生明显的不满情绪。期望质量则涉及顾客对产品或服务的具体要求，当满足期望质量时，用户满意度呈正比例增长。相反，若期望质量未得到满足，用户会感到不满。超预期质量则是指超出顾客基本需求的额外价值，能够激发用户的"惊喜效应"。当超预期质量得到满足时，用户会产生高度的满意感，但若未满足，则不至于引发明显的不满。超预期质量能够显著提升用户的忠诚度，并且是企业实现差异化竞争优势的关键因素[395]。通过提供超预期质量，企业能够增强顾客的品牌认同感。该模型为用户中心模式理论提供了理论依据。

认知—情感—满意度理论指出，用户满意度的形成不仅源于个体对产品或服务的认知评价，还受到情感体验的显著影响。该理论强调，在消费过程中，认知因素与情感因素共同作用，决定了用户最终的满意度水平[396]。认知因素是指用户对事物客观价值的理性评估，反映了对产品或服务的感知价值。尽管认知因素在满意度形成中起着重要作用，但它并不能完全解释用户的满意度[396]。皮亚杰（Piaget）最早提出认知与情感因素相互作用的关系，强调两者在个体行为中的共同影响[397]。格雷（Gray）等通过心理学实验证明，情感因素对行为的影响可能超过认知因素。情感因素反映用户在使用产品或服务过程中形成的主观体验，是一种非理性但重要的认知补充[398]。早期研究中，很多学者将情感视为消费者认知过程中的次要部分。随着研究的深入，学者们逐渐认识到情感因素在用户满意度形成中的关键角色[399]。情感因素不仅影响用户的主观感受，还能影响决策过程和行为表现。情感因素能够增强用户与产品或服务的情感联结，从而提升整体满意度。企业营销若能有效满足顾客的情感需求，会激发顾客的积极情感体验，如愉悦和满足感，从而减少情感冲突。此类情感体验能够在顾客心中产生正向影响，进而提高购买行为的发生率。马丁（Martin）指出，情感链接的建立不仅加强了顾客与企业之间的关系，也增加了顾客的忠诚度。具备情感链接的顾客通常更倾向于与企业保持长期关系，并愿意为此投入更多的时间和资源[400]。顾客的情感体验与其满意度密切相关。具体来说，正向情感能够显著增强顾客的满意度，而负向情感则会导致顾客满意度下降[399]。情感因素在顾客决策过程中扮演着重要角色，对后续行为具有显著影响。

8.2.2 用户中心模式的一般机理

随着市场环境和用户需求的快速变化，企业间的竞争焦点逐渐从单纯的产品销售转向对用户的关注[401]。传统的以产品为中心的竞争模式，侧重于产品的开发和销售。而随着市场竞争的加剧，企业需要从产品本身转向更加注重用户的需求和体验[401]。以用户为中心的企业强调在满足用户需求的基础上创造更大的价值，这种模式促进了企业与用户之间的互动与参与[401]。谢思（Sheth）提出，商业的核心使命就是满足用户需求，企业的最终目标是通过产品和服务满足用户的期望和要求[401]。这种需求导向的商业模式，不仅有助于提升用户的忠诚度，还能推动企业的长期发展。企业要成功，就必须深刻理解用户的真实需求，而不仅仅依赖产品本身或市场趋势。通过增强与用户的互动，企业能够更好地把握用户偏好，改进产品和服务。此外，用户的参与感也日益成为企业成功的关键因素之一。企业在发展过程中，应注重与用户的长期关系，建立互动和信任，从而创造可持续的竞争优势。因此，理解并满足用户需求，是企业在当今竞争激烈的环境中脱颖而出的关键[401]。

本章基于 Kano 模型和认知—情感—满意度理论，将用户中心模式定义为将满足用户需求作为价值导向，企业的文化、制度和组织结构以用户需求为核心，通过提升产品质量和用户情感体验来提高消费者满意度，促使用户通过社交网络进行产品推荐，从而获取可持续竞争优势的企业发展模式。用户的积极参与和产品推荐行为成为企业获取竞争优势的重要途径。在社交媒体背景下，虚拟社区在促进用户互动和信息传播方面发挥了关键作用。虚拟社区为用户提供了一个共享经验和评价的平台，用户可以在其中讨论和交流产品使用感受，通过虚拟社区中的产品推荐，得以有效影响潜在消费者的购买决策。

8.2.2.1　用户的中心地位

企业的文化、制度和组织结构应围绕用户需求进行设计，确保每一个环节都能够以满足用户期望为目标导向。企业日常运营应围绕用户需求进行，将用户需求融入日常管理和决策中，以满足或超越用户对产品和服务的期望。通过不断优化产品和服务，企业可以培养出一批高忠诚度的用户群体[402]。高忠诚度用户是企业的重要资产，对其长期稳定发展具有基础性作用。由于其对企业的高度信任，这些用户的消费行为表现出较强的可预测性。高忠诚度用户通常会形成复购惯性[403]，形成稳定的用户流量来源，同时通过其社交网络不断产生新的用户流量来源，从而为企业带来稳定的收入预期和持续的发展活力。

通过这种用户导向的结构化设计，企业能够实现高效的资源配置，提升决策速度。企业的文化建设应注重用户体验，倡导以客户为中心的理念，使员工在工作中始终关注用户需求的变化。制度上，企业可以通过建立用户反馈机制，确保用户意见能够及时反映并影响公司的决策。此外，组织结构的设计要灵活，以便快速响应用户需求的变化，推动创新和持续改进。通过建立清晰的用户需求导向的工作流程，企业能够提高服务质量，减少运营中的冗余环节，从而提高工作效率。内部流程的优化不仅提升了企业的反应速度，也能改善用户体验。持续改进内部流程可以帮助企业获取可持续性的竞争优势，使得公司有能力应对市场的波动。此外，围绕用户需求的组织结构可以加强跨部门之间的协作，确保不同部门共同为用户提供优质服务。通过信息共享和团队合作，企业可以迅速识别并解决用户在使用产品或服务过程中遇到的问题。高效的沟通与协作能够增强企业的适应能力，为市场的快速变化作出及时响应。

用户需求导向的运营模式能够在多个层面激发企业的用户流量活力，提升企业的竞争力。首先，增强了企业对用户反馈的敏感性，帮助公司及时调整产品和服务，以更好地满足市场需求。其次，用户需求为企业提供了明确的方向，使得公司可以集中资源进行创新和提升产品的核心竞争力。通过系统性地分析用户数据，企业能够深入理解消费者的需求，从而在产品设计、营销策略以及客户服务等方面作出精准调整。

8.2.2.2 情感链接的作用

在用户中心模式下，企业的价值导向不仅集中于产品本身的功能与质量，还更加重视与用户建立的情感链接。情感链接指的是用户对企业及其产品的价值认同和情感认同，从而产生深刻的归属感。用户的情感参与使企业品牌得以区别于竞争者，并成为其核心竞争力的重要组成部分。随着移动互联网的迅猛发展，消费者的自我意识和独立性显著增强，传统的单一产品质量已难以满足用户日益复杂的需求。此时，企业文化和价值观的认同变得尤为关键，成为用户选择和忠诚的核心驱动力[404]。消费者不再仅仅关注产品的功能和质量，而是更加看重企业是否能够与其个人价值观相契合。情感交流成为企业与用户互动的重要方式，能够加强用户对品牌的认同感和归属感。通过情感链接，企业能够在竞争激烈的市场中脱颖而出，建立长久的用户关系。高质量的情感互动不仅有助于吸引新用户，还能有效提升现有用户的留存率。随着用户忠诚度的提高，产品复购率也随之增加，从而为企业创造持续的利润和稳定的市场份额。情感链接作为用户忠诚度的前提，成为企业可持续发展的关键因素。通过加强与用户的情感沟通，企业能够在快速变化的市场环境中保持竞争力。最终，情感链接不仅增强了用户对品牌的忠诚度，还促进了品牌形象的提升。

Kano 模型与认知—情感—满意度理论强调，用户忠诚不仅来源于理性认知因素，如功能需求的满足和产品或服务预期的实现，还会受到情感因素的显著影响[394]。根据这两个理论，消费者在形成忠诚的过程中，情感认同往往起着至关重要的作用。当用户与企业之间建立了情感链接时，双方的关系超越了单纯的经济交易，转向更加深层次的情感纽带。这种情感链接不仅增强了用户对品牌的信任，还提高了其忠诚度。正向的情感链接有助于用户对现有选择产生选择惯性，进而减少了用户转向竞争品牌的可能性。这一现象被称为锁定效应，即用户因情感或其他层面的成本而倾向于继续使用当前品牌。企业通过建立情感链接，能有效地增强用户对产品的依赖性，使得用户在面对竞争产品时产生更高的转换成本。用户在对某产品感到满意时，可能会尝试转向其他类似产品。然而，情感链接的强度和转换成本的存在，往往会影响用户的选择[405]。

8.2.3　用户中心模式与用户产品推荐行为

以用户为中心的企业价值观是提升用户满意度的重要基础[406]。用户满意度反映了用户对产品是否满足其需求的认知判断，是用户忠诚度的重要指标[404]。在以用户为中心的企业运营模式下，企业将满足用户需求和提升用户满意度视为日常工作的首要目标。用户满意度反映了用户对产品或服务的整体评价。高满意度可以促使用户长期保持对品牌的偏好。当用户对产品或服务感到满意时，更有可能进行重复购买并推荐给他人。因此，满意度被视为预测用户忠诚度的重要因素[407]。通过激发员工的主观能动性，企业能够确保员工与用户之间保持密切联系。员工迅速且高效地响应用户需求，能够提升用户体验，并增强满意度。用户中心模式不仅注重产品质量的提升，还要求企业在服务中注重细节。通过优化服务流程和提高效率，企业能进一步提升用户的整体满意度水平。此外，用户中心模式也重视用户情感链接的建立。通过与用户的情感互动，企业可以增强用户的品牌忠诚度，提升其长期的满意度。情感链接能促使用户形成对产品或品牌的归属感，使其保持较高的忠诚度[407]。

用户的产品推荐意愿与其满意度之间存在显著的正相关关系[408]。满意度较高的用户更倾向于将正面体验分享给他人，促进产品的传播。高满意度不仅提高了用户的忠诚度，还增加了用户在社交圈内的推荐行为[409]。反之，低满意度的用户更可能产生负面情绪，并将其体验分享给他人，从而影响品牌形象[409]。负面口碑传播可能导致潜在顾客的流失，并降低品牌的市场竞争力。高满意度不仅提升了用户的购买意愿，还使其愿意为品牌提供更多的推广支持。因此，提升用户满意度成为企业增强产品推荐和正面口碑传播的关键策略。

在当前用户流量竞争日益激烈的环境中，传统广告的效果逐渐减弱。企业获取新用户的成本和难度不断上升，迫使其寻求新的流量来源。用户中心模式作为一种创新策略，强调通过用户之间的产品推荐来驱动流量。该模式的核心优势在于其低成本和可持续性，能够通过现有用户带动新用户的增长。特别是，当第一批种子用户对产品表现出高度满意时，他们往往成为推荐者，积极分享产品体验。新用户在体验产品后，也可能成为推荐者，进一步推动产品传播。这样，企业通过用户之间的良性互动，逐步建立起自我循环的用户流量闭环。通过这一机制，企业减少了对广告等外部流量来源的依赖。与此同时，企业能够显著降低新用户获取的成本，减少信息传递和说服的负担。最终，企业通过用户间的推荐，形成了一个可持续的用户增长生态系统。

8.2.4 虚拟社区、用户中心模式与用户产品推荐行为

用户中心模式旨在通过构建以用户为核心的流量生态网络，提升用户参与和互动。每个高忠诚度用户在该网络中充当节点，并能够持续扩展与其他用户的连接。梅特卡夫定律指出，社交网络的价值取决于其节点的数量。具体而言，网络的价值与节点数量的平方成正比。随着节点数的增加，

网络中的互动机会和信息交流呈指数增长。这意味着，网络规模越大，社交互动和信息传播的潜力就越大。这意味着当社交网络中的节点处于增长态势时，信息传播和互动机会会以指数级速度增长[410]。对于厂商而言，高忠诚度用户不仅代表着其在市场中的影响力，也直接反映了品牌的市场价值。每个高忠诚度用户都可以作为种子用户，带动更多新用户的加入。随着高忠诚度用户数量的增加，新的用户也会迅速涌现。用户之间的互相推荐和传播，促使产品信息实现裂变式扩散。厂商通过这种模式能够减少广告投入和传播成本，依赖于用户自身的口碑效应。此机制能够加速产品的市场渗透，促进品牌影响力的迅速扩大。用户的参与度越高，品牌效应和市场认知度也越强。社交网络中节点的增长带来了更多的互动和反馈，进一步推动信息的快速传播和扩展。通过增强用户的黏性和忠诚度，厂商能够有效保持和增加用户基数。最终，产品和品牌通过用户中心模式实现了自我驱动的增长和传播。

随着移动互联网和社交媒体的迅速发展，虚拟社区已成为企业与用户之间沟通的核心平台。虚拟社区的出现打破了传统传播模式中的时空限制，显著提升了信息传递的效率。通过各种类型的虚拟社区，用户能够实时获取产品信息，参与互动，为企业提供与产品购买或使用相关的反馈[411]。与传统广告相比，虚拟社区成为信息传递的新型渠道，使得企业与消费者之间的联系更加紧密和直接。虚拟社区不仅为企业提供了与用户互动的空间，还为用户之间的交流提供了平台。用户可以在社区中共享经验、评论产品、参与讨论，这促进了用户之间的情感交流和社会联系。此外，虚拟社区还为消费者提供了更加个性化的信息体验，帮助他们作出更加明智的购买决策。高忠诚度用户在虚拟社区中扮演着重要角色，他们主动分享和推荐产品，推动产品信息的传播。用户通过口碑营销、评价和推荐，极大地影响了产品的声誉和市场表现。这种传播方式较传统广告更具信任感和影响力，形成了草根化、碎片化的信息传播模式。

虚拟社区的普及使得信息传播更具广度和深度，企业不再是信息的唯一发出者，而是与用户共同参与信息创作和传播的主体。与此同时，用户也不再是被动接收者，而是信息的主动传播者。这种双向互动促进了信息的快速扩散和广泛传播，打破了传统信息传播中的层级结构。通过虚拟社区，企业能够更精确地获取用户需求，提升产品和服务的质量。社交媒体平台为企业提供了数据分析工具，帮助其了解用户行为和偏好，从而制定更加有效的营销策略。同时，虚拟社区也为用户提供了一个自我表达的空间，增强了用户的参与感和归属感。

8.3 研究方法

8.3.1 方法选择

本章研究聚焦于用户产品推荐行为对企业可持续性优势的影响机制，旨在揭示企业如何通过用户中心模式构建竞争优势。用户推荐行为已成为信息传播的重要手段，其影响力在社交媒体背景下的市场竞争中不断增强。本章研究聚焦企业如何利用这一行为建立良性用户生态，推动企业可持续性优势的形成。通过分析用户推荐在不同情境下的作用，研究探讨了其对企业长期发展路径的潜在推动力。考虑到研究问题的复杂性，本章采用了案例分析法。案例分析法特别适用于解答"如何"和"怎么样"的问题[412]，能够深入挖掘实际案例中的机制和策略。此外，案例分析法还有利于揭示实际经营中的细节并构建理论框架，为相关领域提供理论指导[413]。多案例研究设计有效提升了研究的信度与效度。通过比较不同企业的案例，本章研究能够识别出其中的共性特征和普遍规律[414]。

8.3.2 案例选择

本章研究选择留学语言培训企业作为案例研究对象，主要基于以下理由。第一，留学语言培训行业具有较强的市场竞争性，直接面向消费者，这使得企业能够敏感地反映并适应市场环境的变化。该行业的竞争态势和消费者需求变化迅速，为研究企业战略和市场适应性提供了丰富的背景。第二，随着在线教育和数字化趋势的不断推进，留学语言培训行业正逐步在线化，企业的运营模式和信息传播方式发生了显著变化。在这一过程中，虚拟社区逐渐成为重要的互动平台，用户之间的产品推荐和信息分享对市场推广和品牌建设起到了关键作用。第三，样本可获得性。研究者与留学语言培训企业之前有合作基础，积累了一定的行业经验和数据获取渠道，这为研究提供了便利条件。研究者对相关业务环节有一定的基础了解，使得数据收集与分析更加深入，也能更好地把握企业运营的细节。因此，留学语言培训企业作为研究对象能够为本章研究提供丰富、真实的数据支持。

根据艾森哈特（Eisenhardt）的观点，案例选择不仅仅依赖于随机抽样，而是应当选取典型或极端的案例进行深入分析[412]。通过对这些典型案例的研究，能够获得更多具有深度的信息，这些信息对研究的理论构建和实践指导具有重要意义[412]。选取极端或典型案例有助于揭示复杂现象背后的因果关系，进一步洞察事物发展的内在机制[412]。

8.3.3 案例企业概况

福州 N 培训学校成立于 2004 年，专注于雅思、托福、SAT、GRE 等留学考试培训。作为北京 A 教育集团的福州分校，该校在当地具有较高的品牌知名度。学校目前拥有两个校区，总面积近 5000 平方米，师资团队接近200 人，属于中型培训机构。课程形式包括大班、小班和一对一等多种选择，满足不同学员的需求。数据显示，约 40% 的新学员是通过各种广告渠道吸引而来，其余约 60% 的学员则通过老学员的直接或间接推荐进入学校。这一现象显示出推荐机制在学员来源中的重要作用。福州 N 培训学校凭借其较强的品牌影响力和优质的教育服务，在竞争激烈的市场中保持了一定的市场份额。

济南 M 培训学校成立于 2015 年，专注于雅思、托福、SAT 考试培训。

该校目前在济南市区拥有 3 个教学区，总面积约 800 平方米，师资团队约 30 人，属于小型培训学校。学校主要提供 5 人小班、3 人小班和一对一课程，旨在为学员提供个性化的培训服务。尽管学校规模较小，但凭借其精细化的教学管理和小班授课形式，获得了不少学员的认可。与福州 N 培训学校不同，济南 M 培训学校的广告预算几乎为零。其新学员大多数依赖于老学员的推荐而来，展示了口碑营销的核心作用。该校通过提供高质量的培训服务和建立良好的学员关系，成功实现了低成本的学员获取。这为学校的长期发展提供了稳定的学员来源和较低的运营成本。

8.3.4　数据获取

为了确保结果的准确性和可靠性，采用多渠道资料收集的方法，具体采用了半结构化访谈、现场观察和二手资料收集三种主要方法。访谈对象来自企业的不同职位，访谈内容依据被访者的具体回答作出相应调整，以获取更全面的见解。福州 N 培训学校的数据收集方式包括三种方法，而济南 M 培训学校因条件限制，访谈主要通过电话和视频进行。二手资料的收集主要依赖于内部档案和学员的反馈，进一步丰富了数据来源。福州 N 培训学校的访谈对象涵盖了管理层、教师及助教等多个职能部门，确保了信息的多样性和全面性。为确保数据的准确性，本章研究对所有访谈都进行了录音，并转录为文字资料。同时，随机抽取三份访谈文本让访谈对象进行确认，以验证其准确性。在数据分析过程中，研究者多次对不同数据源进行比对和验证，从而减少了个人偏见的影响。此外，研究还紧密结合前人的相关研究，通过实证观察与已有理论进行对比，提高了研究数据的内部效度，保证了研究的可靠性与科学性。

8.4　案例分析

本章研究基于 Kano 模型和认知—情感—满意度理论，探讨了福州 N 培训学校和济南 M 培训学校在社会化媒体背景下如何通过用户中心模式，借助产品推荐行为实现企业的可持续发展。分析的主要维度包括企业制度和价值观导向、产品质量保证、用户情感链接以及用户生态建设。通过深入分析这些要素，本章研究揭示了样本学校如何在数字化和社交媒体环境中，利用用户之间的互动和推荐，推动企业长期发展。研究重点在于理解如何通过这些机制提升用户的情感和认知满意度，从而促进口碑传播和持续的用户增长。

本章研究严格遵循质性资料分析方法，采用数据编码、数据缩减和数据陈列三步法[415]。首先通过数据编码对原始资料进行标记，其次对数据进行缩减，筛选出与研究主题相关的核心内容，最后是数据整理和陈列，目的是聚焦关键信息，明确理论框架，并构建数据之间的联系。

在整个数据分析过程中，为确保结果的准确性与一致性，研究团队采取了多人讨论和集体决策的方法。通过反复商议，确保了每个研究步骤的合理性与可靠性。研究者对不一致的观点进行反复讨论，最终形成统一意见以提高数据提炼过程的规范性和科学性。为确保本章研究数据的可追溯性和透明度，研究者采用了明确的编码系统，以有效区分不同类型的数据源，并确保分析过程的系统性和严谨性。具体而言，福州 N 培训学校的数据源被赋予了不同的编码，以便在分析中能清晰地追溯每个数据的来源。福州 N 培训学校的访谈资料被编码为 T1，二手资料则编码为 S1，而现场观察数据则编码为 F1。类似地，济南 M 培训学校的访谈资料被编码为 T2，二手资料被编码为 S2。这种编码系统确保了访谈、二手资料和现场观察数据之间的区分，避免了数据混淆，并提升了研究的透明度。

8.4.1　企业制度与价值观导向

表 8-1 总结了案例数据中关于企业制度与价值观导向的关键范畴和概念。

表 8-1   企业制度和价值观导向的范畴、概念及证据举例

范畴	概念	典型证据举例
组织结构	弱化层级	管理者和普通员工一样都是围绕学员进行服务（S1）；我现在没上课了，主要为老师上课提供后勤保障工作（T2）
	团队化	我们以产品团队为中心，每个团队都要形成自己的竞争力（T1）；部门之间的关系是灵活的，员工根据需要可以跨部门工作（T1）
	员工赋权	每一个员工都有相应的决策权，在和学员打交道时，员工代表整个学校（T2）
招聘准则	服务意识	招聘时服务意识排第一，真正从心里为学员着想（T2）；老师除了上课，课后服务也很重要，比如需要及时和家长沟通（S1）
	能力要求	教学经验越多越好（T1）；英语发音很重要（T1）；鼓励教师多次参加所教课程的官方考试，如果达到高分标准不仅考试费用全报销，还有额外奖励（S1）；除了提供所任教课程考试官方成绩，应聘时还需要现场做试卷（T2）
企业氛围	用户导向	每次开会都会强调服务的重要性（T1）；除了提高成绩之外，全方位为学员做好服务是我们最大的竞争力（T2）
	主动服务	在生日、特殊节日会邀请学员参加聚会，送小礼物（T1）；营造热情主动服务的氛围（F1，T2）
考核与奖惩	服务导向	额外服务会有奖金，比如课外答题、作文批改等（T1）；老学员推荐新学员后相关员工会有奖励（S1）；考核注重服务过程，比如和学员、家长互动频率（T2）；学员的服务满意度评价很重要（T2）

技术变革推动了企业从传统的组织模式向更加灵活、扁平化的结构转型[416]，以适应信息时代的快速发展。传统组织模式依赖于严格的等级体系以确保信息传递的准确性和稳定性[417]。在这种结构下，信息流动受到严格的层级控制，减少了信息误差和混乱的可能性。本章研究提炼出了企业组织结构变革的三个核心概念：弱化层级、团队化和员工赋权。这些概念反映了企业在技术变革背景下的结构调整需求。随着移动互联网和社交媒体的迅速发展，信息流动的速度和范围大幅度增加，企业面临更加复杂的环境。传统的层级化和中心化组织结构不再能有效应对快速变化的市场需求和信息传递的高效性要求[417]。在这种背景下，企业需要通过弱化层级来减少管理层级，以提高信息流通的效率和决策的速度。团队化则意味着跨部门和跨职能的协

作，促进了创新和问题解决的效率。员工赋权通过给予员工更大的自主权，激发其积极性和创造性，从而提高组织的整体执行力，使企业能更加灵活地应对市场变化，并在竞争中保持优势。

扁平化企业结构更符合现代市场中灵活的、以消费者需求为导向的生产模式[417]。在传统层级化结构中，各部门通常围绕上级制定的目标运作，导致部门之间的协同不畅。信息流动受限，沟通效率低，部门间的独立性过高，导致决策过程缓慢。各部门缺乏紧密的合作，容易出现目标不一致的情况，甚至出现资源的重复和浪费。这种传统结构的缺陷在面对快速变化的市场需求时愈加突出。消费者对个性化产品和服务的需求日益增加，企业必须能够快速响应并作出调整。扁平化结构的优势在于去除了不必要的管理层次，缩短了决策链条，使得各部门能够更加高效地协作。通过减少中间管理层，扁平化结构能够降低管理成本，提升组织的灵活性和适应性，打破了传统的部门边界，各部门能够直接面向用户，建立更加紧密的客户关系。每个部门不再仅仅是完成内部职能的单位，而是承担着直接服务客户的责任。各部门的职责不再局限于单一任务，而是通过协作共同推动企业的整体目标。在扁平化结构下，信息传递更加顺畅，能够更快速地获取市场反馈。这使得企业能够及时调整战略和产品，更好地满足消费者需求。通过减少层级管理，企业还能够更灵活地应对市场波动，增强竞争力。此外，员工获得更多自主权，能够更快作出决策并解决问题。

在招聘准则的制定过程中，核心概念包括服务意识和能力要求。员工在企业中通常直接面对客户，是提升用户体验的关键角色。因此，招聘环节必须确保选拔的员工与企业的价值观相契合，以实现个人价值观与组织价值观的高度一致。通过设定明确的准入门槛，企业能够筛选出那些具有主动服务意识的员工，从而为企业文化的塑造提供基础。服务意识是指员工主动为客户提供优质服务、关注客户需求并积极回应的态度。企业在招聘时，注重服务意识的员工更有可能提升客户满意度，从而推动企业的长期发展。此外，具备服务意识的员工能够为公司带来更高的客户忠诚度和口碑效应。除了服务意识，招聘准则还包括对员工能力的要求。能力要求是确保员工能够胜任岗位并提供高质量服务的必要条件。员工的专业技能和业务能力直接关系到产品和服务的质量。招聘过程中，企业应明确能力标准，确保所选员工能够在实际工作中展现出高效的工作表现和较强的解决问题的能力。具备良好能力的员工能够提升产品质量、改进服务流程，并有效解决客户的需求和问题，从而增强企业的市场竞争力。此外，员工的能力要求还涉及其持续学习和自我提升的潜力。具备学习能力的员工能够随着行业变化和技术进步不断调整自己的工作方式，从而保持企业的创新活力。

企业氛围的核心概念是用户导向和主动服务。企业氛围融合了企业的价值观、愿景和管理制度，并通过员工的日常行为展现出来。用户导向要求企业将用户需求置于首位，主动服务则强调员工积极为用户提供高质量的服务体验。为了将这一文化理念转化为具体行动，企业需制定明确的制度和策略，规范员工行为。通过明确的行为规范，企业能够将用户导向的价值观内化为员工的服务习惯。员工在日常工作中逐渐形成将用户满意度作为首要目标的意识，并将其融入每一次服务中，通过主动服务为用户提供更加贴心和个性化的体验。良好的企业氛围要求每位员工都将提高用户满意度作为自己的服务追求，确保用户的需求得到迅速回应和解决。当企业文化深深植根于员工心中，用户为中心的理念才能真正转化为企业的核心竞争力。用户导向的服务氛围与主动服务行为有利于提升用户体验和用户满意，从而培养和增强用户的品牌忠诚度、增强产品和企业核心竞争力。

在考核与奖惩方面，提炼出的核心词是服务导向。企业通过绩效考核与奖惩机制对员工进行引导，让员工的日常行为以用户体验为导向，并将其作为考核评价的重要维度。具体而言，考核内容包括用户满意度、互动频率和推荐率等关键指标。通过关注这些指标，企业能够更加精准地衡量员工在提升用户体验方面的表现。同时根据考核结果，设立相应的奖励或惩罚机制，以此激励员工为用户提供更高质量的服务。奖励机制可以通过物质激励或非物质激励来实施。惩罚机制则应通过反馈和指导，促使员工改进服务质量。将用户反馈纳入考核不仅能够增强员工的服务意识，也能促使员工更加注重用户需求和期望的满足。

　　总而言之，企业的传统运营模式通常侧重短期收益，导致企业在决策时优先考虑即时财务表现。这种模式容易忽视长期的用户关系建设和用户满意度的提升。由于各部门间缺乏有效协作，企业的整体服务质量和用户体验得不到充分关注。与之相对，用户中心模式注重优化工作流程，将用户满意度和长期关系维系作为关键目标。该模式强调每位员工都应与用户建立直接的互动，理解并满足用户需求。通过持续的沟通和反馈，企业能够增强用户忠诚度，促进长期关系的建立。为了支持这一转型，考核机制也需要从传统的销售导向转向服务过程导向。考核不再仅关注短期的销售业绩，而是重视员工在服务过程中的表现。这样，企业能够更好地关注未来发展，并促进与用户的生态关系。最终，这种转变有助于企业实现可持续发展，并提升整体市场竞争力。

8.4.2　产品质量

　　表8-2展示了与产品质量相关的核心范畴、概念和证据举例。

表8-2　　　　　　　产品质量相关的核心范畴、概念和证据举例

范畴	概念	典型证据举例
价值提供	基础质量	保证课堂质量，每节课内容知识点量化（S1）；使用标准化教材；建立新教师培训体系（S1）；学员交钱的目的是提高考试成绩，这是基础，没有成绩提升其他都是虚的（T2）
	产品特色	形成自己的课堂风格和服务特色，让用户之间有东西可讲，形成记忆点（T1）；我们有沉浸式学习环境（T1）；我们的特色之一是对学员的文本背诵很重视，有安排每日任务并检查（T2）；使用自己编写的内部教材（S2）；严格执行无手机课堂（S2）
	个性化	每天上课后针对学员上课情况及作业情况进行及时反馈，让家长看到学员每天的学习状态，与家长保持互动和沟通（T1）；每个学员和家长的个性和期望不一样，为每个学员提供针对性方案（T2）
超值服务	附加服务	为学员提供免费外教课、免费模考服务、免费作文批改、免费考位服务、免费学校申请咨询服务等（S1）；为每个学生分配专属助教，免费助教辅导课（S1，F1）；建立在线自习室，形成陪学模式，实时答疑、监督（T1）

在产品质量保证领域，确保产品满足或超越用户期望是关键目标。首先，价值提供和附加服务是核心范畴，指的是产品能够带给用户的核心价值以及额外的附加功能或服务。基础质量是产品的基本性能标准，确保产品能够稳定运行并达到基本要求。产品特色则是指产品在同类产品中的独特性，帮助其在市场中脱颖而出。个性化是指根据不同用户需求提供定制化的产品或服务，增加用户的购买意图。超值服务超越了基础的质量保证，进一步提升了用户体验。在这些范畴中，超预期质量作为核心概念具有重要意义。它指的是产品的质量超过用户的基本需求，并能带给用户意外的惊喜。通过提供超预期质量，产品能够与竞争者区分开，成为用户的首选。这种质量差异化是促使用户进行口碑传播和推荐的关键动力。感知质量是用户对产品性能和价值的整体感知，直接影响他们的满意度和忠诚度。消费者满意度不仅是购买决策的主要因素，也决定了用户是否有意愿将该产品推荐给他人。用户满意度的提升取决于感知质量的改善。感知质量越高，用户的满意度越高，进而促进用户对产品的忠诚和再购买行为。感知质量与消费者对产品或服务的满意度之间存在显著的正向关系。随着市场竞争的加剧，用户对产品质量的要求越来越高，期望超出传统的基础质量标准[418]。

近年来，企业在激烈的市场竞争中纷纷采用各种营销策略，如高额补贴，以吸引新用户。这种策略虽然能够快速吸引大量消费者，但也提高了消费者的期望值。在这种背景下，企业更需要提供超预期的产品质量，满足或超越消费者的高期望，才能维持用户的满意度。超预期质量不仅能带来用户的高度满意，还能在激烈的市场竞争中形成竞争优势。根据 Kano 模型理论，超预期质量能够超越用户的基本需求，激发用户的"惊喜效应"，从而提高用户的整体满足感[394]。这种满足感对企业而言，不仅能促进用户忠诚度的提升，还能形成强大的口碑传播效应，进一步吸引新用户。通过不断提供超预期的质量，企业能够在市场中建立稳固的品牌形象，增强市场份额。因此，超预期质量成为企业在当前竞争环境中赢得市场的关键因素[395]。

此外，产品特色和服务个性化是价值提供中的重要组成部分。产品特色通过创造独特的"记忆点"，帮助消费者记住品牌并促进品牌传播[419]。一个鲜明的记忆点不仅能提升品牌的辨识度，还能激发他们的身份认同感。品牌文化的独特性使消费者容易与产品建立情感连接，形成品牌忠诚。个性化服务则根据用户的个体需求量身定制，避免了产品和服务的同质化，增强了市场的独特性。在信息传播空前便捷的社交媒体时代，个性化服务变得尤为重要。社交平台使得信息迅速传播，消费者能够快速识别同质化产品，这可能导致他们产生消费倦怠。个性化服务通过尊重用户差异，能够为不同用户提供差异化的产品或服务，提升用户的整体体验。通过满足个性化需求，企业能够增加用户满意度，减少用户流失率。个性化服务不仅增强了用户忠诚度，还能促进口碑传播，带来更多的潜在消费者。随着市场竞争的加剧，个性化已成为提升竞争力的核心手段之一。

8.4.3　情感链接

表 8 - 3 展示了与情感链接相关的范畴、概念及证据举例。

表 8 - 3　　　　　　　情感链接相关的范畴、概念及证据举例

范畴	概念	典型证据举例
互动频率	社交思维	经常性举办学员高分分享会、学习交流会（T1）；重视学员每一次反馈的意见，当天回复学员问题（S1）；学员以"00 后"为主，交流时避免说教，尊重学员个性，平等交流（T2）；生日、节假日等会通过微信发祝福语、赠送小礼物（T2）
	多维互动	官方 App、公众号等定期更新（T1）；利用微信群互动，保持高频联系，形成朋友式关系，促使学员主动转发朋友圈（T2）
互动深度	情感反馈	学员托福单科上 25 分、雅思单科 7.5 分以上颁发单科荣誉奖学金（S1）；服务交流时要做到"温暖""友善""关爱"（S1）；关注学员心理需求，及时觉察学员心理波动并作出相应处理，比如考试前和考试后的心理疏导（T2）
关注用户利益	提供超值体验	满足学员预期，让学员感觉物超所值（T1）；通过细致的全方位的服务来超越学员的预期（T2）
重视服务过程	重视服务细节	真正为学员着想，针对学习痛点提供解决方案（S1），履行承诺，建立起信任（S1）；通过服务的细微环节培养学员的满足感（T2）

通过对案例的分析，我们提炼出了情感链接的核心范畴和核心概念，包括互动频率、服务过程重视、多维互动和服务细节等，这些范畴和概念进一步支持了现有文献中的观点，如互动频率和深度是情感链接中至关重要的因素，它们有助于加深消费者对品牌的认同感[420]。重视服务过程体现了企业对消费者体验的关注，能够提升消费者的满意度和忠诚度。多维互动强调了企业与消费者之间多角度、全方位的沟通和互动，这种互动不仅限于产品本身，还涵盖了服务、品牌价值和情感链接等多个层面。服务细节作为情感链接的重要组成部分，能够在细微之处触动消费者的情感，增加消费者对品牌的好感。我们的研究结果支持了学者的观点，尤其是任祥铭提出的互动是建立情感链接的关键手段[421]。与消费者的互动越频繁且深入，品牌与消费者之间的情感链接就越强。

分析结果表明，关注用户利益是建立情感链接的关键前提。企业须在互动中充分考虑消费者的利益，只有当消费者的利益预期得到满足时，才能激发互惠回报[421]，从而建立情感链接。为了实现这一目标，企业应注重提升产品质量，以满足用户的基本需求。与此同时，企业还应加强员工的情感服务意识，通过情感体验培训提升服务水平，确保在与消费者的互动中能够提供积极的情感反馈。如果企业仅仅关注从消费者身上获取利润，而忽视其情感需求和利益预期，那么建立持久关系的难度将大大增加[422]。基于 Kano 模型和认知—情感—满意度理论，重视情感互动有助于企业与用户建立长期的关系[393]。Kano 模型强调，除了基本的产品质量外，情感需求也是用户满意度的关键驱动因素[393]。企业通过与用户进行积极的情感互动，有利于满足消费者的情感需求，进而促进消费者满意度和忠诚度的提高。情感因素在消费者决策过程中起着重要作用，尤其是在面对众多选择时，情感因素常常决定了用户的最终选择。巴尔斯基（Barsky）等发现，情感因素在服务过程中对用户满意度和忠诚度起着决定性作用，情感因素在动机和行为之间架起桥梁，使得消费者的决策更为直觉和感性[423]。相较于产品本身的功能性价值，情感互动往往对顾客的满意度和忠诚度产生更深远的影响[423]。

8.4.4 产品推荐、用户生态与企业可持续性优势获取

我们提炼出六个核心概念和三个关键范畴，涵盖了产品推荐、可持续性优势获取、用户的中心作用和可持续性等（见表8－4）。

表8－4　　　企业可持续性优势获取路径相关的范畴概念及证据举例

范畴	概念	典型证据举例
用户生态	良性循环	通过微信平台为学员建立一对一服务群（T1，F1）；形成服务闭环（T1）；利用学员的人际网络不断获取新学员（S1）；挖掘用户终生价值（customer lifetime value）（S1）；通过服务细节让学员体会到我们在全心全意为他们着想，形成良性互动（T2）；服务好基础用户是关键（T2）
	价值共创	学员的建议和批评意见都能帮助我们改善服务（T1）；学员推荐的原因是我们对他足够用心（T2）；有些学员也会过来帮忙做助教（T2）
产品推荐	用户的中心作用	广告需要的资金投入比较大，老学员转介绍是我们新学员的重要来源（T1）；鼓励学员微信群推荐，转发朋友圈（T1）；我们没有广告预算，我们绝大部分学员都是老学员推荐过来的（T2）；大家关系好了，学员也明白我们这边招新学员主要是靠老学员的推荐，会自觉帮我们宣传（T2）
可持续性优势获取	低成本	老学员转介绍可以帮我们节省大量广告经费（T1）
	高转化率	发传单等推广效果有限，学员比较容易相信相互之间的推荐（T1）；只要是别人推荐过来的并且到我们学校这来面谈的，大概率会成交（T2）；学生的一句推荐的话胜过我们的千言万语（T2）
	可持续性	老学员介绍新学员过来，新学员如果学满意了又会介绍新的学员（T1）；学员家长经常会介绍其他家长过来（T2）；有一批关系好的老学员是我们发展的基础（T2）

用户生态通过建立以用户为中心的模式培养用户的情感链接，进而促使他们在其人际网络中主动传播产品信息，这种传播方式不仅有助于扩大品牌影响力，还有利于持续吸引新用户。与传统的广告推广方式相比，产品推荐具有明显的成本优势，能有效降低企业的运营开支。研究表明，忠诚度用户的增加与企业利润之间存在显著的正相关关系，忠诚度用户增长5%可带来25%～85%的利润增长[424]。每获得一名高忠诚度用户，企业就有可能获得

300 名潜在新用户[424]。利用产品推荐进行产品信息的传播不仅提升了用户的个性化体验，还增强了用户的参与感和依赖性。虚拟社区的快速传播属性和社会关系属性进一步促进了用户信息的共享与传播，形成口碑效应。

伴随着互联网的迅速发展，消费者需求呈现出日益个性化的趋势，企业在应对这些变化时面临巨大挑战。传统的企业自主研发模式已难以满足快速变化的市场需求。因此，用户参与产品创新逐渐成为企业应对这一挑战的必然选择。相关研究表明，用户的参与能够为企业提供直接的反馈信息，帮助企业更精准地把握市场需求，优化产品设计[425]。通过用户参与，企业可以减少开发过程中可能遇到的资源浪费，降低研发成本，提高资源配置的效率。与此同时，用户反馈能有效规避潜在风险，减少产品失败的可能性。用户参与还可加快研发周期，使企业能够更迅速地将产品推向市场，提升市场竞争力。此外，用户的创新性意见和创意对产品的完善与提升起到了重要作用，促进了产品的功能创新与用户体验优化。

用户间的产品推荐通过社交关系网络进行传播可以有效增强产品信息的说服力。人际关系网络中的相似性特征，使得推荐者和被推荐者在经历、文化背景等方面具有高度的一致性，从而提升了产品推荐的可信度。推荐者对产品的了解，使其能够更准确地评估产品对被推荐者的价值，进而提高推荐的采纳率。此外，基于社交关系的推荐机制，为推荐者提供了信誉背书，增加了产品推荐的有效性。社交关系网络中的信任传递，使得被推荐者更容易接受推荐内容，因为推荐者的信任风险增加了推荐的可靠性。随着社交媒体的兴起，用户口碑传播的影响力愈加显著，成为影响消费者决策的关键因素。用户间的推荐行为不仅能提高信息传播的广度，还能促进品牌认知度和产品忠诚度的提升。企业通过激励用户参与推荐机制，可以快速拓展市场并获取更多潜在客户。社交平台的互动性为用户推荐行为提供了更加便利的条件，进一步加速了信息传播的速度。有效的用户推荐行为，有助于企业降低营销成本，增加产品的市场渗透率。总之，用户间的产品推荐行为是企业在社交媒体时代获取竞争优势的重要来源[407]。

根据上述逻辑，我们绘制了企业可持续性优势获取路径图（见图 8-2）。

路径图揭示了在新竞争形势下，企业应实现可持续性竞争优势获取的多个关键环节。首先，企业的制度与价值观导向是基础，具体表现为组织结构、招聘准则、企业氛围以及考核与奖惩制度，这些要素为企业实施用户中心模式提供了制度性保障。其次，情感链接与产品质量是获取优势的核心组成部分。产品质量作为企业成功的基础，直接影响用户的购买决策和产品选择，而情感链接则通过提升用户忠诚度、增强情感共鸣，促使用户维持长期的品牌关系，从而减少品牌转换的可能性。情感链接不仅满足了用户的情感需求，也加强了用户与企业的黏性。最后，用户生态和推荐行为是企业可持续性优势获取路径中的推动力。用户生态指的是企业围绕用户需求构建的完整系统，而推荐行为则是用户积极参与品牌传播的重要方式，两者相互作用、相互促进，共同推动企业可持续竞争优势的获取与巩固。用户生态系统不仅为企业创造了一个稳定的用户基础，还通过不断的互动与优化增强了企业在市场中的竞争力。用户推荐行为通过口碑传播，将企业的品牌价值和产品优势传递给更广泛的潜在消费者，从而形成正向循环，促进用户群体的自我扩张。纵观整个路径图可以发现，企业要实现可持续性竞争优势，必须在制度和价值观导向上深入贯彻以用户为中心的理念，不仅要满足用户对产品或服务的理性需求，形成与用户间的情感链接、增强用户的情感认同感也至为关键。只有这样，企业才能激发用户主动进行产品推荐，不断通过旧用户吸引新用户，建立起稳固的用户流量生态系统，从而实现自我扩张和自我进化，最终实现企业的良性和可持续发展。

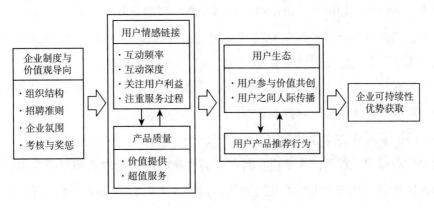

图8-2 新竞争形势下企业可持续性优势获取路径

8.5 结果讨论

传统短期利润驱动型运营模式缺乏对长期价值的构建，已经不适应时代发展的要求。随着社交媒体的普及，用户获取产品信息的途径变得更加多元化和即时，信息流通速度大幅提升。用户需求的多样化和个性化趋势明显，企业的传统运营模式难以满足这一变化。市场环境的复杂性和竞争的激烈性也加剧了这一问题。用户不仅关注产品质量，还更加重视品牌价值和用户体验。面对不断变化的用户期望，企业需要调整运营策略，以适应市场的新需求。

随着信息流通的加速，消费者在作出购买决策时，越来越依赖于其他用户的产品推荐。传统的大规模广告宣传等营销手段逐渐失去其有效性，消费者对厂商自我宣传式的产品信息来源逐步产生了审美疲劳，逐渐失去了以往的影响力，消费者对其接受度降低。信息过载使得消费者更加理性地筛选信息，希望能快速高效地筛选出适合自己的真实产品信息。产品推荐，特别是虚拟社区中的产品推荐，因其蕴含着其他消费者真实的产品使用经验，越来越成为影响消费者决策的重要因素[427]。用户中心模式强调对用户需求的深入洞察，企业生产经营的全价值链条转向以满足用户需求为导向，通过为用户提供超出其预期的产品或服务，让用户产生情感链接，主动参与企业产品的价值共创过程以及产品信息的传播过程，进而建立企业的用户流量生态。用户流量生态的建立促使了企业的可持续发展模式的构建。

本章研究探讨了企业在新竞争环境下如何通过创新经营战略实现竞争优势的路径。具体来说，有以下观察。

（1）在当今竞争激烈的市场环境中，企业应将用户置于核心地位，建立用户中心模式。首先，企业应在制度层面构建以用户为中心的组织架构，以确保快速响应市场和用户需求的变化。其次，优化工作流程，确保每个环节都围绕客户满意度展开，提升服务的及时性和有效性。强化精细化服务理念，要求企业在每一个服务细节上追求卓越，从而增强客户体验。与此同时，企业还应树立长期服务的理念，具备长远发展视野，避免短期行为，确保客户的持续满意。为实现这一目标，完善服务质量评估体系至关重要。定期对服务质量进行全面评估，确保服务标准的达成和改进。通过这种方式，企业能够及时发现问题并加以改进，保持持续的竞争力。

（2）重视产品质量是企业用户中心模式的关键内涵之一。首先，满足产品的基础功能需求是用户选择并支付产品费用的核心动因。产品的基本功能必须稳定且可靠，以确保用户的基础需求能得到有效满足。其次，企业应通过提供超出用户预期的效用来增强产品的吸引力。技术创新和功能提升可以带来"惊喜效应"，这种超预期的价值能够提升用户的满意度，从而促进顾客忠诚度的增加。最后，随着消费者需求日趋多样，企业需注重满足用户的个性化需求。通过提供定制化选项，企业能够增强用户的参与感和满足感，使其感到产品更符合个人偏好。个性化设计不仅可以提升产品的价值感，还能有效提升用户的品牌黏性和忠诚度。

（3）培养与用户之间的情感链接对于提升顾客满意度和忠诚度至关重要。虽然高质量的产品是企业赢得顾客的基本条件，但情感体验往往在促进顾客忠诚度方面具有更大的影响力。根据认知—情感—满意度理论，单纯依赖产品质量并不足以确保顾客的长期忠诚，情感因素成为决定顾客满意度和忠诚度的关键变量。情感链接能够增强用户对品牌的认同感，从而产生更深层次的品牌忠诚。与顾客建立情感上的紧密联系，不仅能提高顾客的满意度，还能促进顾客的口碑传播和品牌推荐。在具体实践中，企业可以通过优化与用户的互动频率和互动深度来加强情感链接。关注用户的个性化需求，满足其独特的心理期望，能够让顾客感到被重视与关怀。提升服务过程中的细节，注重服务质量和服务体验，可以让用户在每个接触点上都感受到企业的真诚与用心。服务人员的情感反馈能力和培训显得尤为重要，企业应通过专题培训提高员工在情感沟通方面的专业素养。设计适当的情感反馈机制和服务标准，有助于确保顾客在服务过程中获得积极的情感体验。

（4）虚拟社区在信息传播和用户互动中具有重要作用。通过虚拟社区，企业可以突破传统的时空限制，提供便捷和高效的信息传递渠道，推动用户参与互动与内容创作。虚拟社区不仅为用户提供了互动平台，及时获取用户反馈，并增强用户的参与感，还能促进信息的快速传播，从而帮助企业实现用户中心模式。用户可以在虚拟社区内积极参与产品的创新与改进，推动产品功能的优化与更新。企业借此可以直接了解用户需求，并根据用户的建议对产品进行调整，形成产品与市场的良性互动。虚拟社区为企业提供了一个共创平台，使用户成为产品价值创造的关键参与者。此外，虚拟社区还可以促进用户间的产品推荐和信息分享。企业可以通过虚拟社区引导用户进行推荐和转发，形成用户之间的自发推广机制。借助社交传播和病毒式传播的力量，企业能够扩大产品和品牌的曝光度并提高产品和品牌的市场认可度。

（5）通过用户间的产品推荐行为培养用户生态，是企业获取可持续竞争力的关键因素之一。忠诚度较高的用户不仅表现出更强的复购倾向，还更可能主动推荐产品，从而有效降低企业在传播产品信息时的成本。忠诚用户的产品推荐行为相对来说具有更高的可信度，从而对潜在用户产生更大影响。企业可以通过构建用户中心模式，培养用户的高度忠诚度，使其成为品牌的积极传播者。通过持续关注用户需求并且与用户深度互动，可以建立与用户的情感链接，进而提升用户忠诚度。随着忠诚用户数量的增加，企业能够依赖这些用户群体实现品牌的自我推广与传播。忠诚用户的生态化增长不仅是企业营销的一部分，更是抵御竞争对手的有效竞争壁垒。高忠诚度用户群体的形成，有助于企业应对外部市场压力和竞争挑战。通过这种基于用户推荐的生态模式，企业可以建立良好的用户流量生态，获得持久的竞争优势。

8.6　本章小结

本章基于 Kano 模型与认知—情感—满意度理论，深入探讨了用户推荐行为、用户中心模式与企业可持续竞争优势之间的关系。用户推荐行为被视为影响企业竞争力的重要因素，而用户中心模式则是提升企业竞争力的关键策略。通过案例分析，研究揭示了企业运营中影响可持续竞争优势获取的三个核心环节。第一个环节是企业制度和价值观的导向，体现了企业文化与战略对用户忠诚度和推荐行为的深远影响。第二个环节涉及产品质量与用户情感链接，这一环节突出表明，优质的产品和深厚的情感联系是用户推荐行为的驱动因素。第三个环节是用户生态与推荐行为的互动，它不仅反映了忠诚用户群体的形成，还强调了社交网络在企业产品推荐中的作用。三个环节相互作用，共同推动了企业获取可持续竞争优势的路径。企业制度与价值观导向对用户中心模式尤为重要，其为用户中心模式提供了制度保障与价值观指导。产品质量和用户情感链接在激发用户推荐行为方面起到了关键作用，是品牌忠诚度的核心驱动力。用户生态的构建与推荐行为密切相关，有助于增强品牌传播的效果和扩展用户群体的影响力。三个环节相互作用共同促进，共同推动了企业可持续市场优势的获取。本章研究结果可为企业在社交媒体环境下如何建立用户中心模式提供理论依据。在用户中心模式下，忠诚用户的产品推荐行为能让产品信息能够更高效地传播，进而提升市场占有率和市场竞争力。

第 9 章

总结和展望

9.1　研究总结

社交媒体的兴起以及用户对真实产品推荐信息的需求，推动了虚拟社区产品推荐现象的迅速发展。在虚拟社区中，用户通过分享和获取产品推荐信息，逐渐形成了产品信息传播的新渠道。虚拟社区不仅提供了一个互动平台，还通过其社交属性和媒体属性，推动了产品推荐信息的广泛传播和高效扩散。产品推荐作为虚拟社区中的一种社交行为，往往受"同伴效应"的影响，这一效应显著提高了信息接收者对推荐产品的信任度和接受度。虚拟社区中的推荐行为，反映了用户在消费决策过程中的社会互动需求。通过分析虚拟社区产品推荐现象，能够深入理解用户推荐行为的动因、过程与结果，揭示其背后的心理机制和社会机制。这一分析不仅能帮助企业理解用户行为的特点，还能为其制定更具针对性的市场策略提供理论支持。系统研究虚拟社区产品推荐现象，能够帮助企业把握用户需求的变化和市场发展趋势，从而作出及时的运营战略调整。虚拟社区产品推荐不仅能够提升品牌的知名度，还能有效增强用户对品牌的认同感和忠诚度。这种新形式的产品信息传播方式有利于为企业形成持续的用户流量并培养忠实用户，从而形成良好的用户流量生态。对虚拟社区用户推荐行为进行深入分析可以帮助企业更加精准地优化产品推广策略，提高社会化营销活动的有效性，进而促进企业形成和保持可持续的竞争优势。

本书采用"发出—过程—结果—发展—影响"框架，系统探讨了虚拟社区用户在产品推荐中的行为机制及其影响因素。第一，探究了虚拟社区用户主动进行产品推荐的动力机制，其中重点分析了社会化因素对信息传播的作用。第二，本书深入探讨了推荐内容的特征，如主观特征和客观特征等，如何作用于用户心理机制进而影响用户产品态度。然后分析了影响用户采纳推荐意愿的关键因素，包括感知信任、之前产品推荐经验等。第三，探讨了虚拟社区产品推荐的新发展——人工智能产品推荐。第四，探讨了直播社区用户对主播产品推荐的采纳机制。第五，探究了产品推荐在人工智能时代的新发展——人工智能产品推荐的特征、机制和影响等。第六，探析了用户推荐行为如何助力企业获取可持续竞争优势，提升品牌忠诚度与市场份额。

本书第 1 章介绍了研究背景，主要包括虚拟社区的崛起与发展以及产品推荐在现代营销中的重要性。虚拟社区已成为信息共享、互动交流和消费决策的重要平台，推动了消费者行为的变化。电商平台和在线购物的普及使得产品推荐成为提升用户体验和推动销售的关键工具。接着阐述了本书研究的理论意义与实践意义。随后，概括了本书的主要研究问题和章节安排，明确了研究重点。之后介绍了本书的研究方法，包括定量分析方法与定性分析方法。最后，介绍了研究的六大创新点，包括关系资本在在线环境下的作用、构建用户推荐动力模型、引出人工智能产品推荐概念等。

本书第 2 章整理了关于虚拟社区及产品推荐的研究文献，帮助明确相关概念，整理了现有文献中对虚拟社区和产品推荐的主要研究内容、研究不足和研究空白，为本书后续的研究提供了研究基础，指出了可能的研究方向。通过文献总结发现，现有大多数研究未准确区分虚拟社区产品推荐与传统口碑（WOM）及在线口碑（eWOM），忽略了这几个概念间的差异。在社交媒体背景下，用户角色发生转变，成为信息的创造者与传播者，准确区分这些概念对于理解消费者行为和企业竞争力至关重要。另外，本书发现尽管已有研究分析了虚拟社区相关的属性特征，但对其如何影响产品信息传播的研究较少。此外，发现人工智能对产品推荐的影响还几乎没有文献涉及。人工智能产品推荐正在对产品营销产生深刻影响，对其特征、机制及影响等进行探讨具有一定的研究必要性。

本书第3章分析了虚拟社区用户主动进行产品推荐的心理机制，其中重点分析了虚拟社区归属感对用户推荐意愿的影响。研究发现，虚拟社区归属感显著正向地影响了用户的产品推荐意愿，这验证了虚拟社区相关属性与用户社区行为的相关性；关系资本在归属感与推荐意愿之间起到了显著的中介作用，证明了用户之间的社会关系在其推荐行为中的重要性；信任倾向显著调节了归属感与推荐意愿的关系，信任倾向较高的用户更容易根据归属感进行推荐。除此之外，信任倾向也在归属感与关系资本的关系中发挥了调节作用，表明信任是推动社区成员互动和建立关系资本的核心因素。本章最后采用模糊集定性比较分析（fsQCA）方法探索了产品推荐的前置因果配置路径，揭示了不同因素组合对产品推荐行为的影响。整体而言，本章提供了虚拟社区用户产品推荐行为的系统性分析框架，丰富了社交网络与推荐行为领域的理论研究。研究结果对于企业在虚拟社区中制定社会化营销策略具有一定意义。

本书第4章探讨了产品推荐的内容特征对虚拟社区用户产品态度的影响机制。结果表明，产品推荐中的内容特征对消费者的态度变化起着重要作用。具体而言，主观特征比客观特征对消费者产品态度的影响更为显著，表明推荐内容的个性化、情感化特点能够有效改变用户的态度。特别是在高链接感虚拟社区中，主观特征的影响更加突出，暗示社区成员之间的紧密关系能够强化主观语言对态度的引导作用。与此同时，研究还发现，推荐内容的强弱风格对消费者态度有显著影响，其中强风格相较于弱风格表现出对消费者态度更大的影响力。无论是在高链接感还是低链接感虚拟社区中，强风格的语言特征均优于弱风格，能够显著改变用户的产品态度。除此之外，还考虑了个人文化倾向在此过程中所起的调节作用。结果显示，集体主义文化倾向的个体对主观特征和强风格的敏感度更高，导致了消费者更明显的态度变化。这说明个体的文化背景在产品推荐效果中起着重要的调节作用。

本书第5章结合前景理论与组织—信任理论分析了虚拟社区用户在采纳产品推荐时的心理机制。研究揭示了感知有用性在用户采纳决策中起着关键作用，不仅显著影响感知信任度，也与推荐意愿显著相关。感知信任度对推荐意愿产生了正向影响，即信任度的提升能够增强用户的采纳意愿。之前产品推荐经验显著影响了感知有用性和推荐意愿，但并未对信任度产生显著作用。感知性价比、涉入度和感知风险被证实对感知有用性具有显著影响。感知信息质量和感知风险对信任度的影响也得到了验证，且性价比被发现对信任度产生显著作用。另外，感知社会价值被发现对感知有用性和信任度的影响不显著，虚拟社区参与度和信任氛围对用户的感知信任度有显著影响。此外，人际影响敏感度也是影响信任度的重要变量。

直播社区已成为产品信息传播不可或缺的渠道之一。本书第 6 章通过一个带有调节效应的中介模型探讨了直播社区用户对主播产品推荐的采纳心理机制。具体来说，测试了感知价值对消费者采纳主播产品推荐意图的直接和间接影响、感知可信度在感知价值与采纳意图之间的中介作用、临场感在感知价值与感知可信度关系中的调节作用，以及自我认同感在感知可信度与采纳意图之间的调节作用。研究结果表明，感知可信度在感知价值—采纳意图关系中具有部分中介效应，临场感能正向影响感知可信度，但未能显著调节感知价值—采纳意图的关系，自我认同感能正向调节感知可信度—采纳意图，但对感知价值—采纳意图具有负向调节作用。

人工智能推荐是传统产品推荐和虚拟社区产品的新发展，因其智能化和个性化等特点正在逐渐被消费者接受，对消费者购物心理和购物行为产生了深刻影响。本书第 7 章系统探讨了人工智能产品推荐的发展背景、对产品营销的影响、机制与特征，讨论了人工智能产品推荐的伦理问题，并提出了具体治理对策。

第 8 章探讨了用户产品推荐行为、用户中心模式与企业可持续发展路径之间的关系。通过对案例数据的分析发现，用户产品推荐行为是提升企业竞争力的重要驱动力，能显著影响其产品市场表现和品牌影响力。具体来说，企业的制度与价值观导向对用户忠诚度和推荐行为起着基础性作用，超预期的产品质量与情感链接是推动用户产品推荐行为的核心因素，可以有效促使用户主动参与推荐行为。用户生态的建立有利于获取持续的用户流量，进而推动品牌传播和市场扩展。用户中心模式通过提高用户忠诚度和用户产品推荐频率可以有效增强产品市场占有率，并提高企业核心竞争力。

9.2 研究展望

本书通过实证法和案例分析等方法，探讨了虚拟社区用户产品推荐这一新兴社会现象的内涵，分析了虚拟社区用户产品推荐的行为模式和心理机制，并总结了其在企业可持续竞争力获取中的关键作用。受限于研究对象的复杂性和研究者的研究能力，仍存在许多研究不足和未来研究者可以进一步挖掘的地方。

第一，本书主要基于微信、抖音等社交媒体平台上的虚拟社区探讨了产品推荐的相关属性和机制。然而，不同类型的虚拟社区可能在用户行为、平台特性及互动方式上存在显著差异。未来研究可以聚焦于其他类型的虚拟社区，如基于电商平台的虚拟社区和基于企业网站的虚拟社区等，对不同类型虚拟社区内的用户产品推荐行为展开进一步探究。通过分析不同平台的内涵、特征和属性等对这些平台中用户产品推荐行为的影响，进一步拓展虚拟社区产品推荐的研究主题和研究领域。如基于企业网站上的虚拟社区则受到品牌影响力与客户关系的作用，可能呈现出特定的产品推荐行为特征，有必要在未来的研究中进一步探讨。

第二，本书的实证章节主要基于来自中国的虚拟社区用户，未来研究可以考虑将其他国家的虚拟社区纳入研究范围，以探讨文化差异对推荐机制的潜在影响。不同文化背景下用户行为和社会互动方式可能有所不同，如中西方国家对于集体概念的理解、对于关系概念的理解、对于行为效用的重视程度、对于人际影响的关注程度、对于在线隐私的关注程度等都存在较大的差异性特征，这些个体特征必然会影响其对虚拟社区属性感知、对信任的发生机制、对情感链接的重视程度等，进而会对其产品推荐的发出机制和接受机制等产生潜在影响。

第三，本书主要通过实证法和案例法对研究假设进行验证，在样本数据处理过程和模型验证过程中都遵循了实证研究的基本范式。然而，实证法和案例法在处理复杂问题时可能存在一定的局限性，比如在解释复杂因果关系和解释变量的动态变化导致的影响等方面。未来的研究可以考虑采用其他数据处理和分析方法，如数理模型推导、博弈论、程序仿真技术、行为预测技术等来对相关理论机制和行为假设进行进一步的验证。通过不同方法对产品推荐这一主题进行不同维度的研究可以进一步拓展和丰富本书研究的结论，提升理论深度，并为企业实践提供更具前瞻性的建议。

此外，未来研究还可进一步关注的主题有：（1）人工智能产品推荐对企业产品营销策略的影响，尤其是其在制定精准营销方案中的作用。（2）人工智能产品推荐如何改变消费者的购买行为，探索人工智能推荐系统对消费决策的具体影响。（3）虚拟社区中产品推荐与企业绩效之间的关系也是一个重要的研究方向，尤其是通过企业具体的运营数据对产品推荐提高市场营销绩效方面。（4）虚拟社区用户的推荐行为与企业产品创新之间的联系，了解用户参与推荐如何推动企业创新。（5）人工智能产品推荐的政府监管问题同样不容忽视，如何在保证公平与透明的基础上促进技术的健康发展是关键。（6）如何结合大数据分析与人工智能技术提高人工智能推荐的精准度与推荐效率也是未来研究中可以重点关注的研究主题。

附录1　虚拟社区产品推荐意愿调查问卷

关于虚拟社区归属感，您是否同意以下说法？

序号	题项（虚拟社区归属感）	认同程度（1分→5分）				
		完全 不认 同	基本 不认 同	还可以	基本 认同	完全 认同
1	我感觉和这个微信群的成员关系密切	1	2	3	4	5
2	我感觉我是这个微信群中重要的成员	1	2	3	4	5
3	在这个微信群中我可以自由地表达我的想法和感觉	1	2	3	4	5
4	我感觉这个微信群是我生活的一部分	1	2	3	4	5

关于关系资本，您是否同意以下说法？

序号	题项（关系资本）	认同程度（1分→5分）				
		完全 不认 同	基本 不认 同	还可以	基本 认同	完全 认同
5	当我需要购物建议的时候，我总能在这个微信群获得	1	2	3	4	5
6	当我遇到问题需要解决时，我总能在这个微信群中找到人帮我解决	1	2	3	4	5
7	当我觉得孤单时，我总能在这个微信群中找到人和我一起交流	1	2	3	4	5
8	我相信这个群中的成员都愿意给彼此提供帮助	1	2	3	4	5

关于信任倾向，您是否同意以下说法？

序号	题项	认同程度（1分→5分）				
		完全不认同	基本不认同	还可以	基本认同	完全认同
9	面对陌生人或事物时，我总愿意先选择相信，除非有理由让我怀疑	1	2	3	4	5
10	我相信大多数人是善良的	1	2	3	4	5
11	通常来说我感觉周围的人值得依赖	1	2	3	4	5
12	我比较容易相信别人	1	2	3	4	5

关于微信群中的产品推荐意愿，您是否同意以下说法？

序号	题项	认同程度（1分→5分）				
		完全不认同	基本不认同	还可以	基本认同	完全认同
13	我会经常在微信中推荐产品给其他成员	1	2	3	4	5
14	当我发现了好的产品时我会倾向于在微信群中进行分享	1	2	3	4	5
15	当有人需要购物建议时，我会积极分享我的购物经验	1	2	3	4	5
16	当我体验到了好的产品时，我会在群中鼓励其他成员进行购买	1	2	3	4	5

附录2　虚拟社区产品推荐采纳意愿调查问卷

关于产品推荐的感知信息质量，您是否同意以下说法？

序号	题项	认同程度（1分→5分）				
		完全不认同	基本不认同	还可以	基本认同	完全认同
1	我觉得微信群里这个产品推荐的信息反映了发出者真实的购买体验	1	2	3	4	5
2	我觉得微信群里的这个产品推荐信息很客观	1	2	3	4	5
3	我觉得微信群里的这个产品推荐信息很准确	1	2	3	4	5
4	我觉得微信群里的这个产品推荐信息很容易理解	1	2	3	4	5

关于产品推荐的感知性价比，您是否同意以下说法？

序号	题项	认同程度（1分→5分）				
		完全不认同	基本不认同	还可以	基本认同	完全认同
5	我觉得微信群里其他人推荐的这个产品价格很合适	1	2	3	4	5
6	我觉得如果买了群里别人推荐的这个产品能帮我省钱	1	2	3	4	5
7	微信群里推荐的这个产品性价比很高	1	2	3	4	5

关于产品推荐的感知社会价值，您是否同意以下说法？

序号	题项	认同程度（1 分→5 分）				
		完全不认同	基本不认同	还可以	基本认同	完全认同
8	我觉得如果买了群里推荐的这个产品能让我更被其他成员接受	1	2	3	4	5
9	我觉得如果买了群里推荐的这个产品能改善我在群里的形象	1	2	3	4	5
10	我觉得如果买了群里推荐的这个产品能让大家对我有更好的印象	1	2	3	4	5
11	我觉得买了群里推荐的这个产品能让大家更认可我	1	2	3	4	5

关于产品推荐的感知涉入度，您是否同意以下说法？

序号	题项	认同程度（1 分→5 分）				
		完全不认同	基本不认同	还可以	基本认同	完全认同
12	我对微信群中这个其他成员推荐的产品感兴趣	1	2	3	4	5
13	这个微信群中其他成员所推荐的产品很吸引我	1	2	3	4	5
14	这个微信群中其他成员所推荐的产品对我来说很重要	1	2	3	4	5
15	我很需要这个微信群中其他成员所推荐的产品	1	2	3	4	5

关于产品推荐的感知风险，您是否同意以下说法？

序号	题项	认同程度（1 分→5 分）				
		完全不认同	基本不认同	还可以	基本认同	完全认同
16	我担心微信群中的其他成员所推荐的产品可能存在质量问题	1	2	3	4	5
17	我担心微信群中的其他成员所推荐的产品会给我带来经济损失	1	2	3	4	5
18	我担心微信群中的其他成员所推荐的产品可能存在安全问题	1	2	3	4	5

关于虚拟社区参与度，您是否同意以下说法？

序号	题项	认同程度（1分→5分）				
		完全不认同	基本不认同	还可以	基本认同	完全认同
19	我经常与这个群里的成员互动	1	2	3	4	5
20	我经常会帮助这个群里的成员完成任务	1	2	3	4	5
21	我会积极主动地参与这个群里的话题	1	2	3	4	5
22	我与这个群里成员的双向交流很频繁	1	2	3	4	5

关于虚拟社区信任氛围，您是否同意以下说法？

序号	题项	认同程度（1分→5分）				
		完全不认同	基本不认同	还可以	基本认同	完全认同
23	这个微信群中的成员彼此很真诚	1	2	3	4	5
24	我相信其他群成员在群里分享的信息是真实可靠的	1	2	3	4	5
25	这个微信群的管理员对于群里的错误信息或不当行为总是能做到及时提醒并处理	1	2	3	4	5

关于之前产品推荐经验，您是否同意以下说法？

序号	题项	认同程度（1分→5分）				
		完全不认同	基本不认同	还可以	基本认同	完全认同
26	之前我与这个群里成员的互动符合我的预期	1	2	3	4	5
27	之前我买的这个群里推荐的产品体验不错	1	2	3	4	5
28	基于我之前的观察，我觉得这个群很靠谱	1	2	3	4	5

关于产品推荐的感知有用性，您是否同意以下说法？

序号	题项	认同程度（1分→5分）				
		完全不认同	基本不认同	还可以	基本认同	完全认同
29	我觉得这个产品推荐对我有帮助	1	2	3	4	5
30	我觉得这个产品推荐对我来说有价值	1	2	3	4	5
31	我觉得这个产品推荐对我来说有用	1	2	3	4	5

关于产品推荐的感知信任度，您是否同意以下说法？

序号	题项	认同程度（1分→5分）				
		完全不认同	基本不认同	还可以	基本认同	完全认同
32	我觉得这个微信群里的产品推荐是可信的	1	2	3	4	5
33	我觉得这个其他成员推荐的产品很不错	1	2	3	4	5
34	我觉得这个微信群里的产品推荐符合事实	1	2	3	4	5

关于人际影响敏感度，您是否同意以下说法？

序号	题项	认同程度（1分→5分）				
		完全不认同	基本不认同	还可以	基本认同	完全认同
35	我在购物时经常请朋友帮助进行选择	1	2	3	4	5
36	为了作出正确选择，我经常观察别人是怎么做的	1	2	3	4	5
37	当我不了解一个产品时，我会问朋友的建议	1	2	3	4	5
38	我在购物前经常从家人和朋友那收集有关信息	1	2	3	4	5

关于产品推荐的采纳意愿，您是否同意以下说法？

序号	题项	认同程度（1分→5分）				
		完全不认同	基本不认同	还可以	基本认同	完全认同
39	微信群中的这个产品推荐能帮助我提高购物效率	1	2	3	4	5
40	微信群中的这个产品推荐能刺激我去购买这个产品	1	2	3	4	5
41	微信群中的这个产品推荐增加了我对这个产品的了解	1	2	3	4	5

附录3　直播社区用户主播产品推荐采纳调查问卷

关于直播社区主播产品推荐的感知价值，您是否同意以下说法？

序号	题项	认同程度（1分→5分）				
		完全不认同	基本不认同	还可以	基本认同	完全认同
1	我通过主播的产品推荐以合理的价格购买到了令人满意的产品	1	2	3	4	5
2	通过观看主播的产品推荐购买产品，值得为此付出时间和精力	1	2	3	4	5
3	与其他方式相比，选择主播推荐的产品进行购买是明智的选择	1	2	3	4	5
4	总的来说，通过跟随主播的产品推荐购买产品让我感觉很好	1	2	3	4	5

关于直播社区主播产品推荐的远程临场感，您是否同意以下说法？

序号	题项	认同程度（1分→5分）				
		完全不认同	基本不认同	还可以	基本认同	完全认同
5	在观看直播时，我感觉自己进入了直播所创造的全新世界	1	2	3	4	5
6	当我观看直播时，我会很专注乃至忘记自己所处的环境	1	2	3	4	5

续表

序号	题项	认同程度（1分→5分）				
		完全不认同	基本不认同	还可以	基本认同	完全认同
7	在观看直播时，我感觉身体在房间里，但我的思绪却在直播所创造的世界中	1	2	3	4	5
8	直播中展示的产品非常真实、立体，仿佛就在我眼前	1	2	3	4	5
9	直播创造的世界对我来说，更像是"我去过的地方"，而不是"我看到的东西"	1	2	3	4	5

关于直播社区主播产品推荐的感知可信度，您是否同意以下说法？

序号	题项	认同程度（1分→5分）				
		完全不认同	基本不认同	还可以	基本认同	完全认同
10	我确实相信主播的产品推荐是令人信服的	1	2	3	4	5
11	我确实相信主播的产品推荐是可信的	1	2	3	4	5
12	我确实相信主播的产品推荐是购买产品的好参考	1	2	3	4	5
13	我认为跟随主播的产品推荐购买产品是值得的	1	2	3	4	5

关于直播社区主播产品推荐的自我认同感，您是否同意以下说法？

序号	题项	认同程度（1分→5分）				
		完全不认同	基本不认同	还可以	基本认同	完全认同
14	我认同这位主播	1	2	3	4	5
15	当我谈论这位主播时，我通常说"我们"而不是"他"	1	2	3	4	5
16	我觉得我的个性和这位主播的个性很相似	1	2	3	4	5
17	我和其他粉丝有很多共同点	1	2	3	4	5

关于直播社区主播产品推荐的采纳意愿，您是否同意以下说法？

序号	题项	认同程度（1分→5分）				
		完全不认同	基本不认同	还可以	基本认同	完全认同
18	我总是同意主播的产品推荐内容	1	2	3	4	5
19	我会再次遵循主播的产品推荐建议	1	2	3	4	5
20	主播的产品推荐总是激励我作出购买决策	1	2	3	4	5

附录4　半结构化访谈大纲

第一部分　基本信息

1. 您的职位是什么?

2. 您在这个职位任职多长时间了?

3. 您主要负责哪一块具体业务?

第二部分　主要访谈内容

1. 您觉得老学员推荐新学员过来报名对你们学校招生重要吗? 大概占多大比例?

2. 为了让学员相互推荐课程, 学校做了什么工作? (比如公司制度和员工行为导向方面)

3. 你们的课程对学员最大的吸引力是什么?

4. 学校怎么样建立与学员的紧密关系 (怎么样让学员成为学校的粉丝)?

5. 您怎么理解以用户 (学员) 为中心? 具体怎么做?

6. 您觉得学校目前的竞争优势可以持续吗? 原因是什么?

参考文献

［1］ Bezjian-Avery A，Calder B，Iacobucci D. New media interactive advertising vs. traditional advertising［J］. Journal of Advertising Research，1998（38）.

［2］ 陈晓青. 城市广电生活服务类节目的下沉与跨界——以扬州广电的探索实践为例［J］. 中国广播电视学刊，2024（5）.

［3］ 腾讯 2024 中期报告［EB/OL］. ［2024 – 11 – 12］. https：//static. www. tencent. com/uploads/2024/08/27/921cf1c0c56a51dd08ee318678b3bb08. pdf.

［4］ 2017 中国移动社交用户洞察报告［EB/OL］. ［2019 – 05 – 16］. https：//www. iresearch. com. cn/Detail/report? id = 3020&isfree = 0.

［5］ Chung N，Han H，Koo C. Adoption of travel information in user-generated content on social media：The moderating effect of social presence［J］. Behaviour & Information Technology，2015（9）.

［6］ Wang Y，Yu C. Social interaction-based consumer decision-making model in social commerce：The role of word of mouth and observational learning［J］. International Journal of Information Management，2017（3）.

［7］ Liu H，Chu H，Huang Q，et al. Enhancing the flow experience of consumers in China through interpersonal interaction in social commerce［J］. Computers in Human Behavior，2016（58）.

［8］ Pentina I，Basmanova O，Zhang L，et al. Exploring the role of culture in eWOM adoption［J］. MIS REVIEW：An International Journal，2015（2）.

［9］ Song T，Yi C，Huang J. Whose recommendations do you follow? An investigation of tie strength，shopping stage，and deal scarcity［J］. Information &

Management，2017（8）．

［10］ Liang S W J, Ekinci Y, Occhiocupo N, et al. Antecedents of travellers' electronic word-of-mouth communication ［J］. Journal of Marketing Management，2013（5）.

［11］ Zablocki A, Schlegelmilch B, Houston M J. How valence, volume and variance of online reviews influence brand attitudes ［J］. AMS Review，2019（1）.

［12］ Choudhury N. World wide web and its journey from web 1.0 to web 4.0 ［J］. International Journal of Computer Science and Information Technologies，2014（6）.

［13］ 张洁，廖貅武.虚拟社区中顾客参与、知识共享与新产品开发绩效 ［J］. 管理评论，2020（4）.

［14］ Chen G L, Yang S C, Tang S M. Sense of virtual community and knowledge contribution in a P3 virtual community ［J］. Internet Research，2013（1）.

［15］ Schubert P, Ginsburg M. Virtual communities of transaction: The role of personalization in electronic commerce ［J］. Electronic Markets，2000（1）.

［16］ Bagozzi R P, Dholakia U M. Intentional social action in virtual communities ［J］. Journal of Interactive Marketing，2002（2）.

［17］ Koh J, Kim Y G, Kim Y G. Sense of virtual community: A conceptual framework and empirical validation ［J］. International Journal of Electronic Commerce，2003（2）.

［18］ Armstrong A, Hagel J. The real value of online communities ［J］. Knowledge and Communities，2000（3）.

［19］ Plant R. Online communities ［J］. Technology in Society，2004（1）.

［20］ 耿晓彦.虚拟社区——基于网络发展的组织形态研究 ［J］. 科教文汇，2008（3）.

［21］ 张发亮.不同类型虚拟社区的特点比较分析 ［J］. 图书馆学研究，2006（7）.

［22］ 赵联飞，郭志刚.虚拟社区交往及其类型学分析 ［J］. 社会科学，

2008（8）.

[23] Tajfel H. Social categorization, English manuscript of La catégorization sociale [J]. Introduction à la Psychologie Sociale, 1972（1）.

[24] Turner J C, Oakes P J. The significance of the social identity concept for social psychology with reference to individualism, interactionism and social influence [J]. British Journal of Social Psychology, 1986（3）.

[25] Dukerich J M, Golden B R, Shortell S M. Beauty is in the eye of the beholder: The impact of organizational identification, identity, and image on the cooperative behaviors of physicians [J]. Administrative Science Quarterly, 2002（3）.

[26] Ahearne M, Bhattacharya C B, Gruen T. Antecedents and consequences of customer-company identification: Expanding the role of relationship marketing [J]. Journal of Applied Psychology, 2005（3）.

[27] 吉登斯. 现代性与自我认同：现代晚期的自我与社会 [M]. 赵旭东，方文，译. 北京：生活·读书·新知三联书店，1998.

[28] Blanchard A L, Markus M L. Sense of virtual community-maintaining the experience of belonging [C]. Proceedings of the 35th Annual Hawaii International Conference on System Sciences. IEEE, 2002（1）.

[29] Huemer L, Becerra M, Lunnan R. Organizational identity and network identification: Relating within and beyond imaginary boundaries [J]. Scandinavian Journal of Management, 2004（1）.

[30] 吴士健，刘国欣，权英. 基于 UTAUT 模型的学术虚拟社区知识共享行为研究——感知知识优势的调节作用 [J]. 现代情报，2019（6）.

[31] Bowlby, J. Attachment and loss: vol. 1: Attachment, basic books [M]. New York: Basic Books, 1982.

[32] Kim J, Lim J S, Bhargava M. The role of affect in attitude formation: A classical conditioning approach [J]. Journal of the Academy of Marketing Science, 1998（2）.

[33] Holmes J G. Social relationships: The nature and function of relational

schemas [J]. European Journal of Social Psychology, 2000 (4).

[34] Chiu C M, Fang Y H, Wang E T G. Building community citizenship behaviors: The relative role of attachment and satisfaction [J]. Journal of the Association for Information Systems, 2015 (11).

[35] Chung N, Nam K, Koo C. Examining information sharing in social networking communities: Applying theories of social capital and attachment [J]. Telematics and Informatics, 2016 (1).

[36] Choi N. Information systems satisfaction, loyalty and attachment: Conceptual and empirical differentiation [J]. Behaviour & Information Technology, 2015 (3).

[37] Shaw L H, and Gant L M. In defense of the Internet: The relationship between Internet communication and depression, loneliness, self-esteem, and perceived social support [J]. Cyberpsychology & Behavior, 2002 (2).

[38] Maslow A H. Motivation and personality [M]. New York: Harper and Brothers, 1954.

[39] Xie B. Multimodal computer-mediated communication and social support among older Chinese Internet users [J]. Journal of Computer-Mediated Communication, 2008 (3).

[40] House J S. Work stress and social support [M]. Reading, MA: Addison-Wesley, 1981.

[41] Madjar N. Emotional and informational support from different sources and employee creativity [J]. Journal of Occupational and Organizational Psychology, 2008 (1).

[42] Hajli M N. The role of social support on relationship quality and social commerce [J]. Technological Forecasting and Social Change, 2014 (1).

[43] Barnett White T. Consumer trust and advice acceptance: The moderating roles of benevolence, expertise, and negative emotions [J]. Journal of Consumer Psychology, 2005 (2).

［44］ Martinsons M G. Relationship-based e-commerce：Theory and evidence from China ［J］. Information Systems Journal, 2008 (4).

［45］ 单晓红, 王春稳, 刘晓燕, 等. 基于在线评论的混合推荐算法 ［J］. 系统工程, 2019 (6).

［46］ 李树青. 基于加权 XML 模型的个性化产品推荐方法 ［J］. 现代图书情报技术, 2009 (4).

［47］ 阮光册, 夏磊. 互联网推荐系统研究综述 ［J］. 情报学报, 2015 (9).

［48］ Zhang Z K, Zhou T, Zhang Y C. Tag-aware recommender systems：A state-of-the-art survey ［J］. Journal of Computer Science and Technology, 2011 (5).

［49］ Gershoff A D, Mukherjee A, Mukhopadhyay A. Consumer acceptance of online agent advice：Extremity and positivity effects ［J］. Journal of Consumer Psychology, 2003 (1).

［50］ Xiao B, Benbasat I. E-commerce product recommendation agents：Use, characteristics, and impact ［J］. MIS Quarterly, 2007 (1).

［51］ Basu S. Information search in the internet markets：Experience versus search goods ［J］. Electronic Commerce Research and Applications, 2018 (30).

［52］ Raziq M M, Ahmed Q M, Ahmad M, et al. Advertising skepticism, need for cognition and consumers' attitudes ［J］. Marketing Intelligence & Planning, 2018 (6).

［53］ Lee M, Youn S. (eWOM) How eWOM platforms influence consumer product judgement ［J］. International Journal of Advertising, 2009 (3).

［54］ 殷凯. 企业口碑营造与高校营销教师 ［J］. 企业经济, 2002 (2).

［55］ Berger J, Iyengar R. Communication channels and word of mouth：How the medium shapes the message ［J］. Journal of Consumer Research, 2013 (3).

［56］ Doh S J, Hwang J S. How consumers evaluate eWOM (electronic word-of-mouth) messages ［J］. Cyberpsychology & Behavior, 2009 (2).

［57］ Hennig-Thurau T, Gwinner K P, Walsh G, et al. Electronic word-of-mouth via consumer-opinion platforms：What motivates consumers to articulate themselves on the internet？［J］. Journal of Interactive Marketing，2004（1）.

　　［58］Arndt J. Role of product-related conversations in the diffusion of a new product［J］. Journal of Marketing Research，1967（3）.

　　［59］Brown J J，Reingen P H. Social ties and word-of-mouth referral behavior［J］. Journal of Consumer Research，1987（3）.

　　［60］Araujo T，Neijens P，Vliegenthart R. Getting the word out on Twitter：The role of influentials，information brokers and strong ties in building word-of-mouth for brands［J］. International Journal of Advertising，2017（3）.

　　［61］闫强，孟跃. 在线评论的感知有用性影响因素——基于在线影评的实证研究［J］. 中国管理科学，2013（1）.

　　［62］Litvin S W，Goldsmith R E，Pan B. Electronic word-of-mouth in hospitality and tourism Management［J］. Tourism Management，2008（3）.

　　［63］杨宜苗，郭佳伟. 线上服务互动如何影响口碑推荐——行为惯性的中介作用和优惠待遇的调节作用［J］. 北京工商大学学报（社会科学版），2019（6）.

　　［64］Brown J，Broderick A J，Lee N. Word of mouth communication within online communities：Conceptualizing the online social network［J］. Journal of Interactive Marketing，2007（3）.

　　［65］Cheung C M K，Lee M K O. What drives consumers to spread electronic word of mouth in online consumer-opinion platforms［J］. Decision Support Systems，2012（1）.

　　［66］Yang F X. Effects of restaurant satisfaction and knowledge sharing motivation on eWOM intentions：The moderating role of technology acceptance factors［J］. Journal of Hospitality & Tourism Research，2017（1）.

　　［67］阎俊，蒋音波，常亚平. 网络口碑动机与口碑行为的关系研究［J］. 管理评论，2011（12）.

　　［68］Wang T，Yeh R K J，Chen C，et al. What drives electronic word-of-mouth on social networking sites？Perspectives of social capital and self-determination [J]. Telematics and Informatics, 2016 (4).

[69] Zhou L, Ye S, Pearce P L, et al. Refreshing hotel satisfaction studies by reconfiguring customer review data [J]. International Journal of Hospitality Management, 2014 (1).

[70] Ladhari R, Michaud M. eWOM effects on hotel booking intentions, attitudes, trust, and website perceptions [J]. International Journal of Hospitality Management, 2015 (1).

[71] 刘中刚. 口碑类型与发送者身份信息对图书网络双面口碑效果的影响 [J]. 出版科学, 2015 (3).

[72] Munzel A. Assisting consumers in detecting fake reviews: The role of identity information disclosure and consensus [J]. Journal of Retailing and Consumer Services, 2016 (1).

[73] Hussain S, Ahmed W, Jafar R M S, et al. eWOM source credibility, perceived risk and food product customer's information adoption [J]. Computers in Human Behavior, 2017 (1).

[74] Yan Q, Wu S, Wang L, et al. E-WOM from e-commerce websites and social media: Which will consumers adopt? [J]. Electronic Commerce Research and Applications, 2016 (1).

[75] Sohaib M, Hui P, Akram U. Impact of eWOM and risk-taking in gender on purchase intentions: Evidence from Chinese social media [J]. International Journal of Information Systems and Change Management, 2018 (2).

[76] Rossmann A, Ranjan K R, Sugathan P. Drivers of user engagement in eWoM communication [J]. Journal of Services Marketing, 2016 (1).

[77] Alharbi M K, Aziz Y A, Yusof R N R, et al. Moderating Role of Trust between eWOM Communication and Purchase Intention [J]. Journal of Chemical Information and Modeling, 2020 (1).

[78] Zhang H, Liang X, Qi C. Investigating the impact of interpersonal closeness and social status on electronic word-of-mouth effectiveness [J]. Journal

of Business Research, 2020 (1).

[79] Cantallops A S, Salvi F. New consumer behavior: A review of research on eWOM and hotels [J]. International Journal of Hospitality Management, 2014 (36).

[80] Nieto J, Hernández-Maestro R M, Muñoz-Gallego P A. Marketing decisions, customer reviews, and business performance: The use of the Toprural website by Spanish rural lodging establishments [J]. Tourism Management, 2014 (45).

[81] 郭春宝. 集体决策中的"从众"心理及矫正 [J]. 理论与实践, 2003 (1).

[82] Pasternak O, Veloutsou C, Morgan-Thomas A. Self-presentation, privacy and electronic word-of-mouth in social media [J]. Journal of Product & Brand Management, 2017 (4).

[83] Feick L F, Price L L. The market maven: A diffuser of marketplace information [J]. Journal of Marketing, 1987 (1).

[84] 祝珊, 殷国鹏. 消费者在线口碑有用性影响因素研究 [J]. 山东社会科学, 2011 (6): 121 - 124.

[85] Sotiriadis M D, Van Zyl C. Electronic word-of-mouth and online reviews in tourism services: The use of twitter by tourists [J]. Electronic Commerce Research, 2013 (13).

[86] Cheung C M K, Thadani D R. The impact of electronic word-of-mouth communication: A literature analysis and integrative model [J]. Decision Support Systems, 2012 (1).

[87] Wulff D U, Hills T T, Hertwig R. Online product reviews and the description-experience gap [J]. Journal of Behavioral Decision Making, 2015 (3).

[88] Larson L R L, Denton L T. eWOM watchdogs: Ego-threatening product domains and the policing of positive online reviews [J]. Psychology & Marketing, 2014 (9).

[89] Zhang X J, Barnes C. The suspicious factors in electronic word-of-mouth communication [J]. Journal of Marketing Development and Competitive-

ness，2019（2）.

［90］所罗门，卢泰宏. 消费者行为学（第6版）［M］. 北京：中国人民大学出版社，2006.

［91］Schindler R M，Bickart B. Perceived helpfulness of online consumer reviews：The role of message content and style［J］. Journal of Consumer Behaviour，2012（3）.

［92］Steffes E M，Burgee L E. Social ties and online word of mouth［J］. Internet Research，2009（1）.

［93］Tiruwa A，Yadav R，Suri P K. An exploration of online brand community（OBC）engagement and customer's intention to purchase［J］. Journal of Indian Business Research，2016（4）.

［94］Chen X，Ma J，Wei J，et al. The role of perceived integration in WeChat usages for seeking information and sharing comments：A social capital perspective［J］. Information & Management，2021（1）.

［95］Chen Y，Lu Y，Wang B，et al. How do product recommendations affect impulse buying? An empirical study on WeChat social commerce［J］. Information & Management，2019（2）.

［96］李雁晨，周庭锐，周琇. 解释水平理论：从时间距离到心理距离［J］. 心理科学进展，2009（4）.

［97］Kim H W，Kankanhalli A，Lee S H. Examining gifting through social network services：A social exchange theory perspective［J］. Information Systems Research，2018（4）.

［98］Lefebvre V M，Sorenson D，Henchion M，et al. Social capital and knowledge sharing performance of learning networks［J］. International Journal of Information Management，2016（4）.

［99］McMillan D W，Chavis D M. Sense of community：A definition and theory［J］. Journal of Community Psychology，1986（1）.

［100］Han K，Shih P C，Rosson M B，et al. Understanding local community attachment, engagement and social support networks mediated by mobile technology [J]. Interacting with Computers, 2016 (3).

[101] Liou D K, Chih W H, Hsu L C, et al. Investigating information sharing behavior: The mediating roles of the desire to share information in virtual communities [J]. Information Systems and e-Business Management, 2016 (2).

[102] Hernández-Ortega B. Don't believe strangers: Online consumer reviews and the role of social psychological distance [J]. Information & Management, 2018 (1).

[103] Lee S Y, Sung Y H, Choi D, et al. Surviving a crisis: How crisis type and psychological distance can inform corporate crisis responses [J]. Journal of Business Ethics, 2019 (1).

[104] Hong Y, Pavlou P A, Shi N, et al. On the role of fairness and social distance in designing effective social referral systems [J]. Mis Quarterly, 2017 (3).

[105] Liu Z, Min Q, Zhai Q, et al. Self-disclosure in Chinese micro-blogging: A social exchange theory perspective [J]. Information & Management, 2016 (1).

[106] Davenport T H, Prusak L. Working knowledge: How organizations manage what they know [M]. Boston: Harvard Business Press, 1998.

[107] Mathwick C, Wiertz C, De Ruyter K. Social capital production in a virtual P3 community [J]. Journal of Consumer Research, 2008 (6).

[108] Lai H M, Chen T T. Knowledge sharing in interest online communities: A comparison of posters and lurkers [J]. Computers in Human Behavior, 2014 (35).

[109] Mukred A, Singh D, Safie N. Investigating the impact of information culture on the adoption of information system in public health sector of developing countries [J]. International Journal of Business Information Systems, 2017 (3).

[110] Lisha C, Goh C F, Yifan S, et al. Integrating guanxi into technology acceptance: An empirical investigation of WeChat [J]. Telematics and Informat-

ics, 2017 (7).

[111] Wilson P A. Building social capital: A learning agenda for the twenty-first century [J]. Urban Studies, 1997 (5).

[112] 徐芬, 何振芬, 马凤玲, 等. 大学生信任倾向与心理健康的关系: 个体差异的视角 [J]. 应用心理学, 2013 (2).

[113] 李须, 陈红. 陌生人之间的信任: 基于具身认知视角的探索 [J]. 心理技术与应用, 2014 (11).

[114] Korn J U. Expecting penises in Chatroulette: Race, gender, and sexuality in anonymous online spaces [J]. Popular Communication, 2017 (2).

[115] Bacev-Giles C, Haji R. Online first impressions: Person perception in social media profiles [J]. Computers in Human Behavior, 2017 (75).

[116] Cheung M F Y, To W M. The influence of the propensity to trust on mobile users' attitudes toward in-app advertisements: An extension of the theory of planned behavior [J]. Computers in Human Behavior, 2017 (76).

[117] Chu S C, Lien C H, Cao Y. Electronic word-of-mouth (eWOM) on WeChat: Examining the influence of sense of belonging, need for self-enhancement, and consumer engagement on Chinese travellers' eWOM [J]. International Journal of Advertising, 2019 (1).

[118] Huang L V, Liu P L. Ties that work: Investigating the relationships among coworker connections, work-related Facebook utility, online social capital, and employee outcomes [J]. Computers in Human Behavior, 2017 (72).

[119] Heidarian E. The impact of trust propensity on consumers' cause-related marketing purchase intentions and the moderating role of culture and gender [J]. Journal of International Consumer Marketing, 2019 (4).

[120] Yang, H. A cross-cultural study of market mavenism in social media: Exploring young American and Chinese consumers' viral marketing attitudes, eWOM motives and behaviour [J]. International Journal of Internet Marketing and Advertising, 2013 (8).

［121］Liu C C. The relationship between Machiavellianism and knowledge sharing willingness ［J］. Journal of Business and Psychology, 2008 (3).

［122］Iacobucci D. Structural equations modeling: Fit indices, sample size, and advanced topics ［J］. Journal of Consumer Psychology, 2010 (1).

［123］Fang J, Shao Y, Wen C. Transactional quality, relational quality, and consumer e-loyalty: Evidence from SEM and fsQCA ［J］. International Journal of Information Management, 2016 (6).

［124］Woodside A G. Moving beyond multiple regression analysis to algorithms: Calling for adoption of a paradigm shift from symmetric to asymmetric thinking in data analysis and crafting theory ［J］. Journal of Business Research, 2013 (66).

［125］徐广平, 张金山, 杜运周. 环境与组织因素组态效应对公司创业的影响——一项模糊集的定性比较分析 ［J］. 外国经济与管理, 2020 (1).

［126］杜运周, 贾良定. 组态视角与定性比较分析 (QCA): 管理学研究的一条新道路 ［J］. 管理世界, 2017 (6).

［127］易明, 罗瑾琏, 王圣慧, 等. 时间压力会导致员工沉默吗——基于 SEM 与 fsqca 的研究 ［J］. 南开管理评论, 2018 (1).

［128］Ragin C C. Redesigning social inquiry: Fuzzy sets and beyond ［M］. Chicago: University of Chicago Press, 2009.

［129］Gheorghe I R, Purcărea V L, Gheorghe C M. Consumer eWOM communication: The missing link between relational capital and sustainable bioeconomy in health care services ［J］. Amfiteatru Economic, 2018 (49).

［130］Strayhorn T L. College students' sense of belonging: A key to educational success for all students ［M］. New York: Routledge, 2018.

［131］Yeh Y H, Choi S M. MINI-lovers, maxi-mouths: An investigation of antecedents to eWOM intention among brand community members ［J］. Journal of Marketing Communications, 2011 (3).

［132］Chang H H, Chuang S S. Social capital and individual motivations on knowledge sharing: Participant involvement as a moderator ［J］. Information &

Management, 2011 (1).

[133] Lin J, Li L, Yan Y, et al. Understanding Chinese consumer engagement in social commerce [J]. Internet Research, 2018 (1).

[134] Zhang X, Tang J, Wei X, et al. How does mobile social media affect knowledge sharing under the "Guanxi" system? [J]. Journal of Knowledge Management, 2020 (1).

[135] Lu R, Reve T. Guanxi, structural hole and closure [J]. Journal of Strategy and Management, 2011 (3).

[136] Zipf G K. Human behavior and the principle of least effort: An introduction to human ecology [M]. Ravenio Books, 2016.

[137] Schwieder D. Low-effort information searching: The heuristic information-seeking toolkit [J]. Behavioral & Social Sciences Librarian, 2016 (4).

[138] Montgomery H, Svenson O. On decision rules and information processing strategies for choices among multiattribute alternatives [J]. Scandinavian Journal of Psychology, 1976 (1).

[139] Liu Z, Yang Z Y L. Factors influencing distance-education graduate students' use of information sources: A user study [J]. The Journal of Academic Librarianship, 2004 (1).

[140] Wilson T D. Review: Case, Donald O. Looking for information: A survey of research on information seeking, needs, and behavior. 2nd ed [M]. Amsterdam: Academic Press, 2007.

[141] Ferreira M B, Garcia-Marques L, Sherman S J, et al. Automatic and controlled components of judgment and decision making [J]. Journal of Personality and Social Psychology, 2006 (5).

[142] Blankenship K L, Holtgraves T. The role of different markers of linguistic powerlessness in persuasion [J]. Journal of Language and Social Psychology, 2005 (1).

[143] Shuqair S, Cragg P, Zaidan A, et al. The Influence of Users Genera-

ted Content on Attitude Towards Brand And Purchase Intentions-Case of Bahrain [J]. International Journal of Business Marketing and Management, 2016 (5).

[144] 张梦, 潘莉, Dogan, 等. 景区规范类标识牌劝说效果研究——基于语言风格与颜色效价的匹配影响 [J]. 旅游学刊, 2016 (3).

[145] Jeong H J, Koo D M. Combined effects of valence and attributes of e-WOM on consumer judgment for message and product [J]. Internet Research, 2015 (1).

[146] Lee K T, Koo D M. Effects of attribute and valence of e-WOM on message adoption: Moderating roles of subjective knowledge and regulatory focus [J]. Computers in Human Behavior, 2012 (5).

[147] Petty R E, Cacioppo J T. The effects of involvement on responses to argument quantity and quality: Central and peripheral routes to persuasion [J]. Journal of Personality and Social Psychology, 1984 (1).

[148] Wright P. Message-evoked thoughts: Persuasion research using thought verbalizations [J]. Journal of Consumer Research, 1980 (2).

[149] Lee J, Lee J N. Understanding the product information inference process in electronic word-of-mouth: An objectivity-subjectivity dichotomy perspective [J]. Information & Management, 2009 (5).

[150] DeAndrea D C, Carpenter C J. Measuring the construct of warranting value and testing warranting theory [J]. Communication Research, 2018 (8).

[151] Foti L, Zhu X, Yuan Y, et al. Broadcasting and narrowcasting: The impact of affective and cognitive message framing on message persuasiveness [J]. International Journal of Advertising, 2020 (1).

[152] See Y H M, Petty R E, Fabrigar L R. Affective and cognitive meta-bases of attitudes: Unique effects on information interest and persuasion [J]. Journal of Personality and Social Psychology, 2008 (6).

[153] DeSteno D, Petty R E, Rucker D D, et al. Discrete emotions and persuasion: The role of emotion-induced expectancies [J]. Journal of Personality

and Social Psychology, 2004 (1).

[154] Edwards K. The interplay of affect and cognition in attitude formation and change [J]. Journal of Personality and Social Psychology, 1990 (2).

[155] Sparks J R, Areni C S, Cox K C. An investigation of the effects of language style and communication modality on persuasion [J]. Communications Monographs, 1998 (2).

[156] Bradac J J, Cargile A C, Hallett J S. Language attitudes: Retrospect, conspect, and prospect [J]. TheNew Handbook of Language and Social Psychology, 2001 (3).

[157] Carli L L. Gender, language, and influence [J]. Journal of Personality and Social Psychology, 1990 (5).

[158] Gibbons P, Busch J, Bradac J J. Powerful versus powerless language: Consequences for persuasion, impression formation, and cognitive response [J]. Journal of Language and Social Psychology, 1991 (2).

[159] Holtgraves T, Lasky B. Linguistic power and persuasion [J]. Journal of Language and Social Psychology, 1999 (2).

[160] Badzinski D M. Message Intensity and Cognitive Representations of Discourse Effects on Inferential Processing [J]. Human Communication Research, 1989 (1).

[161] Lim K H, Benbasat I, Ward L M. The role of multimedia in changing first impression bias [J]. Information Systems Research, 2000 (2).

[162] Kim S H, Yang K H, Kim J K. Finding critical success factors for virtual community marketing [J]. Service Business, 2009 (2).

[163] 徐光, 张雪, 李志刚, 等. 基于虚拟社区感知与社区参与动机影响的社会资本与组织公民行为关系研究 [J]. 管理评论, 2016 (7).

[164] Malatesta C Z, Haviland J M. Signals, symbols, and socialization [M] //The socialization of emotions. Boston: Springer, 1985.

[165] Yeung L N T. Polite requests in English and Chinese business corre-

spondence in Hong Kong [J]. Journal of Pragmatics, 1997 (4).

[166] Li W, Ardichvili A, Maurer M, et al. Impact of Chinese culture values on knowledge sharing through online communities of practice [J]. International Journal of Knowledge Management (IJKM), 2007 (3).

[167] Kitirattarkarn G P, Araujo T, Neijens P. Challenging traditional culture? How personal and national collectivism-individualism moderates the effects of content characteristics and social relationships on consumer engagement with brand-related user-generated content [J]. Journal of Advertising, 2019 (2).

[168] Chu S C, Choi S M. Electronic word-of-mouth in social networking sites: A cross-cultural study of the United States and China [J]. Journal of Global Marketing, 2011 (3).

[169] Earley P C. East meets West meets Mideast: Further explorations of collectivistic and individualistic work groups [J]. Academy of Management Journal, 1993 (2).

[170] Bond R, Smith P B. Culture and conformity: A meta-analysis of studies using Asch's (1952b, 1956) line judgment task [J]. Psychological Bulletin, 1996 (1).

[171] Srite M, Karahanna E. The role of espoused national cultural values in technology acceptance [J]. MIS Quarterly, 2006 (1).

[172] House F. Nations in transit 2004: Democratization in East Central Europe and Eurasia [M]. Rowman & Little field Publishers, 2004 (1).

[173] Hosman L A, Siltanen S A. Powerful and powerless language forms: Their consequences for impression formation, attributions of control of self and control of others, cognitive responses, and message memory [J]. Journal of Language and Social Psychology, 2006 (1).

[174] Wu S I, Wang W H. Impact of CSR perception on brand image, brand attitude and buying willingness: A study of a global café [J]. International Journal of Marketing Studies, 2014 (6).

[175] Tsai M T, Cheng N C, Chen K S. Understanding online group buying intention: The roles of sense of virtual community and technology acceptance factors [J]. Total Quality Management & Business Excellence, 2011 (10).

[176] Zhao Y, Xu X, Wang M. Predicting overall customer satisfaction: Big data evidence from hotel online textual reviews [J]. International Journal of Hospitality Management, 2019 (76).

[177] Kudeshia C, Kumar A. Social eWOM: does it affect the brand attitude and purchase intention of brands? [J]. Management Research Review, 2017 (1).

[178] Erickson B, Lind E A, Johnson B C, et al. Speech style and impression formation in a court setting: The effects of "powerful" and "powerless" speech [J]. Journal of Experimental Social Psychology, 1978 (3).

[179] Luo C, Wu J, Shi Y, et al. The effects of individualism-collectivism cultural orientation on eWOM information [J]. International Journal of Information Management, 2014 (4).

[180] Pang J, Qiu L. Effect of online review chunking on product attitude: The moderating role of motivation to think [J]. International Journal of Electronic Commerce, 2016 (3).

[181] Hu H, Krishen A S. When is enough, enough? Investigating product reviews and information overload from a consumer empowerment perspective [J]. Journal of Business Research, 2019 (100).

[182] Geylani T. Regulating Deceptive Advertising: False Claims and Skeptical Consumers [J]. Marketing Science, 2020 (1).

[183] Bernheim B D, Sprenger C. On the empirical validity of cumulative prospect theory: Experimental evidence of rank-independent probability weighting [J]. Econometrica, 2020 (1).

[184] Day S, Godsell J, Masi D, et al. Predicting consumer adoption of branded subscription services: A prospect theory perspective [J]. Business Strategy and the Environment, 2020 (3).

［185］刘新民，李芳，王松. 自我效能感，说服抵制对消费者社会化商务模式接受意愿的影响机理研究［J］. 管理评论，2017（6）.

［186］Li Z, Shimizu A. Impact of online customer reviews on sales outcomes: An empirical study based on prospect theory［J］. The Review of Socionetwork Strategies, 2018（2）.

［187］McKnight D H, Choudhury V, Kacmar C. The impact of initial consumer trust on intentions to transact with a web site: A trust building model［J］. The Journal of Strategic Information Systems, 2002（3）.

［188］Poppo L, Zhou K Z, Li J J. When can you trust "trust"? Calculative trust, relational trust, and supplier performance［J］. Strategic Management Journal, 2016（4）.

［189］Davis F D. Perceived usefulness, perceived ease of use, and user acceptance of information technology［J］. MIS Quarterly, 1989（1）.

［190］Jiang Z, Benbasat I. The effects of presentation formats and task complexity on online consumers' product understanding［J］. MIS Quarterly, 2007（1）.

［191］Yang C, Brown B B. Factors involved in associations between Facebook use and college adjustment: Social competence, perceived usefulness, and use patterns［J］. Computers in Human Behavior, 2015（46）.

［192］Agag G M, El-Masry A A. Why do consumers trust online travel websites? Drivers and outcomes of consumer trust toward online travel websites［J］. Journal of Travel Research, 2017（3）.

［193］Zhang K Z K, Zhao S J, Cheung C M K, et al. Examining the influence of online reviews on consumers' decision-making: A heuristic-systematic model［J］. Decision Support Systems, 2014（67）.

［194］单春玲，赵含宇，SHAN，等. 网络口碑对消费者态度的影响路径研究——基于矛盾态度视角［J］. 软科学，2017（208）.

［195］Zhang X, Wu Y, Wang W. eWOM, what are we suspecting? Motivation, truthfulness or identity［J］. Journal of Information, Communication and

Ethics in Society, 2020 (1).

[196] Lin J C C, Lu H. Towards an understanding of the behavioural intention to use a web site [J]. International Journal of Information Management, 2000 (3).

[197] 邱凌云. 网上口碑的信息效价与情感线索对说服效果的影响机制研究 [J]. 营销科学学报, 2008 (4).

[198] Phung M T, Ly P T M, Nguyen T T, et al. An FsQCA Investigation of eWOM and Social Influence on Product Adoption Intention [J]. Journal of Promotion Management, 2020 (1).

[199] Schurr P H, Ozanne J L. Influences on exchange processes: Buyers' preconceptions of a seller's trustworthiness and bargaining toughness [J]. Journal of Consumer Research, 1985 (4).

[200] 张中科, 高彩云, 郝洪文. 人际与媒介因素对消费者移动口碑接收的影响 [J]. 企业经济, 2015 (6).

[201] 孙瑾, 郑雨, 陈静. 感知在线评论可信度对消费者信任的影响研究——不确定性规避的调节作用 [J]. 管理评论, 2020 (4).

[202] 雷东, 张健豪. 药品网购中消费者特征与感知信任关系研究 [J]. 电子科技大学学报 (社科版), 2019 (5).

[203] Pai P Y, Tsai H T. How virtual community participation influences consumer loyalty intentions in online shopping contexts: An investigation of mediating factors [J]. Behaviour & Information Technology, 2011 (5).

[204] Foddy M, Platow M J, Yamagishi T. Group-based trust in strangers: The role of stereotypes and expectations [J]. Psychological Science, 2009 (4).

[205] Anderson A R, Steinerte E, Russell E O. The nature of trust in virtual entrepreneurial networks [J]. International Journal of E-Entrepreneurship and Innovation (IJEEI), 2010 (1).

[206] Wu J J, Tsang A S L. Factors affecting members' trust belief and behaviour intention in virtual communities [J]. Behaviour & Information Technology, 2008 (2).

［207］ Awad N F, Ragowsky A. Establishing trust in electronic commerce through online word of mouth: An examination across genders ［J］. Journal of Management Information Systems, 2008 (4).

［208］ Lai M Y, Fotiadis A K, Abu-ElSamen A, et al. Analysing the effect of membership and perceived trust on sport events electronic word-of-mouth (eWOM) intention ［J］. Tourism Recreation Research, 2020 (1).

［209］ Chen J V, Su B, Widjaja A E. Facebook C2C social commerce: A study of online impulse buying ［J］. Decision Support Systems, 2016 (83).

［210］ Uzzi B. Social structure and competition in interfirm networks: The paradox of embeddedness ［J］. Administrative Science Quarterly, 1997 (1).

［211］ Husted B W, Folger R. Fairness and transaction costs: The contribution of organizational justice theory to an integrative model of economic organization ［J］. Organization Science, 2004 (6).

［212］ Chen Y H, Chien S H, Wu J J, et al. Impact of signals and experience on trust and trusting behavior ［J］. Cyberpsychology, Behavior and Social Networking, 2010 (5).

［213］ Halstead D, Hartman D, Schmidt S L. Multisource effects on the satisfaction formation process ［J］. Journal of the Academy of Marketing Science, 1994 (2).

［214］ 管益杰, 陶慧杰, 王洲兰, 等. 网络购物中的信任 ［J］. 心理科学进展, 2011 (8).

［215］ Jones K, Leonard L N K. Trust in consumer-to-consumer electronic commerce ［J］. Information & Management, 2008 (2).

［216］ 望海军. 品牌信任和品牌情感: 究竟谁导致了品牌忠诚? ——一个动态研究 ［J］. 心理学报, 2012 (6).

［217］ 张蓓, 林家宝. 质量安全背景下可追溯亚热带水果消费行为范式: 购买经历的调节作用 ［J］. 管理评论, 2015 (8).

［218］ Poppo L, Zhou K Z, Ryu S. Alternative origins to interorganizational trust: An interdependence perspective on the shadow of the past and the shadow of the future [J]. Organization Science, 2008 (1).

[219] Madu C N, Madu A A. Dimensions of e-quality [J]. International Journal of Quality & Reliability Management, 2002 (3).

[220] Cheung C M K, Lee M K O, Rabjohn N. The adoption of online opinions in online customer communities [J]. Internet Research, 2008 (3).

[221] Mackiewicz J, Yeats D. Product review users' perceptions of review quality: The role of credibility, informativeness, and readability [J]. IEEE Transactions on Professional Communication, 2014 (4).

[222] Yap K B, Soetarto B, Sweeney J C. The relationship between electronic word-of-mouth motivations and message characteristics: The sender's perspective [J]. Australasian Marketing Journal (AMJ), 2013 (1).

[223] Sparks B A, Browning V. The impact of online reviews on hotel booking intentions and perception of trust [J]. Tourism Management, 2011 (6).

[224] Walsh G, Shiu E, Hassan L M. Replicating, validating, and reducing the length of the consumer perceived value scale [J]. Journal of Business Research, 2014 (3).

[225] 龚兴军, 杨琛. 消费者情绪, 价格公平感知和支付意愿的关系研究——基于公平理论的分析 [J]. 价格理论与实践, 2017 (8).

[226] Konuk F A. Price fairness, satisfaction, and trust as antecedents of purchase intentions towards organic food [J]. Journal of Consumer Behaviour, 2018 (2).

[227] Bolton L E, Warlop L, Alba J W. Consumer perceptions of price (un) fairness [J]. Journal of Consumer Research, 2003 (4).

[228] Zeithaml V A. Consumer perceptions of price, quality, and value: A means-end model and synthesis of evidence [J]. Journal of Marketing, 1988 (3).

[229] Shapiro S L, Dwyer B, Drayer J. Examining the role of price fairness in sport consumer ticket purchase decisions [J]. Sport Marketing Quarterly, 2016 (4).

［230］Hussain S，Guangju W，Jafar R M S，et al. Consumers' online information adoption behavior：Motives and antecedents of electronic word of mouth communications ［J］. Computers in Human Behavior，2018（80）.

［231］Lu L C，Chang W P，Chang H H. Consumer attitudes toward blogger's sponsored recommendations and purchase intention：The effect of sponsorship type，product type，and brand awareness ［J］. Computers in Human Behavior，2014（34）.

［232］Pura M. Linking perceived value and loyalty in location-based mobile services ［J］. Managing Service Quality，2005（6）.

［233］Piyathasanan B，Mathies C，Wetzels M，et al. A hierarchical model of virtual experience and its influences on the perceived value and loyalty of customers ［J］. International Journal of Electronic Commerce，2015（2）.

［234］刘德文. 虚拟社区感、承诺和知识贡献 ［D］. 南京：南京工业大学，2017.

［235］Gelderman C J，Paul W T，Van Diemen R. Choosing self-service technologies or interpersonal services——The impact of situational factors and technology-related attitudes ［J］. Journal of Retailing and Consumer Services，2011（5）.

［236］Kakkos N，Trivellas P，Sdrolias L. Identifying drivers of purchase intention for private label brands. Preliminary evidence from Greek consumers ［J］. Procedia-Social and Behavioral Sciences，2015（175）.

［237］Yen Y S. Exploring customer perceived value in mobile phone services ［J］. International Journal of Mobile Communications，2012（2）.

［238］Shang S S C，Wu Y L，Sie Y J. Generating consumer resonance for purchase intention on social network sites ［J］. Computers in Human Behavior，2017（69）.

［239］汪旭晖，王东明，郝相涛. 线上线下价格策略对多渠道零售商品牌权益的影响——产品卷入度与品牌强度的调节作用 ［J］. 财经问题研究，2017（6）.

[240] Erkan I, Evans C. The influence of eWOM in social media on consumers' purchase intentions: An extended approach to information adoption [J]. Computers in Human Behavior, 2016 (61).

[241] 朱丽叶, 袁登华, 张静宜. 在线用户评论质量与评论者等级对消费者购买意愿的影响——产品卷入度的调节作用 [J]. 管理评论, 2017 (2).

[242] 宋晓兵, 丛竹, 董大海. 网络口碑对消费者产品态度的影响机理研究 [J]. 管理学报, 2011 (4).

[243] Amoako-Gyampah K. Perceived usefulness, user involvement and behavioral intention: An empirical study of ERP implementation [J]. Computers in Human Behavior, 2007 (3).

[244] 雷晶, 李霞. 在线点评对消费者行为意向影响的实证检验 [J]. 统计与决策, 2015 (18).

[245] 李慧颖. 在线评论对消费者感知及企业商品销量的影响研究 [D]. 哈尔滨: 哈尔滨工业大学, 2013.

[246] Wu K, Vassileva J, Noorian Z, et al. How do you feel when you see a list of prices? The interplay among price dispersion, perceived risk and initial trust in Chinese C2C market [J]. Journal of Retailing and Consumer Services, 2015 (25).

[247] 赵竞, 孙晓军, 周宗奎, 等. 网络交往中的人际信任 [J]. 心理科学进展, 2013, 21 (8).

[248] Verlegh P W J, Ryu G, Tuk M A, et al. Receiver responses to rewarded referrals: The motive inferences framework [J]. Journal of the Academy of Marketing Science, 2013 (6).

[249] Chen L S L. The impact of perceived risk, intangibility and consumer characteristics on online game playing [J]. Computers in Human Behavior, 2010 (6).

[250] Bhukya R, Singh S. The effect of perceived risk dimensions on purchase intention [J]. American Journal of Business, 2015 (4).

［251］Shirkhodaee M, Rezaee S. The power of creative advertising and consumers' perceived risk［J］. Journal of Promotion Management, 2014（5）.

［252］李健生, 赵星宇, 杨宜苗. 外部线索对自有品牌购买意愿的影响: 感知风险和信任的中介作用［J］. 经济问题探索, 2015（8）.

［253］Koh J, Kim Y G, Butler B, et al. Encouraging participation in virtual communities［J］. Communications of the ACM, 2007（2）.

［254］Algesheimer R, Dholakia U M, Herrmann A. The social influence of brand community: Evidence from European car clubs［J］. Journal of Marketing, 2005（3）.

［255］李平, 刘琳, 王文进. 社交网络中传播者特征对网络口碑采纳的影响研究［J］. 重庆邮电大学学报（社会科学版）, 2018（3）.

［256］Liviatan I, Trope Y, Liberman N. Interpersonal similarity as a social distance dimension: Implications for perception of others' actions［J］. Journal of Experimental Social Psychology, 2008（5）.

［257］Wang J C, Chang C H. How online social ties and product-related risks influence purchase intentions: A Facebook experiment［J］. Electronic Commerce Research and Applications, 2013（5）.

［258］Vanhala M, Ritala P. HRM practices, impersonal trust and organizational innovativeness［J］. Journal of Managerial Psychology, 2016（1）.

［259］Chen J, Shen X L. Consumers' decisions in social commerce context: An empirical investigation［J］. Decision Support Systems, 2015（79）.

［260］Mayer R C, Davis J H, Schoorman F D. An integrative model of organizational trust［J］. Academy of Management Review, 1995（3）.

［261］Ridings C M, Gefen D, Arinze B. Some antecedents and effects of trust in virtual communities［J］. The Journal of Strategic Information Systems, 2002（3）.

［262］Chiu C M, Hsu M H, Wang E T G. Understanding knowledge sharing in virtual communities: An integration of social capital and social cognitive theories

［J］. Decision Support Systems, 2006（3）.

［263］Hsu M H, Ju T L, Yen C H, et al. Knowledge sharing behavior in virtual communities: The relationship between trust, self-efficacy, and outcome expectations［J］. International Journal of Human-computer Studies, 2007（2）.

［264］D'Rozario D, Choudhury P K. Effect of assimilation on consumer suscepti-bility to interpersonal influence［J］. Journal of Consumer Marketing, 2000（4）.

［265］Bearden W O, Netemeyer R G, Teel J E. Measurement of consumer sus-ceptibility to interpersonal influence［J］. Journal of Consumer Research, 1989（4）.

［266］Bone P F. Word-of-mouth effects on short-term and long-term product judgments［J］. Journal of Business Research, 1995（3）.

［267］林升栋. 消费者对人际影响的敏感度研究［J］. 消费经济, 2006（3）.

［268］戚海峰. 人际间影响敏感性对中国消费者独特性需求的作用机制研究［J］. 管理学报, 2012（2）.

［269］Liao Z, Cheung M T. Internet-based e-shopping and consumer atti-tudes: An empirical study［J］. Information & Management, 2001（5）.

［270］Park C, Wang Y, Yao Y, et al. Factors influencing eWOM effects: Using experience, credibility, and susceptibility［J］. International Journal of So-cial Science and Humanity, 2011（1）.

［271］王晨筱, 王丽, 张庆普. 新产品扩散中领先用户不同角色对普通用户采纳意愿的影响研究［J］. 研究与发展管理, 2019（5）.

［272］贺和平, 周志民. 基于消费者体验的在线购物价值研究［J］. 商业经济与管理, 2013（3）.

［273］李哲, 马中东. 网络购物购买意愿的影响因素及其复杂关系研究——基于 PLS–SEM 与贝叶斯网络［J］. 统计与信息论坛, 2018（8）.

［274］Sussman S W, Siegal W S. Informational influence in organizations: An integrated approach to knowledge adoption［J］. Information Systems Re-search, 2003（1）.

[275] Cheung M Y, Luo C, Sia C L, et al. Credibility of electronic word-of-mouth: Informational and normative determinants of on-line consumer recommendations [J]. International Journal of Electronic Commerce, 2009 (4).

[276] Hong I B. Understanding the consumer's online merchant selection process: The roles of product involvement, perceived risk, and trust expectation [J]. International Journal of Information Management, 2015 (3).

[277] De Pelsmacker P, Dens N, Kolomiiets A. The impact of text valence, star rating and rated usefulness in online reviews [J]. International Journal of Advertising, 2018 (3).

[278] Nederhof A J. Methods of coping with social desirability bias: A review [J]. European Journal of Social Psychology, 1985 (3).

[279] Bradburn N M, Sudman S, Blair E, et al. Question threat and response bias [J]. Public Opinion Quarterly, 1978 (2).

[280] Xiao L, Guo F, Yu F, et al. The effects of online shopping context cues on consumers' purchase intention for cross-border E-Commerce sustainability [J]. Sustainability, 2019 (10).

[281] Chin W W. The partial least squares approach to structural equation modeling [J]. Modern Methods for Business Research, 1998 (2).

[282] Henseler J, Ringle C M, Sinkovics R R. The use of partial least squares path modeling in international marketing [M] //New challenges to international marketing. London: Emerald Group Publishing Limited, 2009.

[283] Fornell C, Larcker D F. Evaluating structural equation models with unobservable variables and measurement error [J]. Journal of Marketing Research, 1981 (1).

[284] Wetzels M, Odekerken-Schröder G, Van Oppen C. Using PLS path modeling for assessing hierarchical construct models: Guidelines and empirical illustration [J]. MIS Quarterly, 2009 (1).

[285] Tenenhaus M, Vinzi V E, Chatelin Y M, et al. PLS path modeling

[J]. Computational Statistics & data Analysis, 2005 (1).

[286] Hussain S, Fangwei Z, Siddiqi A F, et al. Structural equation model for evaluating factors affecting quality of social infrastructure projects [J]. Sustainability, 2018 (5).

[287] Filieri R, Alguezaui S, McLeay F. Why do travelers trust TripAdvisor? Antecedents of trust towards consumer-generated media and its influence on recommendation adoption and word of mouth [J]. Tourism Management, 2015 (51).

[288] Teacy W T L, Patel J, Jennings N R, et al. Travos: Trust and reputation in the context of inaccurate information sources [J]. Autonomous Agents and Multi-Agent Systems, 2006 (2).

[289] 林家宝, 鲁耀斌, 张金隆. 基于 TAM 的移动证券消费者信任实证研究 [J]. 管理科学, 2009 (5).

[290] 闫强, 麻璐瑶, 吴双. 电子口碑发布平台差异对消费者感知有用性的影响 [J]. 管理科学, 2019 (3).

[291] 赵文军, 易明, 王学东. 社交问答平台用户持续参与意愿的实证研究——感知价值的视角 [J]. 情报科学, 2017 (2).

[292] Mosavi S A, Ghaedi M. Role of perceived value in explaining trust and repurchase intention in e-shopping [J]. African Journal of Business Management, 2012 (14).

[293] Lo P S, Dwivedi Y K, Tan G W H, et al. Why do consumers buy impulsively during live streaming? A deep learning-based dual-stage SEM-ANN analysis [J]. Journal of Business Research, 2022 (147).

[294] 张婕琼, 韩晟昊, 高维和. 身临其境: 网络直播用户行为意愿机制探析 [J]. 外国经济与管理, 2022 (11).

[295] 李志昌. 信息资源和注意力资源的关系——信息社会中的一个重要问题 [J]. 中国社会科学, 1998 (2).

[296] Chen C C, Lin Y C. What drives live-stream usage intention? The perspectives of flow, entertainment, social interaction, and endorsement [J]. Telem-

atics and Informatics, 2018 (1).

[297] Zhang X, Zhang S. Investigating impulse purchases in live streaming e-commerce: A perspective of match-ups [J]. Technological Forecasting and Social Change, 2024 (205).

[298] Shang Q, Ma H, Wang C, Gao L. Effects of background fitting of e-commerce live streaming on consumers' purchase intentions: A cognitive-affective perspective [J]. Psychology Research and Behavior Management, 2023 (1).

[299] Park H J, Lin L M. The effects of match-ups on the consumer attitudes toward internet celebrities and their live streaming contents in the context of product endorsement [J]. Journal of Retailing and Consumer Services, 2020 (52).

[300] Xu P, Cui B, Lyu B. Influence of streamer's social capital on purchase intention in live streaming E-commerce [J]. Frontiers in Psychology, 2022 (12).

[301] Ko H C. Factors affecting continued purchase intention in live streaming shopping: Parasocial relationships and shared communication networks [J]. Behaviour & Information Technology, 2024 (11).

[302] Ni S, Ueichi H. Factors influencing behavioral intentions in livestream shoping: A cross-cultural study [J]. Journal of Retailing and Consumer Services, 2024 (76).

[303] Eisend M, Langner T. Immediate and delayed advertising effects of celebrity endorsers' attractiveness and expertise [J]. International Journal of Advertising, 2010 (4).

[304] Gong W, Li X. Engaging fans on microblog: The synthetic influence of parasocial interaction and source characteristics on celebrity endorsement [J]. Psychology & Marketing, 2017 (7).

[305] De Veirman M, Cauberghe V, Hudders L. Marketing through Instagram influencers: The impact of number of followers and product divergence on brand attitude [J]. International Journal of Advertising, 2017 (5).

[306] Guèvremont A. Can human brands help consumers eat better? Influence

of emotional brand attachment, self-identification, and brand authenticity on consumer eating habits [J]. Journal of Consumer Behaviour, 2021 (3).

[307] Dodds W B, Monroe K B. The effect of brand and price information on subjective product evaluations [J]. ACR North American Advances, 1985 (1).

[308] Komulainen H, Mainela T, Tähtinen J, et al. Retailers' different value perceptions of mobile advertising service [J]. International Journal of Service Industry Management, 2007 (4).

[309] Williams P, Soutar G, Ashill N J, Naumann E. Value drivers and adventure tourism: A comparative analysis of Japanese and Western consumers [J]. Journal of Service Theory and Practice, 2017 (1).

[310] Yang W, Mattila A S. Why do we buy luxury experiences? Measuring value perceptions of luxury hospitality services [J]. International Journal of Contemporary Hospitality Management, 2016 (9).

[311] Sharma V M, Klein A. Consumer perceived value, involvement, trust, susceptibility to interpersonal influence, and intention to participate in online group buying [J]. Journal of Retailing and Consumer Services, 2020 (52).

[312] Lou C, Yuan S. Influencer marketing: How message value and credibility affect consumer trust of branded content on social media [J]. Journal of Interactive Advertising, 2019 (1).

[313] Lou C, Kim H K. Fancying the new rich and famous? Explicating the roles of influencer content, credibility, and parental mediation in adolescents' parasocial relationship, materialism, and purchase intentions [J]. Frontiers in Psychology, 2019 (10).

[314] Alrwashdeh M, Ali H, Helalat A, Alkhodar D. The mediating role of brand credibility between social media influencers and patronage intentions [J]. International Journal of Data and Network Science, 2022 (2).

[315] Khoi N H, Tuu H H, Olsen S O. The role of perceived values in explaining Vietnamese consumers' attitude and intention to adopt mobile commerce

［J］. Asia Pacific Journal of Marketing and Logistics, 2018 (4).

［316］Zhang Q, Wang Y, Ariffin S K. Consumers purchase intention in live-streaming e-commerce: A consumption value perspective and the role of streamer popularity ［J］. Plos One, 2024 (2).

［317］Vivek S D, Beatty S E, Morgan R M. Customer engagement: Exploring customer relationships beyond purchase ［J］. Journal of Marketing Theory and Practice, 2012 (2).

［318］Zheng X, Men J, Yang F, Gong X. Understanding impulse buying in mobile commerce: An investigation into hedonic and utilitarian browsing ［J］. International Journal of Information Management, 2019 (48).

［319］Holbrook M B, Hirschman E C. The experiential aspects of consumption: Consumer fantasies, feelings, and fun ［J］. Journal of Consumer Research, 1982 (2).

［320］Xingyuan W, Li F, Wei Y. How do they really help? An empirical study of the role of different information sources in building brand trust ［J］. Journal of Global Marketing, 2010 (3).

［321］Bamberg S. Understanding and promoting bicycle use-Insights from psychological research ［J］. Cycling and Sustainability, 2012 (1).

［322］Liu R R, Zhang W. Informational influence of online customer feedback: An empirical study ［J］. Journal of Database Marketing & Customer Strategy Management, 2010 (17).

［323］Lai Y H. Enhance online purchase intentions: The role of perceived value, trust and commitment ［J］. Journal of Tourism and Hospitality Management, 2015 (2).

［324］Wirth W, Böcking T, Karnowski V, et al. Heuristic and systematic use of search engines ［J］. Journal of Computer-Mediated Communication, 2007 (3).

［325］Mollen A, Wilson H. Engagement, telepresence and interactivity in online consumer experience: Reconciling scholastic and managerial perspectives

[J]. Journal of Business Research, 2010 (9).

[326] Algharabat R, Rana N P, Dwivedi Y K, et al. The effect of telepresence, social presence and involvement on consumer brand engagement: An empirical study of non-profit organizations [J]. Journal of Retailing and Consumer Services, 2018 (40).

[327] Weathers D, Sharma S, Wood S L. Effects of online communication practices on consumer perceptions of performance uncertainty for search and experience goods [J]. Journal of Retailing, 2007 (4).

[328] Wang Y, Yao M Z. Did you notice the ads? Examining the influence of telepresence and user control on the effectiveness of embedded billboard ads in a VR racing game [J]. Journal of Interactive Advertising, 2020 (3).

[329] Shih C F E. Conceptualizing consumer experiences in cyberspace [J]. European Journal of Marketing, 1998 (7).

[330] Fiore A M, Kim J, Lee H H. Effect of image interactivity technology on consumer responses toward the online retailer [J]. Journal of Interactive Marketing, 2005 (3).

[331] Spielmann N, Mantonakis A. In virtuo: How user-driven interactivity in virtual tours leads to attitude change [J]. Journal of Business Research, 2018 (88).

[332] Ying T, Tang J, Ye S, et al. Virtual reality in destination marketing: Telepresence, social presence, and tourists' visit intentions [J]. Journal of Travel Research, 2022 (8).

[333] Nelson P. Advertising as information [J]. Journal of Political Economy, 1974 (4).

[334] Sukoco B M, Wu W Y. The effects of advergames on consumer telepresence and attitudes: A comparison of products with search and experience attributes [J]. Expert Systems with Applications, 2011 (6).

[335] Lim J, Ayyagari R. Investigating the determinants of telepresence in the e-commerce setting [J]. Computers in Human Behavior, 2018 (85).

[336] Cheon E. Energizing business transactions in virtual worlds: An empirical study of consumers' purchasing behaviors [J]. Information Technology and Management, 2013 (14).

[337] Sun Y, Shao X, Li X, et al. How live streaming influences purchase intentions in social commerce: An IT affordance perspective [J]. Electronic Commerce Research and Applications, 2019 (37).

[338] Kim H, Song J. The quality of word-of-mouth in the online shopping mall [J]. Journal of Research in Interactive Marketing, 2010 (4).

[339] Tan S J. Strategies for reducing consumers' risk aversion in Internet shopping [J]. Journal of Consumer Marketing, 1999 (16).

[340] Zahari N H M, Azmi N N N, Kamar W N I W A, Othman M S. Impact of live streaming on social media on impulse buying [J]. Asian Journal of Behavioral Sciences, 2021 (1).

[341] Hu M, Chaudhry S S. Enhancing consumer engagement in e-commerce live streaming via relational bonds [J]. Internet Research, 2020 (3).

[342] Harridge-March S. Can the building of trust overcome consumer perceived risk online? [J]. Marketing Intelligence & Planning, 2006 (7).

[343] Smith R E, Vogt C A. The effects of integrating advertising and negative word-of-mouth communications on message processing and response [J]. Journal of Consumer Psychology, 1995 (2).

[344] Salant Y. Procedural analysis of choice rules with applications to bounded rationality [J]. American Economic Review, 2011 (2).

[345] Sirgy M J, Su C. Destination image, self-congruity, and travel behavior: Toward an integrative model [J]. Journal of Travel Research, 2000 (4).

[346] Bosnjak M, Brown C A, Lee D J, Yu, G B et al. Self-expressiveness in sport tourism: Determinants and consequences [J]. Journal of Travel Research, 2016 (1).

[347] Santee R T, Jackson S E. Commitment to self-identification: A socio-

psychological approach to personality [J]. Human Relations, 1979 (2).

[348] Burke P J, Stets J E. Trust and commitment through self-verification [J]. Social Psychology Quarterly, 1999 (1).

[349] Hu M, Zhang M, Wang Y. Why do audiences choose to keep watching on live video streaming platforms? An explanation of dual identification framework [J]. Computers in Human Behavior, 2017 (75).

[350] Hoffner C, Buchanan M. Young adults' wishful identification with television characters: The role of perceived similarity and character attributes [J]. Media Psychology, 2005 (4).

[351] Bhattacharya C B, Sen S. Consumer-company identification: A framework for understanding consumers' relationships with companies [J]. Journal of Marketing, 2003 (2).

[352] Lam S K, Ahearne M, Schillewaert N. A multinational examination of the symbolic-instrumental framework of consumer-brand identification [J]. Journal of International Business Studies, 2012 (43).

[353] Williams G C, Deci E L. Internalization of biopsychosocial values by medical students: A test of self-determination theory [J]. Journal of Personality and Social Psychology, 1996 (4).

[354] Aronson E. The return of the repressed: Dissonance theory makes a comeback [J]. Psychological Inquiry, 1992 (4).

[355] Callero P L. Role-identity salience [J]. Social Psychology Quarterly, 1985 (1).

[356] Foster D W, Neighbors C, Rodriguez L M, et al. Self-identification as a moderator of the relationship between gambling-related perceived norms and gambling behavior [J]. Journal of Gambling Studies, 2014 (30).

[357] Zucker L G. Production of trust: Institutional sources of economic structure, 1840 – 1920 [J]. Research in Organizational Behavior, 1986 (8).

[358] Hwang J, Lee J S, Kim H. Perceived innovativeness of drone food de-

livery services and its impacts on attitude and behavioral intentions: The moderating role of gender and age [J]. International Journal of Hospitality Management, 2019 (81).

[359] Hayes A F. Introduction to mediation, moderation, and conditional process analysis: Methodology in the social sciences [M]. New York: Guilford Press, 2013.

[360] Al-Swidi A K, Al-Hakimi M A, Al-Hattami H M. Sustain or perish: How lean manufacturing practices predict the sustainable performance of manufacturing SMEs? A moderated mediation analysis [J]. International Journal of Lean Six Sigma, 2024 (1).

[361] Preacher K J, Hayes A F. SPSS and SAS procedures for estimating indirect effects in simple mediation models [J]. Behavior Research Methods, Instruments & Computers, 2004 (36).

[362] Preacher K J, Hayes A F. Asymptotic and resampling strategies for assessing and comparing indirect effects in multiple mediator models [J]. Behavior Research Methods, 2008 (3).

[363] Kane L, Ashbaugh A R. Simple and parallel mediation: A tutorial exploring anxiety sensitivity, sensation seeking, and gender [J]. The Quantitative Methods for Psychology, 2017 (3).

[364] Armstrong J S, Overton T S. Estimating nonresponse bias in mail surveys [J]. Journal of Marketing Research, 1977 (3).

[365] Podsakoff P M, MacKenzie S B, Lee J Y, Podsakoff N P. Common method biases in behavioral research: A critical review of the literature and recommended remedies [J]. Journal of Applied Psychology, 2003 (5).

[366] Kock N. Common method bias in PLS-SEM: A full collinearity assessment approach [J]. International Journal of e-Collaboration (ijec), 2015 (4).

[367] Liang H, Saraf N, Hu Q, Xue Y. Assimilation of enterprise systems: The effect of institutional pressures and the mediating role of top management [J].

MIS Quarterly, 2007 (1).

[368] Hair Jr J F, Babin B J, Krey N. Covariance-based structural equation modeling in the Journal of Advertising: Review and recommendations [J]. Journal of Advertising, 2017 (1).

[369] Kline R. Principles and practice of structural equation modeling, 3rd ed [M]. New York: Guilford Press, 2011.

[370] Ponte E B, Carvajal-Trujillo E, Escobar-Rodríguez T. Influence of trust and perceived value on the intention to purchase travel online: Integrating the effects of assurance on trust antecedents [J]. Tourism Management, 2015 (47).

[371] Ding Z, Nie W, Wu H. Investigating the connection between stakeholders' purchase intention and perceived value of construction and demolition waste recycled products [J]. Environment, Development and Sustainability, 2022 (1).

[372] Swait J, Sweeney J C. Perceived value and its impact on choice behavior in a retail setting [J]. Journal of Retailing and Consumer Services, 2000 (2).

[373] Assaker G. Age and gender differences in online travel reviews and user-generated-content (UGC) adoption: Extending the technology acceptance model (TAM) with credibility theory [J]. Journal of Hospitality Marketing & Management, 2020 (4).

[374] Hogg M K, Michell P C N. Identity, self and consumption: A conceptual framework [J]. Journal of Marketing Management, 1996 (7).

[375] 张丽平, 周小亮. 中国人工智能发展的时空网络结构及驱动因子研究 [J]. 福建江夏学院学报, 2024 (4).

[376] Davenport T H, Ronanki R. Artificial intelligence for the real world [J]. Harvard business review, 2018 (1).

[377] Haenlein M, Kaplan A. A brief history of artificial intelligence: On the past, present, and future of artificial intelligence [J]. California Management review, 2019 (4).

［378］Abrardi L, Cambini C, Rondi L. Artificial intelligence, firms and consumer behavior: A survey ［J］. Journal of Economic Surveys, 2022 (4).

［379］Wirtz B W, Weyerer J C, Geyer C. Artificial intelligence and the public sector—applications and challenges ［J］. International Journal of Public Administration, 2019 (7).

［380］Nazim Sha S, Rajeswari M. Creating a brand value and consumer satisfaction in E-commerce business using artificial intelligence with the help of vosag technology ［J］. International Journal of Innovative Technology and Exploring Engineering, 2019 (8).

［381］Aggarwal P, McGill A L. Is that car smiling at me? Schema congruity as a basis for evaluating anthropomorphized products ［J］. Journal of consumer research, 2007 (4).

［382］Pavone G, Meyer-Waarden L, Munzel A. Rage against the machine: Experimental insights into customers' negative emotional responses, attributions of responsibility, and coping strategies in artificial intelligence-based service failures ［J］. Journal of Interactive Marketing, 2023 (1).

［383］Ling E C, Tussyadiah I, Tuomi A, et al. Factors influencing users' adoption and use of conversational agents: A systematic review ［J］. Psychology & Marketing, 2021 (7).

［384］McGuire W J. Some internal psychological factors influencing consumer choice ［J］. Journal of Consumer Research, 1976 (4).

［385］Schuetzler R M, Grimes G M, Giboney J S. The effect of conversational agent skill on user behavior during deception ［J］. Computers in Human Behavior, 2019 (97).

［386］Norori N, Hu Q, Aellen F M, et al. Addressing bias in big data and AI for health care: A call for open science ［J］. Patterns, 2021 (10).

［387］Gruetzemacher R, Paradice D, Lee K B. Forecasting extreme labor displacement: A survey of AI practitioners ［J］. Technological Forecasting and Social Change, 2020 (161).

[388] Korzynski P, Kozminski A K, Baczynska A. Navigating leadership challenges with technology: Uncovering the potential of ChatGPT, virtual reality, human capital management systems, robotic process automation, and social media [J]. International Entrepreneurship Review, 2023 (2).

[389] Jarrahi M H. Artificial intelligence and the future of work: Human-AI symbiosis in organizational decision-making [J]. Business Horizons, 2018 (4).

[390] Shainesh G. Customer Centricity in the Digital Age: Rediscovering Value [J]. Handbook of Advances in Marketing in an Era of Disruptions: Essays in Honour of Jagdish N. Sheth, 2018 (1).

[391] 李海舰, 田跃新, 李文杰. 互联网思维与传统企业再造 [J]. 中国工业经济, 2014 (10).

[392] Martínez-López F J, Anaya-Sánchez R, Aguilar-Illescas R, et al. Online brand communities [M]. Gewerbestrasse, Switzerland: Springer International Publishing, 2016.

[393] Herzberg F, Mansner B, Snyderman B B. The Motivation towork [M]. NY: John Wiley & Sons. Inc, 1959.

[394] 蔡寿松, 顾晓敏. 基于 KANO 模型的网络购物商业模式满意度测评 [J]. 统计与决策, 2015 (18).

[395] 丁云霞, 张林. 体育综合体消费者服务需求研究——基于对江苏省 14 家体育综合体消费者的样本调查 [J]. 体育与科学, 2019 (40).

[396] del Bosque I R, San Martín H. Tourist satisfaction a cognitive-affective model [J]. Annals of Tourism Research, 2008 (2).

[397] Piaget J. Intelligence and affectivity: Their relationship during child development (Trans & Ed TA Brown & CE Kaegi) [M]. Palo Alto, CA: Annual Reviews, 1981.

[398] Gray J R, Braver T S, Raichle M E. Integration of emotion and cognition in the lateral prefrontal cortex [J]. Proceedings of the National Academy of

Sciences, 2002 (6).

[399] 王潇, 杜建刚. 消费情感理论研究综述 [J]. 消费经济, 2013 (5).

[400] Martin D, O'neill M, Hubbard S, et al. The role of emotion in explaining consumer satisfaction and future behavioural intention [J]. Journal of Services Marketing, 2008 (1).

[401] Sheth J N, Sisodia R S, Sharma A. The antecedents and consequences of customer-centric marketing [J]. Journal of the Academy of Marketing Science, 2000 (1).

[402] Burritt K, Kilara T. Learning from customer centricity in other industries a primer [M]. Washington, DC: CGAP, 2016.

[403] 沈蕾, 杨桂云. 论品牌忠诚度的作用及影响因素 [J]. 消费经济, 2001 (5).

[404] 俞林. 品牌信任, 顾客满意及关系承诺 [J]. 中国流通经济, 2015 (3).

[405] Aldlaigan A, Buttle F. Beyond satisfaction: Customer attachment to retail banks [J]. International Journal of Bank Marketing, 2005, 23 (4): 349 – 359.

[406] 吴军, 王世斌. 全面创新: 提高顾客满意度的根本途径 [J]. 社会科学辑刊, 1998 (6).

[407] 张新安, 田澎. 顾客满意与顾客忠诚之间关系的实证研究 [J]. 管理科学学报, 2007 (4).

[408] Prayag G, Ryan C. Antecedents of tourists' loyalty to Mauritius: The role and influence of destination image, place attachment, personal involvement, and satisfaction [J]. Journal of Travel Research, 2012 (3).

[409] Hosany S, Prayag G, Van Der Veen R, et al. Mediating effects of place attachment and satisfaction on the relationship between tourists' emotions and intention to recommend [J]. Journal of Travel Research, 2017 (8).

[410] 付丽丽. 关系型虚拟社区的结构及商业价值研究 [M]. 北京:

电子工业出版社，2013.

[411] 李海舰，朱芳芳，李凌霄. 对新经济的新认识 [J]. 企业经济，2018（11）.

[412] Eisenhardt K M. Building Theories from Case Study Research [J]. Academy of Management Review，1989（4）.

[413] Eisenhardt K M，Graebner M E. Theory building from cases：Opportunities and challenges [J]. Academy of Management Journal，2007（1）.

[414] 陈旭升，梁颖. 双元驱动下智能制造发展路径——基于本土制造企业的多案例研究 [J]. 科技进步与对策，2020（10）.

[415] 吴瑶，肖静华，谢康，等. 从价值提供到价值共创的营销转型——企业与消费者协同演化视角的双案例研究 [J]. 管理世界，2017（283）.

[416] 李海舰，李燕. 企业组织形态演进研究——从工业经济时代到智能经济时代 [J]. 经济管理，2019（10）.

[417] 高维村，左小德. 信息技术对企业组织结构的影响 [J]. 科技管理研究，2001（4）.

[418] Woodside A G，Frey L L，Daly R T. Linking service quality，customer satisfaction，and behavioral intention [J]. Journal of Health Care Marketing，1989（4）.

[419] 程玉桂. 基于大学生个性消费的品牌个性塑造 [J]. 企业经济，2006（9）.

[420] 任祥铭. 用户互动、情感依恋与用户粘性的关系研究——基于依恋决定理论和情感作用机理的分析 [J]. 燕山大学学报（哲学社会科学版），2018（3）.

[421] 刘翚. 中国教育培训企业关系营销策略研究——以环球雅思学校为例 [J]. 价格月刊，2014（1）.

[422] 李萍. 情感促销：现代企业竞争新战略 [J]. 企业经济，1995（10）.

[423] Barsky J，Nash L. Evoking emotion：Affective keys to hotel loyalty [J]. Cornell Hotel and Restaurant Administration Quarterly，2002（1）.

［424］吉庆华. 加强客户关系管理，提高顾客忠诚度［J］. 北京大学学报（哲学社会科学版），2004（1）.

［425］Carlson J, Wyllie J, Rahman M M, et al. Enhancing brand relationship performance through customer participation and value creation in social media brand communities［J］. Journal of Retailing and Consumer Services, 2019（50）.

［426］梁玉成. 社会资本和社会网无用吗？［J］. 社会学研究，2010（5）.

［427］Baird C H, Parasnis G. From social media to social customer relationship management［J］. Strategy & Leadership, 2011（5）.